GEFÖRDERT VOM

vetnet
德国职业教育全球网络项目（VETnet）

职业教育
机电类规划教材

德国“双元制”教学模式本土化示范教材
德国工商大会上海代表处（AHK - Shanghai）推荐教材

外研职教

机电一体化子系统安装与调试

INSTALLATION AND ADJUSTMENT OF MECHATRONIC SUBSYSTEM

主 编　李红斌 岳向阳

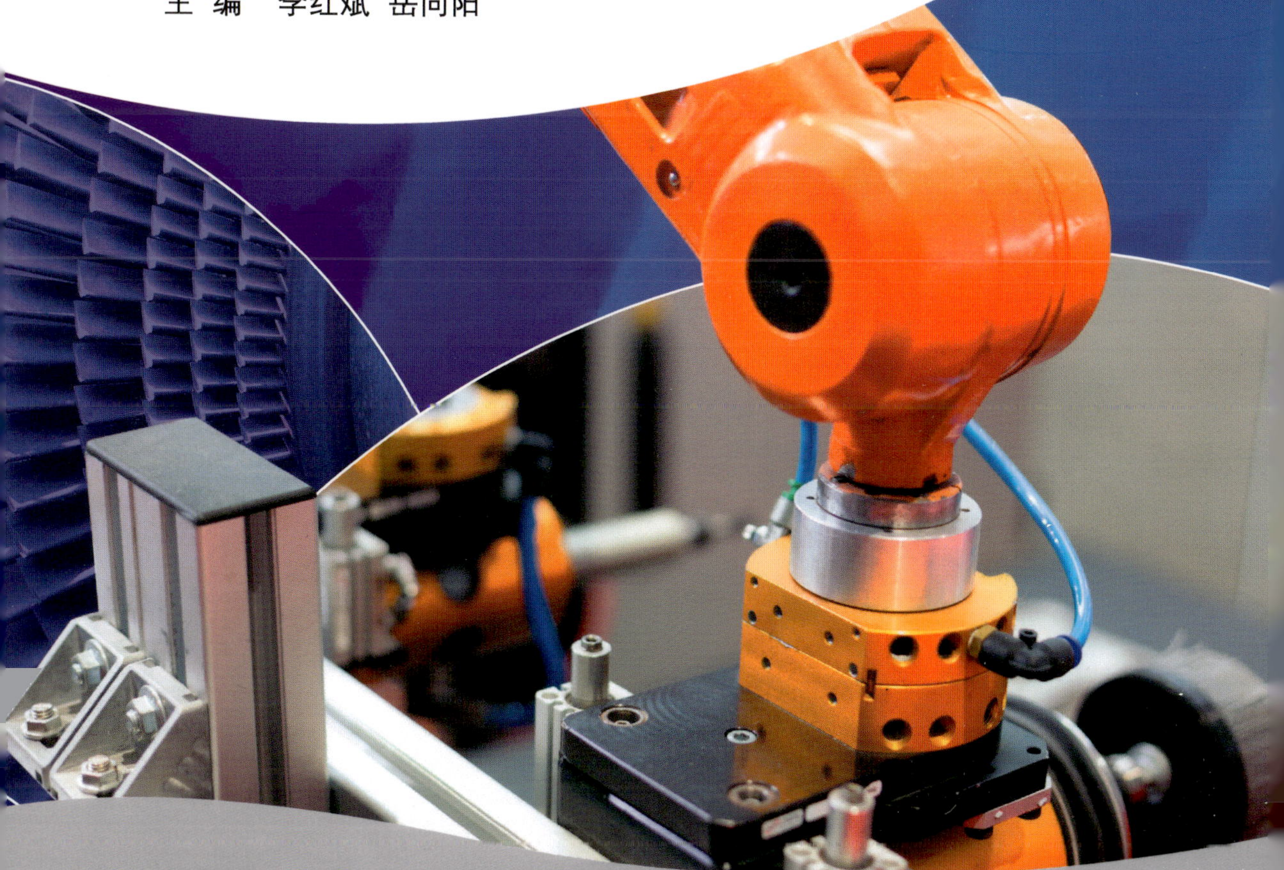

外语教学与研究出版社

GEFÖRDERT VOM

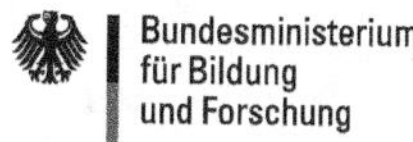

vetnet

德国职业教育全球网络项目（VETnet）

职业教育
机电类规划教材

德国“双元制”教学模式本土化示范教材

德国工商大会上海代表处（AHK－Shanghai）推荐教材

外研职教

机电一体化子系统安装与调试

INSTALLATION AND ADJUSTMENT OF MECHATRONIC SUBSYSTEM

主 编 李红斌 岳向阳

外语教学与研究出版社
北京

图书在版编目（CIP）数据

机电一体化子系统安装与调试 / 李红斌，岳向阳主编. -- 北京 ：外语教学与研究出版社，2017.6（2021.2 重印）
ISBN 978-7-5135-9246-8

Ⅰ. ①机… Ⅱ. ①李… ②岳… Ⅲ. ①机电一体化－机电设备－设备安装②机电一体化－机电设备－调试方法 Ⅳ. ①TH-39②TM92

中国版本图书馆 CIP 数据核字（2017）第 165800 号

出 版 人　徐建忠
责任编辑　赵　任
封面设计　高　蕾
版式设计　彩奇风
出版发行　外语教学与研究出版社
社　　址　北京市西三环北路 19 号（100089）
网　　址　http://www.fltrp.com
印　　刷　北京虎彩文化传播有限公司
开　　本　787×1092　1/16
印　　张　17.5
版　　次　2017 年 8 月第 1 版　2021 年 2 月第 4 次印刷
书　　号　ISBN 978-7-5135-9246-8
定　　价　41.00 元

职业教育出版分社：
地　　址：北京市西三环北路 19 号 外研社大厦 职业教育出版分社（100089）
咨询电话：010-88819475
传　　真：010-88819475
网　　址：http://vep.fltrp.com
电子信箱：vep@fltrp.com
购书电话：010-88819928/9929/9930（邮购部）
购书传真：010-88819428（邮购部）

购书咨询：（010）88819926　电子邮箱：club@fltrp.com
外研书店：https://waiyants.tmall.com
凡印刷、装订质量问题，请联系我社印制部
联系电话：（010）61207896　电子邮箱：zhijian@fltrp.com
凡侵权、盗版书籍线索，请联系我社法律事务部
举报电话：（010）88817519　电子邮箱：banquan@fltrp.com
物料号：292460001

德国“双元制”教学模式本土化示范教材编写委员会

顾　问　魏晓峰

主　任　Britta Buschfeld

副主任　陈丽玮　周晓刚

委　员　张振中　陈坚毅　王　稳　郑　勇　郑爱权
周晓蓉　倪红海　张福周　张　晖　施建浩
苏立祥　汤雪峰　李红斌　岳向阳

本书编写组

主　编　李红斌　岳向阳

副主编　邱寿昆　崔玲玲

Vorwort

Die „duale“ Ausbildung in Deutschland, die ihren Ursprung im mittelalterlichen Lehrlingswesen hat, verbindet die beiden Lernorte Schule und Betrieb eng miteinander. Die Auszubildenden erwerben in der Berufsschule fachtheoretisches und überfachliches Wissen und ergänzen dies im Betrieb mit praktischen Fertigkeiten. Die „duale“ Ausbildung hat, als bedeutender Teil eines umfangreichen Systems der beruflichen Bildung, eine Vielzahl von hochqualifizierten Fachkräften für Deutschland ausgebildet, die wirtschaftliche und technologische Entwicklung Deutschlands gefördert, und wird als „Geheimwaffe“ des deutschen Wirtschaftsaufschwungs bezeichnet. Als der damalige Bundeskanzler Helmut Kohl im Jahr 1987 die Geheimnisse der deutschen wissenschaftlicher und technologischer sowie wirtschaftlicher Entwicklung zusammenfasste, wies er darauf hin, dass die deutsche kulturelle Qualität und die entwickelte berufliche Bildung zwei wichtige Gründe für die wirtschaftliche Wiederbelebung Deutschlands waren.

Seit den 1970er Jahren, orientierten sich zahlreiche Länder an der deutschen „dualen“ Ausbildung zur Verbesserung oder in Ergänzung der eigenen Berufsbildung, und sie wurde von den westlichen Ländern als „Vorbild Europas“ bezeichnet. Dieser Erfolg der „dualen“ Ausbildung zog auch das Interesse der chinesischen Staatsführung, der Wirtschaftler und der Bildungsreformer Chinas auf sich. Seit den 1980er Jahren wurde die „duale“ Ausbildung in China eingeführt, und zahlreiche „duale“ Pilotprojekte wurden in den zentralen Städten in Ost-, Nordost- sowie im mittleren China nacheinander ins Leben gerufen, wodurch die Qualifizierungsmodelle des Berufsbildungspersonals wesentlich verändert wurden. In den vergangenen Jahren trugen die deutsche „duale“ Ausbildung durch die starke Unterstützung der Auslandshandelskammer Shanghai einen wesentlichen Beitrag zur pädagogischen Reform der Berufsbildung in verschiedenen Regionen Chinas bei. Mit dem Verlangen nach einer „mit starker Staatsmacht übereinstimmenden Handwerklichkeit“ bei der industrieller Transformation, mit der Strategie „Wirtschaftserfolg durch Berufsbildung“ und der Umsetzung von dem großen Plan „Made in China 2025“, sowie der Vertiefung der bilateralen Kooperation zwischen Deutschland und China, entwickelte sich das Lernen von der „dualen“ Ausbildung zum Trend der zeitgenössischen chinesischen beruflichen Bildungsreform.

Aufgrund variierender Voraussetzungen und Gegebenheiten in den einzelnen Regionen und auch zum Teil unterschiedlichen Schwerpunkten und Ansätzen innerhalb der Entscheidungsgremien, setzen zahlreiche berufsbildende Schulen und Colleges seit jeher eigene Schwerpunkte bei der Entwicklung und Durchführung der „dualen“ Ausbildung. Sei es bei der Reform der Ausbildungsgestaltung, der Erprobung der Lernortkooperation oder der Forschung im Bereich des „modernen Lehrlingswesens“, um nur einige Beispiele zu nennen. Aus Sicht der praktischen Durchführung der „dualen” Ausbildung war es nun für viele Akteure der beruflichen Bildung dringend notwendig, eine auf dem deutschen Qualitätsbewertungssystem basierende, allgemein anwendbare und übertragbare Lehrbuchserie zur Unterstützung bereitzustellen.

Gefördert durch das deutsche Bundesministerium für Bildung und Forschung (BMBF), unterstützt das Projekt „German Chambers worldwide network for cooperative, work-based Vocational

Education & Training", kurz „VETnet", als eine wichtige Plattform die Entwicklung der Berufsbildung die Einführung des „dualen" Ausbildungssystems in insgesamt 11 Partnerländer, wo sich die deutsche Auslandshandelskammer angesiedelt hat, einschließlich China, Brasilien, Indien, Rußland, Griechenland, Portugal, Spanien usw. In China arbeitet die Auslandshandelskammer Shanghai bei der Einführung und Anpassung des deutschen „dualen" Ausbildungssystems mit dem Suzhou Chien-Shiung Institute of Technology zusammen und hat bereits große Erfolge im Bereich „Theorie und Praxis in der Gestaltung der Berufsbildung" erzielt. Das Suzhou Chien-Shiung Institute of Technology mit Sitz im Yangtze-Delta in Taicang/Jiangsu, ist besonders bekannt durch seine hohe Dichte an deutschen Unternehmen, die sich dort in einer wirtschaftlich herausragenden Region in den vergangenen Jahrzehnten niedergelassen haben. Um dem Bedarf an qualifizierten Fachkräften dieser Unternehmen nachzukommen, wurde bereits im Jahr 2007 in Taicang das erste überbetriebliche Ausbildungszentrum –das „Sino-German (Taicang) Vocational Training Center" –eingerichtet, welches im Jahr 2015 zur ersten „Sino-German Dual Vocational Education Base" ausgebaut wurde. Von dort ausgehend wurde auch die "Deutsche Duale Berufsbildungsvereinigung AHK" gegründet, die als eine wichtige Plattform zur Förderung der Durchführung und Erforschung der „dualen" Ausbildung in China sowie weiterer Zusammenarbeit auf diesem Gebiet zwischen Deutschland und China fungiert. Als ein wichtiges Ergebnis verfassten nun Fachexperten aus den Partnerinstitutionen der Berufsbildungsvereinigung, basierend auf ihren mindestens 10-jährigen Erfahrungen, auf Einladung und unter Federführung der Auslandshandelskammer Shanghai und des Suzhou Chien-Shiung Institute of Technology diese im Verlag „Foreign Language Teaching and Research Press" offiziell veröffentlichte Lehrbuchserie: „Exemplarische Lehrbücher für die Lokalisierung der deutschen „dualen" Ausbildung in China". Die Lehrbuchserie füllt eine wesentliche inhaltliche Lücke in der Durchführung der „dualen" Ausbildung, geht über die Grenze der teilnehmenden Institutionen im chinesischen Berufsbildungssystem hinaus und repräsentiert in vorbildlicher Weise das Motto unserer „dualen" Berufsbildungsvereinigung: „gemeinsame Gestaltung, gemeinsamer Nutzen und gemeinsame Entwicklung". Als ein beispielgebendes Pilotprojekt soll diese Lehrbuchserie als Wegweiser für die „duale" Ausbildung in den chinesischen berufsbildenden Schulen und Colleges dienen und die Zusammenarbeit der Teilnehmer an „dualen" Ausbildungsinitiativen in China fördern, sodass das chinesische Berufsbildungswesen noch erfolgreicher und effizienter gemeinsam gefördert wird.

Wie das altes chinesisches Sprichwort lautet: „Mandarine, die in Huainan geboren ist, ist echte Mandarine, in Huaibei wird sie aber ‚Zhi'." Das heißt, es gibt auf der Welt keine „Blaupause". Das gleiche gilt auch für diese Lehrbuchserie. Ihre Inhalte sind an die lokalen Bedingungen anzupassen und flexibel zu handhaben, und die individuelle Herangehensweise ist aufgrund der deutschen „dualen" Ausbildung gemäß den regionalen Bedürfnissen und Bedingungen zu entwickeln, um die lokale wirtschaftliche und gesellschaftliche Entwicklung besser zu bedienen, was unsere gemeinsame Mission ist.

Direktorin Berufsbildung der Auslandshandelskammer Shanghai

28.06.2017, Shanghai

序

德国“双元制”教育起源于中世纪的学徒制度，它将学校教育与企业培训紧密结合起来，受训者以学徒身份在企业接受实践技能训练，并以学生身份在学校接受专业理论和文化教育。“双元制”教学模式作为一种比较完善的职业教育教学模式，为德国培养了大批高素质技术人才，促进了德国经济与科技的发展，被誉为德国经济腾飞的“秘密武器”。1987 年，时任联邦德国总理科尔在总结德国科技与经济发展奥秘时指出：德国人的文化素质和发达的职业教育是德国经济复兴的两条重要原因。

20 世纪 70 年代以来，许多国家借鉴“双元制”教学模式以改进本国的职业教育，西方国家称其为“欧洲的师表”。“双元制”教学模式的成功也引起中国的领导者、经济学家和教育改革者们的关注。80 年代“双元制”教学模式进入中国，华东、华中和东北等地区中心城市相继启动“双元制”试点项目，推动了职业教育人才培养模式改革。近年来，在德国工商大会上海代表处（AHK-Shanghai）的大力推动下，“双元制”教学模式在各地职业教育改革中产生了广泛影响。随着中国产业转型对“大国工匠”的渴求、“职教兴国”战略的提出、“中国制造 2025”宏大计划的实施和中德两国合作的深化，学习借鉴“双元制”教学模式已成为当代中国职业教育改革的一种潮流。

由于地域不同、校情各异、理解不一，中国各地职业院校对“双元制”教学模式研究与实践的重点各不相同，有的侧重人才培养模式改革，有的侧重校企合作体制机制探索，有的立足于现代学徒制研究等，取得了一定进展和成效。从实践“双元制”的需求来看，按照德国质量评价标准建立一套通用的可操作、可推广的培训教材体系是当前“双元制”教学模式研究的当务之急。

德国职业教育全球网络（VETnet）项目由德国联邦教育和研究部资助，旨在将双元制职业教育培训体系引入 11 个德国驻外商会所在的国家，包括中国、巴西、印度、俄罗斯、希腊、葡萄牙、西班牙等，为目的国的职业教育发展提供重要平台。在中国，德国工商大会上海代表处与苏州健雄职业技术学院开展合作，苏州健雄职业技术学院借鉴、引进德国“双元制”教学模式和培养标准，取得了丰硕的实践和理论成果。苏州健雄职业技术学院的所在地太仓，位于中国经济最为活跃的“长三角”城市群核心地带，依托区域丰厚的德企土壤，于 2007 年成立服务华东地区德资企业的跨企业培训中心——AHK 中德培训中心；2015 年，又合作成立中国境内首个“AHK 中德双元制职业教育示范推广基地”，组建“AHK 中德双元制职业教育联盟”，为“双元制”教学模式在中国的实践和研究以及中德两国在职业教育领域更广泛的合作搭建了重要平台。这次由德国工商大会上海代表处、苏州健雄职业技术学院联合联盟单位，总结过去 10 年“双元制”教学经验，由外语教学与研究出版社正式出版的德国“双元制”教学模式本土化示范教材，很好地弥补了德国“双元制”教学模式推广过程中培训资源的不足，打破了国内“双元制”教育主体间的壁垒，很好地阐释了中德“双元制”教育大家庭“共建、共享、共同发展”的理念，是一次非常有意义的探索。这套培训教材的出版，对中国职业院校“双元制”教育的实践具有指导作用，必将增强“双元制”教育的合力，共同推进中国职业教育的改革和发展。

“橘生淮南则为橘，生于淮北则为枳。”中国这句古话告诉我们，没有放之四海而皆准的普遍真理。因此，各地在使用这套教材时，应结合实际情况灵活运用，在汲取德国“双元制”教育精髓的基础上，努力走出各自职业教育的成功道路，更好地服务当地经济社会发展，这是我们的共同使命。

德国工商大会上海代表处职业教育总监

2017 年 6 月 28 日，上海

前言

随着中德合作双元制教学模式的不断推广，“中德班”在全国各地高职院校不断涌现。但是，随之而来的问题是：“教学如何实施？采用什么教材？”苏州健雄职业技术学院机电一体化技术专业作为德国工商大会在中国区认定的示范推广专业，总结多年的双元制本土化实践教学经验，以德国行动导向的教学模式为导向编写了本教材，旨在不仅培养学生的专业技能，更让学生在真实工作环境中提升职业素养、培养综合能力，让学生更好地适应“三站互动”的双元制教学模式。

本教材的教学项目设计以跨企业培训中心实施为主，以中德合作 AHK 机电一体化工考证项目为内容选择的依据，将博世和舍弗勒公司的培训标准融入其中，设置了 4 个典型的机电一体化系统安装项目，每个项目均以“信息、计划、决策、实施、检查、评价”为主要教学过程，并配有引导问题、图表等，将知识与技能的训练、工作能力与职业素养的培养等融入各个教学环节中。本教材可为学生后续参加 AHK 机电一体化工考证及学习机电一体化系统打下基础。

本教材是编者在总结多年教学改革经验和 AHK 机电一体化工考证培训的基础上编写的，具有以下特色：

（1）引入德国 AHK 机电一体化工考证标准

教材突出双元制教学注重培养学生职业行动能力的特点，依托德国 AHK 机电一体化工考证项目，引入 VDE 标准，为学生将来参加 AHK 机电一体化工考证打下基础。

（2）结合企业工作过程，打破常规，围绕行动导向的教学模式设计

教材分为三部分，第一部分主要是学生必须了解和严格遵守的规章制度、5S 管理要求、技术规范；第二部分是学习内容，项目由易到难，按任务驱动的模式进行组织；第三部分是知识库。整个教材围绕行动导向的教学模式设计，凸显培养学生专业技能、提升学生职业素养、培养学生综合能力的特点。

（3）问题引导，多元化行动学习形式

学生工作页中的学习内容主要以问题引导，贯穿“信息、计划与决策、实施、检查与交付、评价”的工作行动导向主线，并设置有小组活动、个人学习、小组展示和个人展示等多元化行动学习形式，充分锻炼学生的综合能力。

（4）较好地将企业管理体系融入教材当中

将博世和舍弗勒公司等德资企业的现场管理体系融入教材中，强调学生 5S 及 TPM 管理和良好职业素养的培养。

本教材对每个项目的实施均给出了具体的建议学时，各院校可结合自身专业开课的学时选择培训项目，具体见下表。

学时建议表

序号	项目	建议学时
1	项目 1　滑仓系统的安装与调试	56
2	项目 2　机械手系统的安装与调试	46
3	项目 3　电机驱动分拣系统的安装与调试	62
4	项目 4　皮带传送分拣系统的安装与调试	46

本教材可供机电一体化技术相关专业学生使用，特别是中德合作的机电一体化专业学生；也可作为机电设备安装与调试、机电设备维修等相关岗位企业员工的培训教材。

本教材由李红斌、岳向阳担任主编，邱寿昆、崔玲玲担任副主编。项目 1、3 由李红斌编写，项目 2 由崔玲玲编写，项目 4 由邱寿昆编写。

由于时间仓促，编者水平有限，本教材难免存在疏漏和错误之处，敬请老师和同学们批评指正。

编　者

2017 年 2 月

目录

知识库

知识库

一、机械安装知识

1. 间隙配合

在公差与配合中，配合分成三大类：间隙配合、过渡配合和过盈配合。间隙配合是指具有间隙（包括最小间隙等于零）的配合。此时，孔的公差带在轴的公差带之上。当孔为最大极限尺寸而轴为最小极限尺寸时，装配后的孔、轴为最松的配合状态，称为最大间隙 X_{max}；当孔为最小极限尺寸而轴为最大极限尺寸时，装配后的孔、轴为最紧的配合状态，称为最小间隙 X_{min}。

孔公差带
最小间隙
最大间隙
轴公差带
孔公差带
最大间隙
轴公差带
最小间隙等于零

2. 过渡配合

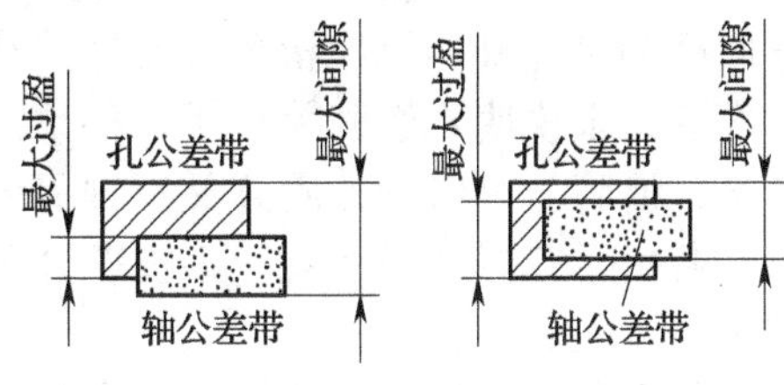

过渡配合指可能具有间隙或过盈的配合。此时，孔的公差带与轴的公差带相互交叠。孔的最大极限尺寸减轴的最小极限尺寸所得的差值为最大间隙 X_{max}，是孔、轴配合的最松状态；孔的最小极限尺寸减轴的最大极限尺寸所得的差值为最大过盈 Y_{max}，是孔、轴配合的最紧状态。

过渡配合主要用于孔、轴间的定心联结。

3. 过盈配合

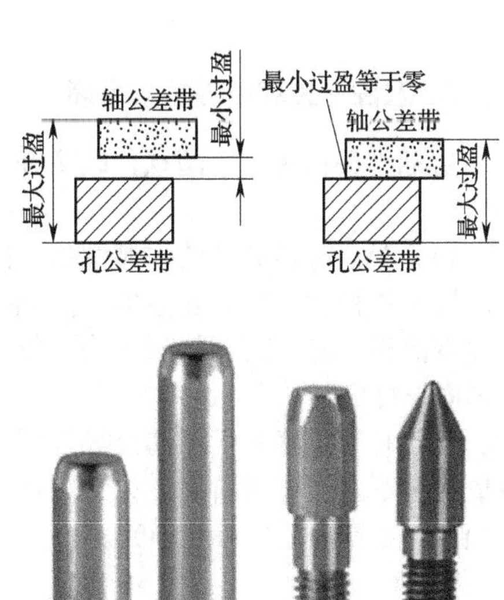

过盈配合指具有过盈（包括最小过盈等于零）的配合。此时，孔的公差带在轴的公差带之下。孔的各个方向上的尺寸减去相配合的轴的各个方向上的尺寸所得的代数差为负时，是过盈配合。

4. 定位销

定位销起定心、定位作用，而螺栓则起紧固作用，两者的结合使工装定位器既正确又牢固地定位在工装基体上。

由于定位销用来精确定位，而又不常拆卸，所以定位销与销孔的配合应选择过渡配合。

二、电气安装知识

1. 磁性开关

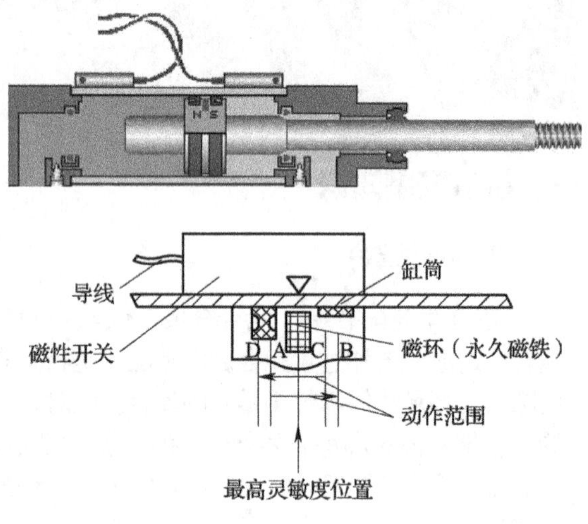

磁性开关是用来检测气缸活塞位置的，即检测活塞的运动行程。

右图为双作用气缸内部结构图，当随气缸移动的磁环靠近磁性开关时，感应开关的两根磁簧片被磁化而使触点闭合，产生电信号；当磁环离开磁性开关后，舌簧片失磁，触点断开，电信号消失。这样可以检测到气缸的活塞位置，从而控制相应的电磁阀动作。

磁性开关靠近气缸内部的磁环产生电信号，并有一定的工作范围，若超过此范围则无检测信号。

2. 磁性开关的检测方法

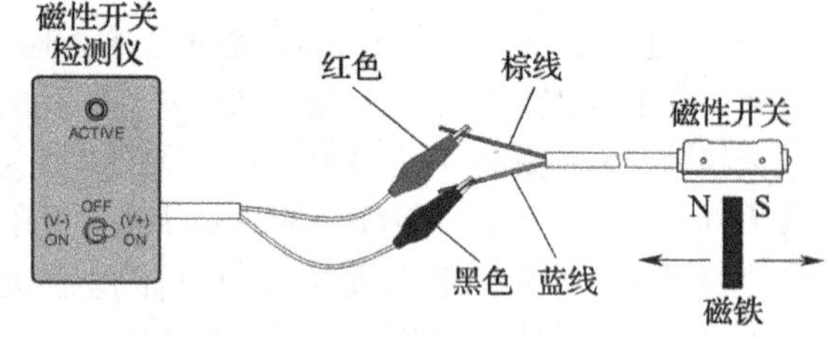

将检测仪连接好，用一磁铁沿右图方向移动，如果检测仪指示灯变亮并且发出声音，则说明磁性开关可用；如果没有变亮，请将检测仪的拨码开关扳到另外一挡，若指示灯仍然没变亮，则说明开关已损坏。

切勿使用干电池直接测试，会形成短路。

3. 磁性开关的使用注意事项

定期维护检查以下两点，以防开关误动作。

（1）紧固磁性开关的安装螺钉，以防止磁性开关松动或位置发生偏移。如果已经发生偏移，应重新调整到正确的位置后再紧固小螺钉。

（2）检查导线有无损伤。导线损伤会造成绝缘不良或导线断路。如果发现导线破损，应更换开关或修复导线。

4. 电感式接近开关

电感式接近开关也叫金属传感器，是一种开关量输出的位置传感器，它由LC高频振荡器和放大处理电路组成，其原理框图如右图所示。金属物体在接近这个能产生电磁场的振荡感应头时，其内部产生涡流，这个涡流反作用于接近开关，使接近开关振荡能力衰减，内部电路的参数发生变化，由此识别有无金属物体接近，进而控制开关的通或断。

由此可见，电感式接近开关所检测的物体必须是金属物体，据此性能也可将其用于金属与非金属物品的判别中。

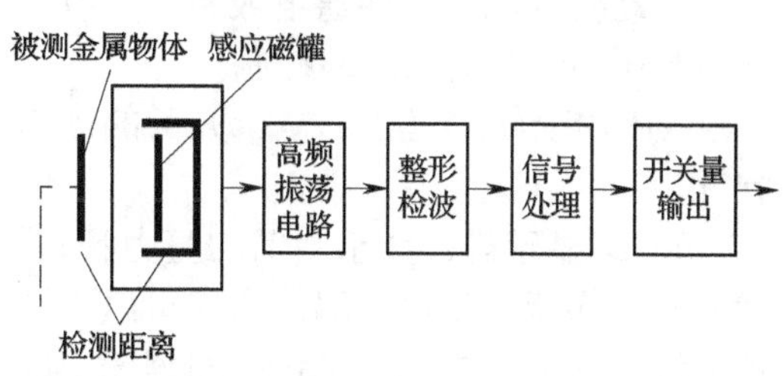

5. 两线制接近开关的接线

接近开关分两线制和三线制，它们的接线不同。

两线制接近开关的接线比较简单，共有两根线，一根为电源+24V，另一根为开关信号输出。

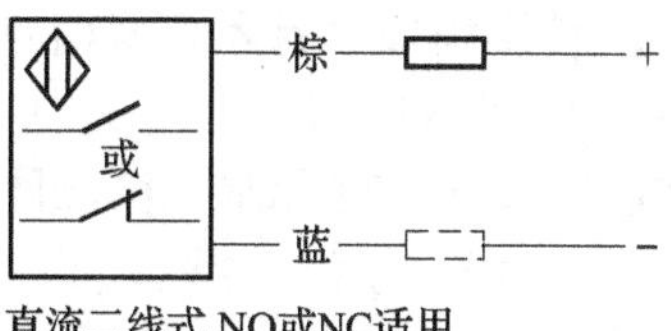

直流二线式 NO或NC适用

6. 三线制接近开关的接线

三线制接近开关又分为NPN型和PNP型。三线制接近开关的接线：红（棕）线接电源正端；蓝线接电源0 V端；黄（黑）线为信号，应接负载。负载另一端的连接方式：对于NPN型接近开关，应接到电源正端；对于PNP型接近开关，则应接到电源0V端。

接近开关的负载可以是信号灯、继电器线圈或PLC数字量输入模块。

需要特别注意接到PLC数字量输入模块的三线制接近开关的型式选择。PLC数字量输入模块一般可分为两类：一类的公共输入端为电源0 V，电流从输入模块流出，如三菱PLC，此时一定要选用NPN型接近开关；另一类的公共输入端为电源正端，电流流入输入模块，如西门子PLC，此时一定要选用PNP型接近开关。

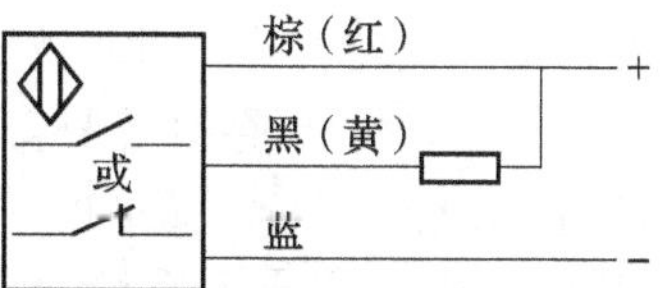

NPN型 直流三线式 NO或NC适用

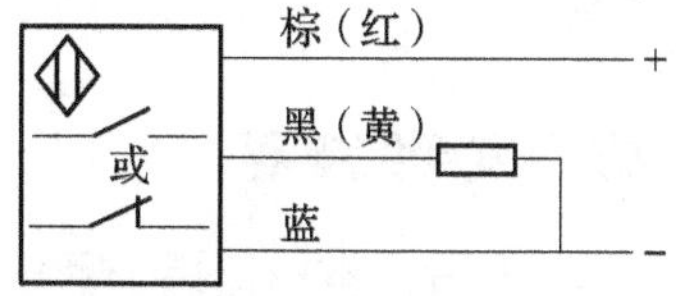

PNP型 直流三线式 NO或NC适用

7. 压力继电器

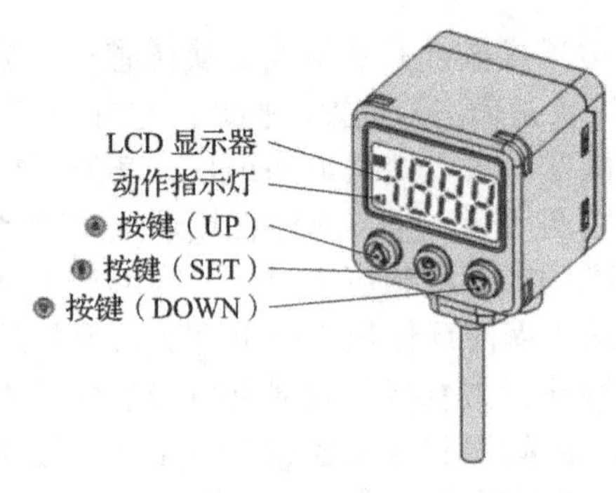

压力继电器是将气压信号转换为电信号的转换装置。当进口气压达到压力继电器的调整压力时，它能自动接通或断开电路，发出电信号，使电磁阀、中间继电器、电动机等电气元件通电或断开，以实现对气压系统有关回路的控制。

动作指示灯（橙）：显示开关的动作状况。

LCD 显示器：显示当前的压力状态、设定模式的状态及错误码。通常可以是红色或绿色的单色显示，也可以根据输出的动作由绿色变成红色，或者由红色变成绿色，共 4 种显示方式可以选择。

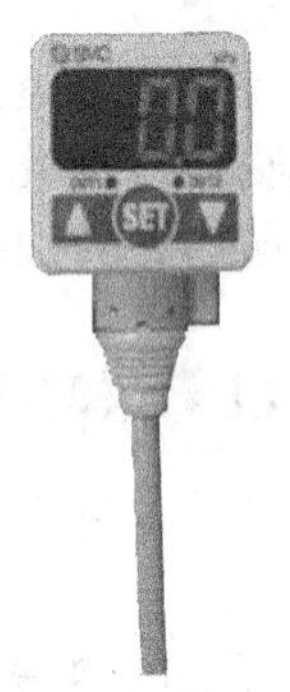

按键（UP）：增加模式以及 ON/OFF 的设定值。转换到峰值显示模式时使用。

按键（DOWN）：减少模式以及 ON/OFF 的设定值。转换到谷值显示模式时使用。

按键（SET）：用于各模式的变更以及设定值的确定。

8. 西门子电机保护断路器

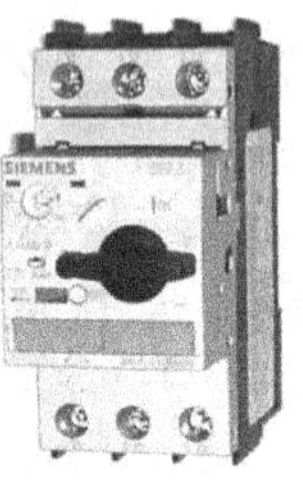

西门子电机保护（3RV）断路器是一种结构紧凑的限流断路器，可以在短路时安全切断电源，还可以防止负载和设备超载。另外，还可在需要进行维护或器件更换时，作为负载转换或设备与供电线路的隔离开关。

多用在机床电气控制线路中，作为电源的引入开关；也可用于不频繁起动或换接电源、5 kW 以下的小容量电动机的正反转和起动等。

9. 皮尔磁安全继电器

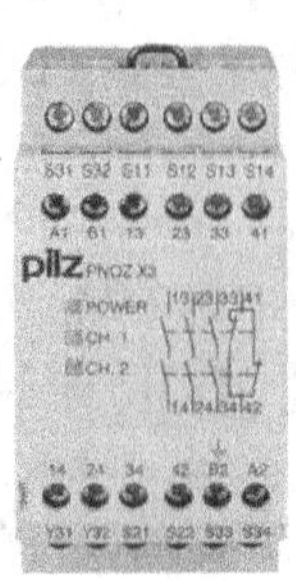

皮尔磁 X3 型安全继电器用于紧急停止，适用于 VDE 0113 第 1 部分和 EN 60204-1：1992 所要求的安全回路。

皮尔磁 X3 型安全继电器包含 3 个安全触点（常开）和 1 个辅助触点（常闭），可连接急停按钮、安全门按钮和起动按钮。当接通电源后，LED 指示灯“POWER”亮。当起动回路 S13-S14 接通，或触点 S33-S34 打开又闭合之后，继电器才进入准备状态。

输入回路接通（如未按下急停按钮）：继电器 K1、K2 接通，并通过自锁保持，状态指示“CH1、CH2”亮，安全触点（13-14/23-24/33-34/43）闭合，辅助触点（41-42）断开。

输入回路断开（如按下急停按钮）：继电器 K1、K2 断开，状态指示“CH1、CH2”灭，安全触点（13-14/23-24/33-34/43）打开，辅助触点（41-42）闭合。

安全继电器的讲解视频

10. 皮尔磁 X3 型安全继电器的接线

（1）电源接线。

交流时：接线端子 A1、A2 接电源，地线与保护接地相连。

直流时：A2 接电源的接地端。

（2）起动回路接线。

自动起动：S13-S14 短接。

手动有监控的起动方式：S33-S34 之间连接按钮（S13-S14 保持断开）。

（3）输入回路接线。

单通道输入：短接 S21-S22 和 S31-S32，常闭触点的输入信号连接在 S11-S12。

双通道输入：短接 S11-S12，常闭触点的输入信号连接在 S21-S22 和 S31-S32。

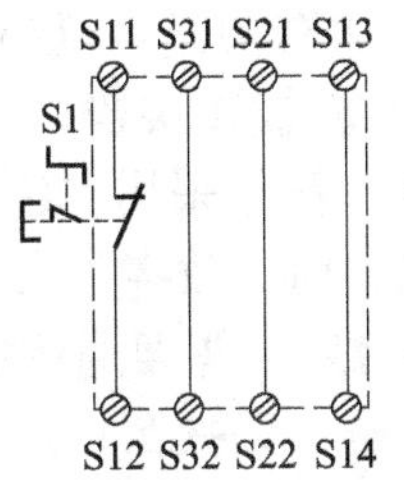

（a）单通道输入，自动起动

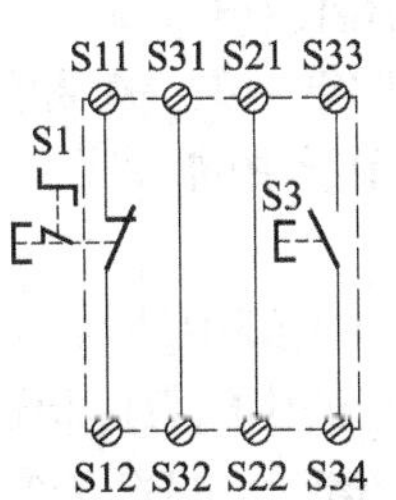

（b）单通道输入，监控起动

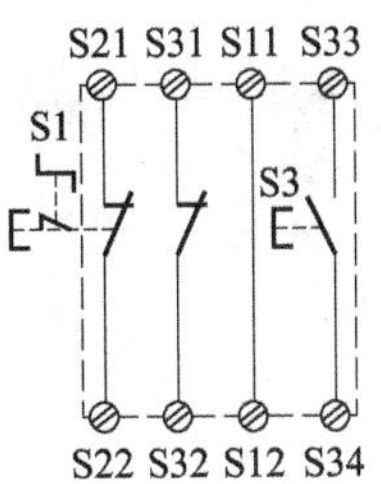

（c）双通道输入，监控起动

11. 重载连接器

重载连接器是专门为满足苛刻的环境条件的要求所设计的，主要应用领域有工业自动化、设备制造和工业系统楼宇以及信息和控制技术。其外壳保护仪器不会受到喷射水及灰尘的侵入。和传统的连接方式相比较，使用重载连接器可以为加工中心节省20% ~ 30%的安装成本，同时提高了生产效率，并且减少了接线的出错率。

常用的重载连接器是矩形连接器，可适应不同芯数的插芯，最多可连接 216 芯。

12. 重载连接器的接线方法

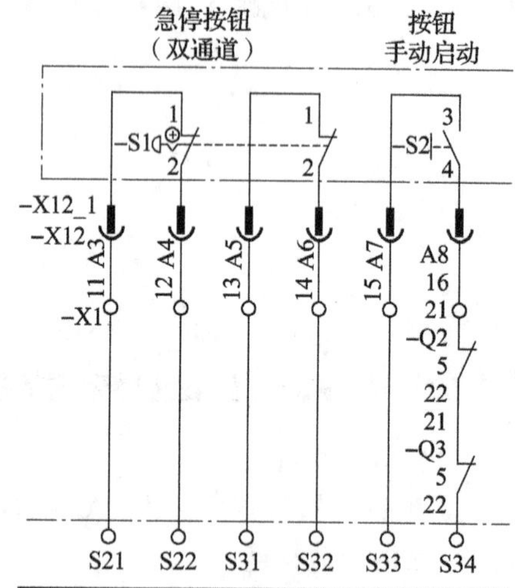

(a) 重载连接器接线图

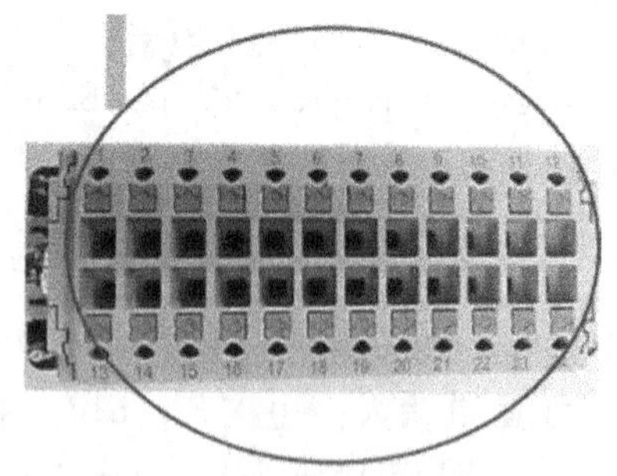

(b) 重载连接器接线端子

根据插头或插座的标识，确定每个点对应的位置标识。如右图 (a) 重载连接器接线图所示，-X12 为重载连接器，A3 ~ A8 为重载连接器的接点，符号采用“字母 + 数字”，而实物中的接点是用“数字”来表示，使接线图与实物中的接点对应需要通信协议。

通信协议是人为按照一定的规律和顺序设置的，如在本例中，可采用的通信协议为：

A3—3（图纸中的 A3 为实际接点 3）
A4—4（图纸中的 A4 为实际接点 4）
A5—5（图纸中的 A5 为实际接点 5）
……
A10—10（图纸中的 A10 为实际接点 10）
B1—1（图纸中的 B1 为实际接点 1）
B2—2（图纸中的 B2 为实际接点 2）
B3—3（图纸中的 B3 为实际接点 3）
……
B10—10（图纸中的 B10 为实际接点 10）
……

三、PLC 编程知识

1. S7—300PLC 的硬件组成

PS：电源模块，提供 24V 直流输出。

CPU：控制器，进行数据的存储与运算等。

IM：接口模块。

SM：信号模块，进行数字量 / 模拟量信号的输入、输出。

CP：通信模块，提供点对点、工业以太网通信。

PS CPU IM SM: DI SM: DO SM: AI SM: AO CP:

2. S7—300PLC 的项目设计流程

（1）使用向导创建 STEP 7 项目或手动创建 STEP 7 项目。

（2）插入 S7-300 工作站。

（3）硬件组态或创建程序。

（4）创建程序或硬件组态。

（5）下载程序并调试。

创建程序包括：

（1）编辑符号表。

（2）创建程序块。

（3）在程序块中编辑 LAD 程序。

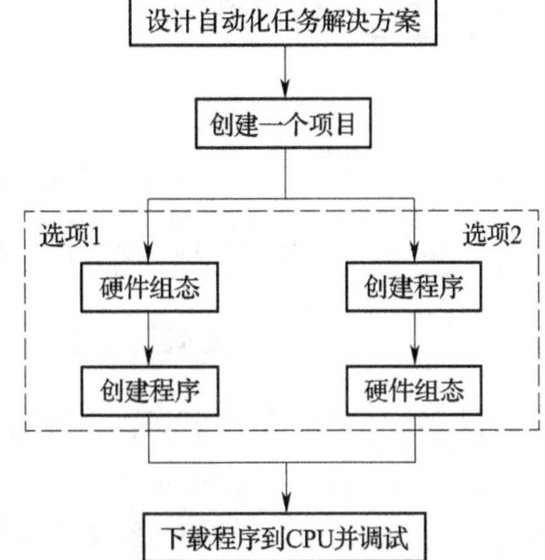

3. S7—300PLC 硬件组态流程

<table>
<tr>
<td>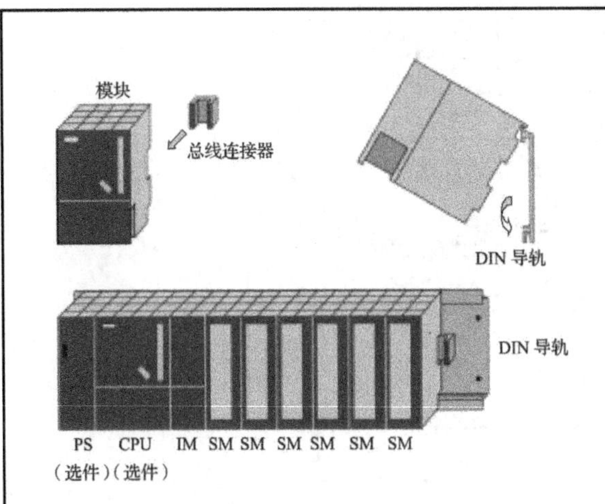
</td>
<td>第一步：将选择好的硬件安装到西门子 S7-300PLC 专用的 DIN 导轨上，注意总线连接器的安装。
模块安装顺序按照电源模块（PS）、CPU 模块、接口模块（IM）、信号模块（SM）的顺序</td>
</tr>
</table>

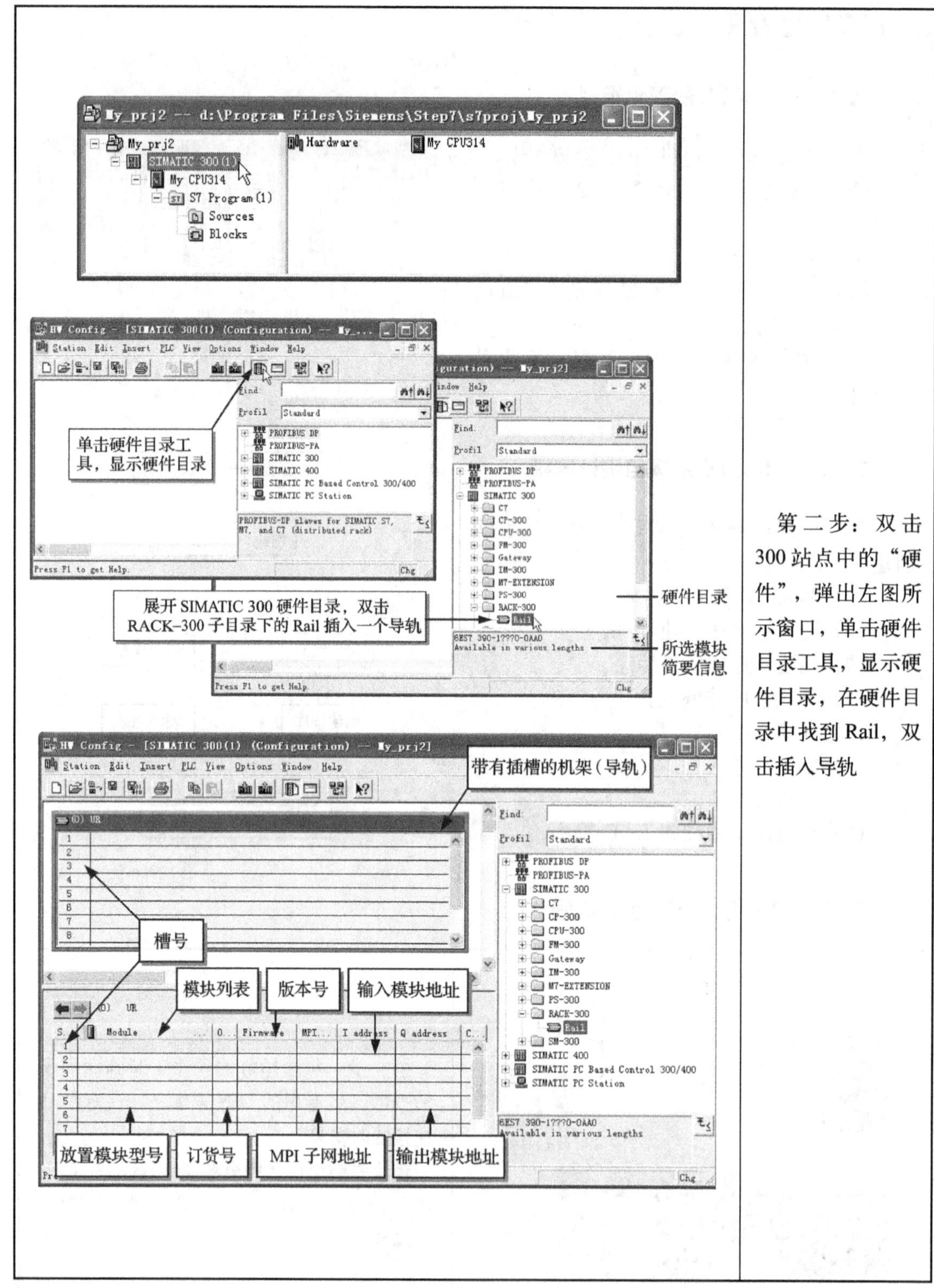

第二步：双击 300 站点中的“硬件”，弹出左图所示窗口，单击硬件目录工具，显示硬件目录，在硬件目录中找到 Rail，双击插入导轨

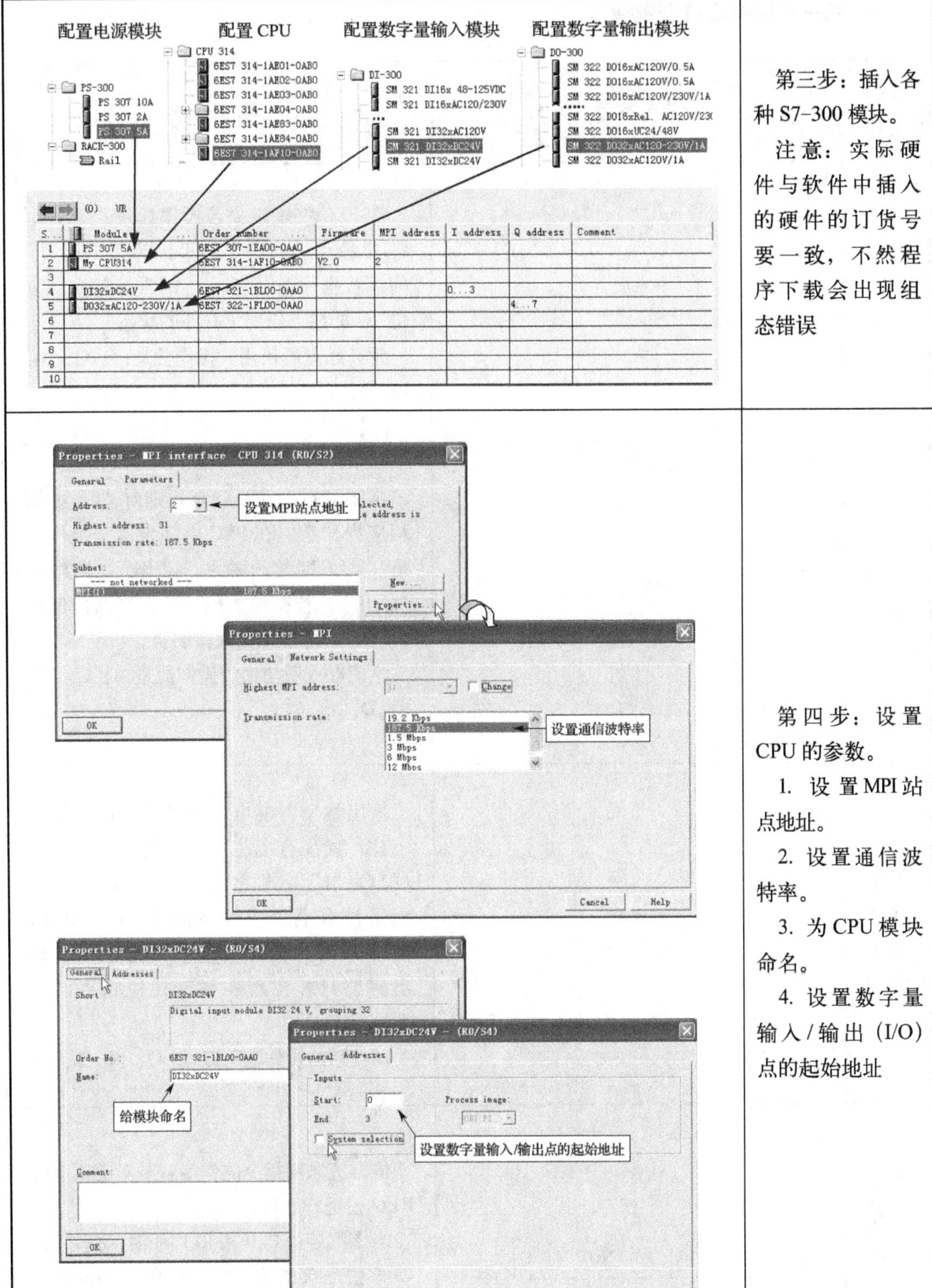

第三步：插入各种S7-300模块。

注意：实际硬件与软件中插入的硬件的订货号要一致，不然程序下载会出现组态错误

第四步：设置CPU的参数。

1. 设置MPI站点地址。

2. 设置通信波特率。

3. 为CPU模块命名。

4. 设置数字量输入/输出（I/O）点的起始地址

4. S7—300PLC 位逻辑指令

指令名称	指令符号	指令功能
常开触点	“位地址” —| |—	在 PLC 中规定：若操作数是“1”，则常开触点“动作”，即认为是“闭合”的；若操作数是“0”，则常开触点“复位”，即触点仍处于打开的状态。 常开触点所使用的操作数是：I、Q、M、L、D、T、C
常闭触点	“位地址” —|/|—	常闭触点（动断触点）则对“0”扫描相应操作数。在 PLC 中规定：若操作数是“1”，则常闭触点“动作”，即触点“断开”；若操作数是“0”，则常闭触点“复位”，即触点仍保持闭合。 常闭触点所使用的操作数是：I、Q、M、L、D、T、C
输出线圈（赋值指令）	“位地址” —( )—	输出线圈与继电器控制电路中的线圈一样，如果有电流（信号流）流过线圈（RLO=“1”），则被驱动的操作数置“1”；如果没有电流流过线圈（RLO=“0”），则被驱动的操作数复位（置“0”）。输出线圈只能出现在梯形图逻辑串的最右边。 所使用的操作数可以是：Q、M、L、D
信号流取反指令	NOT —| |— I0.0 I0.1 NOT Q4.0	信号流取反指令的作用就是对逻辑串的 RLO 值进行取反。 当输入位 I0.0 和 I0.1 同时动作时，Q4.0 信号状态为“0”；否则，Q4.0 信号状态为“1”

续表

指令名称	指令符号	指令功能
置位指令	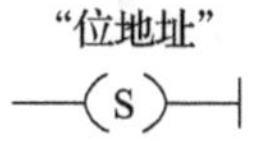 “位地址” —(S)—|	RLO 为“1”，则操作数的状态置“1”，即使 RLO 又变为“0”，输出仍保持为“1”；若 RLO 为“0”，则操作数的状态保持不变
复位指令	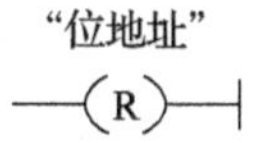 “位地址” —(R)—|	RLO 为“1”，则操作数的状态置“0”，即使 RLO 又变为“0”，输出仍保持为“0”；若 RLO 为“0”，则操作数的状态保持不变
RS 触发器	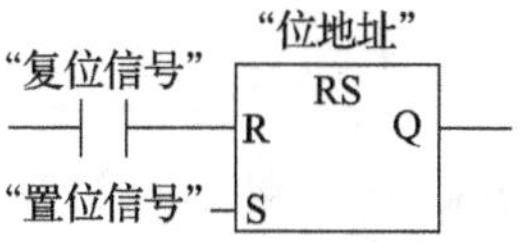 “位地址” “复位信号” RS R Q “置位信号” S	当 R 和 S 驱动信号同时为“1”时，触发器最终为置位状态
SR 触发器	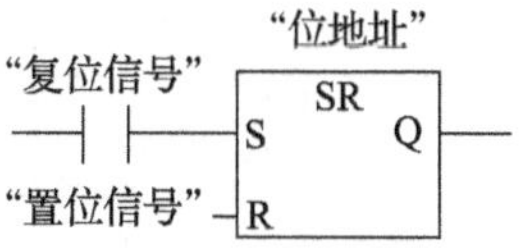 “位地址” “复位信号” SR S Q “置位信号” R	当 R 和 S 驱动信号同时为“1”时，触发器最终为复位状态
RLO 上升沿检测指令	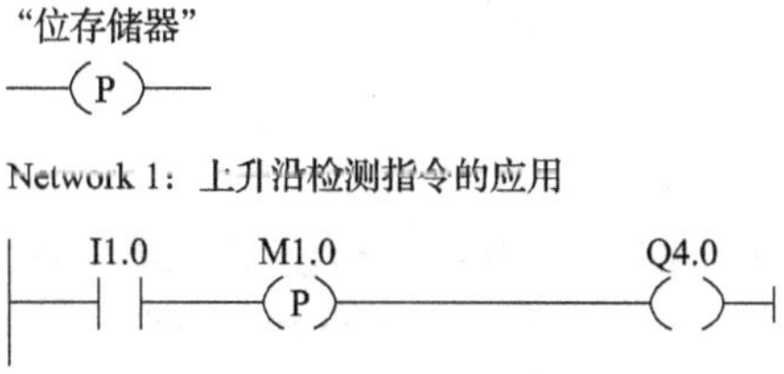 “位存储器” —(P)— Network 1：上升沿检测指令的应用 I1.0 M1.0 Q4.0 —| |—(P)—( )—|	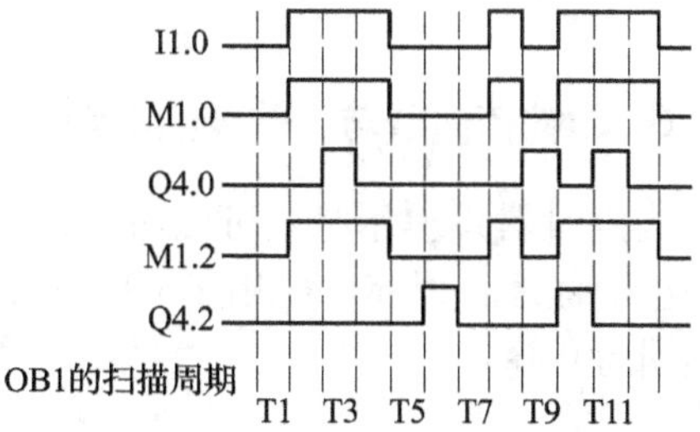 I1.0 M1.0 Q4.0 M1.2 Q4.2 OB1的扫描周期 T1 T3 T5 T7 T9 T11 当 M1.0 由 0 变 1，产生上升沿信号的第二个扫描周期，Q4.0 产生输出信号，直到 I1.0 断开前一个扫描周期。 当 M1.2 由 1 变 0，产生下降沿信号的第二个扫描周期，Q4.2 产生输出信号，直到 I1.0 断开前一个扫描周期
RLO 下降沿检测指令	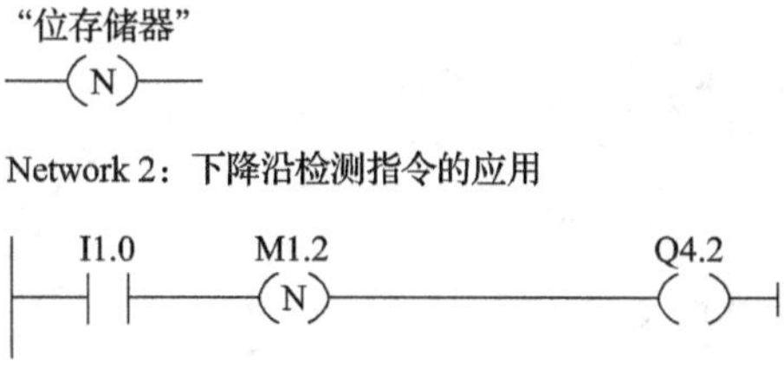 “位存储器” —(N)— Network 2：下降沿检测指令的应用 I1.0 M1.2 Q4.2 —| |—(N)—( )—|	

5. CPU 的时钟存储器

要使用该功能，在硬件配置时需要设置 CPU 的属性，只要勾选“Clock memory”复选框就可激活该功能。

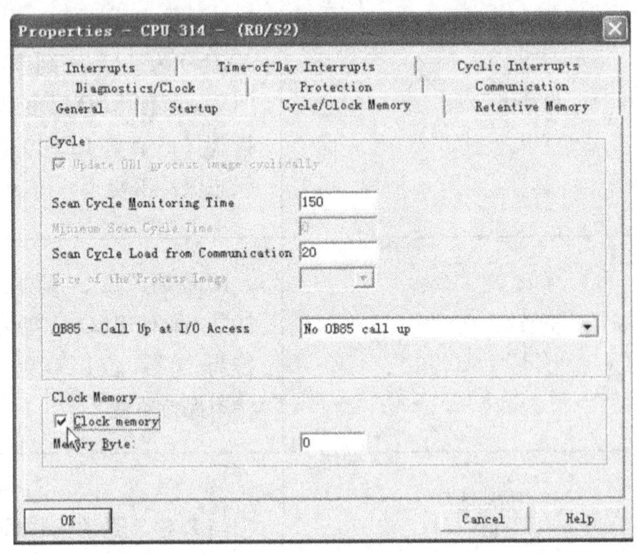

在“Memory Byte”区域输入想为该项功能设置的 MB 地址。如需要使用 MB10，则直接输入 10。Clock memory 的功能是对所定义的 MB 的各个位周期性地改变其二进制的值（占空比为 1∶1）。Clock memory 的各个位的周期及频率见下表。

位序	7	6	5	4	3	2	1	0
周期 /s	2	1.6	1	0.8	0.5	0.4	0.2	0.1
频率 /Hz	0.5	0.625	1	1.25	2	2.5	5	10

6. 时钟存储器与计数器的应用

当定时器不够用时，可以将计数器扩展为定时器。下图中给出了用减计数器扩展定时器的控制程序，程序中使用了 CPU 的时钟存储器，设置 MB10 为时钟存储器，M10.0 的变化周期为 0.1s。

Network 1：Title：

I0.0　M10.0　C0　S_CD　CD　Q　Q0.0

I0.1 S　CV …

C#30 PV　CV_BCD …

… R

内容简介

本教材的编写基于德国行动导向的教学模式，以培养应用型人才为目标，以技能培养和工程应用能力培养为主线，突出实际应用，在知识与结构上有所创新，采用项目式编写体例，以学生为主体，让学生在做中学，不仅培养了学生的专业技能，更让学生在真实工作环境中提升了职业素养和综合能力。本教材的教学项目设计以跨企业培训中心实施为主，将博世和舍弗勒公司的培训项目要求及AHK机电一体化工考证项目要求融入教学项目当中，以便让学生更好地适应“三站互动”的双元制教学模式。

本教材内容突出工作过程导向，行动学习主线明晰、主体突显、形式具体。本教材以中德合作AHK 机电一体化工考证为主要内容，设置了4 个典型的机电一体化系统安装项目，每个项目均以“信息、计划与决策、实施、检查与交付、评价”为主要教学过程，还配有引导问题、图表等，由简单到复杂，将知识与技能的训练、工作能力与职业素养的培养等融入各个教学环节中。本教材可为学生后续参加AHK 机电一体化工考证及学习机电一体化系统打下基础。

本教材可供机电一体化技术专业及相关专业的学生使用，特别是中德合作的机电一体化专业学生；也可作为机电设备安装与调试、机电设备维修等相关岗位企业员工的培训教材。

职 业 教 育 机 电 类 规 划 教 材
德国“双元制”教学模式本土化示范教材

模块	书名	书号
基础培训模块	气液传动控制技术	978-7-5135-9189-8
	零件手动加工	即将出版
	零件铣削加工	即将出版
	零件车削加工	即将出版
	零件数控铣削加工	978-7-5135-9247-5
专业培训模块	模具系统制造	即将出版
	模具子系统机械制造	978-7-5135-9188-1
	机电一体化系统安装与调试	978-7-5135-9245-1
	机电一体化子系统安装与调试	978-7-5135-9246-8

外研社·职业教育发展中心
FLTRP Vocational Education Development Centre
电话：010-88819475
传真：010-88819475
E-mail：vep@fltrp.com
网址：http:// vep.fltrp.com

责任编辑：赵 任
封面设计：高 蕾

机电一体化子系统安装与调试

主　编　李红斌　岳向阳

工　作　页

班级：＿＿＿＿＿＿＿＿

姓名：＿＿＿＿＿＿＿＿

学号：＿＿＿＿＿＿＿＿

目录

项目 3 电机驱动分拣系统的安装与调试

项目 4 皮带传送分拣系统的安装与调试

一、培训规范

出　勤

（1）学生必须提前5分钟进入培训区，列队等候指导教师的指示，未按时间进入培训区则视为迟到。

（2）迟到早退10分钟以上按旷课一节处理；迟到、早退满3次记为旷课1天；缺课（包括病假、事假、旷课等）课时累计超过实训总课时三分之一者，取消考试资格，实训成绩不及格，无补考机会。

（3）有事需请假，得到指导教师同意后方可离开工作岗位。请病假（一律凭医生证明请假）、事假等，均需事先办理请假手续，事假4小时以内须经指导教师同意，4小时以上须经培训中心培训经理同意，否则以旷课论处。

（4）培训期间，按照企业规范实行统一的作息时间。

安全规范

（1）进入培训中心，必须穿着工作服、工作裤、防护鞋、安全帽，否则不得进入培训车间；操作或围观旋转类机床时，必须佩戴安全眼镜。

（2）严禁佩戴手套、手表、手链、戒指、项链等饰品和胸卡，以免物品缠绕或卷入机器中发生危险。

（3）必须学习并熟记机床安全操作规程、机床使用说明书和机床操作作业指导书，未经培训，严禁擅自使用机床。

（4）在无指导老师的情况下，严禁使用机床。加班时必须有两人以上方可操作机床。严禁多人同时操作一台机床。

（5）严禁独自攀爬设备、工作台、材料架等，严禁倚靠机床、桥架等。严禁将压缩空气枪枪口对人。

（6）操作设备过程中，如设备有报警或异常现象等，必须立即停机并报告指导老师。

行为规范

（1）严禁将食物带入车间，水杯必须放到指定位置。违者不得进入培训车间。

（2）培训车间内（办公室除外），未经允许不拿出、不使用手机，违反者培训当天须将手机交由培训教师代为保管。

(3) 保持环境整洁和物品归位，严禁随地吐痰，乱扔垃圾。

(4) 培训车间内（包含卫生间）不允许吸烟，吸烟必须到吸烟亭内。

(5) 严禁在培训中心大声喧哗或嬉戏打闹，以免影响他人。

(6) 培训中，工量刃具必须摆放在规定位置，禁止乱摆乱放；个人物品必须统一放置在衣柜中，或在规定区域内摆放整齐。

(7) 设备使用前，必须进行点检，合格后方能使用。

(8) 每次培训结束后，必须按照 5S 管理规范整理到位，按照设备保养要求做好设备维护、保养工作，并做好相应记录。

(9) 培训中，对所用仪器、设备、工量刃具等应注意维护保养和妥善保管，若有损坏或丢失，需酌情按价赔偿。

(10) 按要求填写实训手册或者培训日志。

其　他

(1) 除遵守本规范外，尚须遵守各车间制订的其他规章制度和各工种的安全操作规程。

(2) 如果违反本规范，所造成的一切后果，由当事人负全责。

二、警告条例

本警告条例适用于所有学生，如有违反者，视情节轻重，将分别给予口头警告、书面警告以及禁止进入培训中心的处分。

1. 口头警告

凡有下列行为之一的，每发生 1 次记口头警告 1 次，口头警告满 3 次者记书面警告 1 次。

(1) 进入培训区域不穿工作服（含工作裤）。

(2) 多人同时操作一台机床时，每人记口头警告 1 次。

(3) 培训后，不按照规定摆放工量刃具及工件。

(4) 将食物带入培训场所或水杯不按规定位置摆放。

(5) 上课时间打瞌睡或睡觉。

(6) 在培训区域喧哗、嬉戏、追逐、打闹或有其他可能造成安全隐患的行为。

(7) 不按标准和要求进行 5S 管理和设备维护保养。

(8) 不能保持培训区域环境整洁，物品摆放杂乱，随地吐痰，乱扔垃圾。

(9) 其他违反《培训中心培训规范》的行为。

2. 书面警告

凡有下列行为之一的，每发生 1 次记书面警告 1 次并在区域看板上通报批评，书面警告满 3 次者，本培训课程期间禁止进入培训中心。

(1) 被记 3 次口头警告。

(2) 进入培训场所不穿防护鞋。

(3) 操作机床时，佩戴耳坠、戒指、手链、项链、手表、胸卡等。

(4) 操作和围观机床时，不佩戴安全眼镜、长发未置于安全帽内。

(5) 在培训期间使用手机等进行非学习活动（如有紧急事情，需联系培训中心相关负责人)。

(6) 未经批准，中途无故擅自离开培训中心，或办理私事等。

(7) 无故旷课、迟到、早退。

(8) 无故损坏卫生间、更衣室、宿舍、教室等公共区域设施或财物。

(9) 在公共场所乱涂乱画。

(10) 私自更换更衣柜锁。

(11) 未经允许，在车间范围内拍照、摄像、录音。

(12) 在培训区域内（包括卫生间）吸烟。

3. 禁止进入培训中心

凡有下列行为之一的，本培训课程期间禁止进入培训中心。

(1) 被记 3 次书面警告。

(2) 偷拿毛坯料、零件及其他工量刃具。

(3) 作弊或代为加工零件者（涉及两人或多人的，均给予处分）。

(4) 违反培训中心操作规程或安全规定，造成安全事故，给设备带来严重损坏。

(5) 伪造假条或其他证明材料，提供虚假信息。

三、培训目标

通过本培训的学习，学生可以对前期所学专业技术进行一次综合运用，进而对机电系统有更深入的认识。本培训所涵盖的内容包括机械安装、电气安装、PLC 程序编写及整个系统调试。通过培训，学生的机械识图与制图能力、机电产品部件说明书等资料的查阅能力、使用技术资料的能力、按照安装技术文件要求进行现场安装的能力以及设备调试的能力等均可得到全方位提升。同时，学生在工作方面的计划与执行能力、主动学习与创新意识、沟通能力和团队协作、岗位责任与安全意识等方面也得到了综合培养。

1. 知识目标

(1) 理解安全操作规范和安全观念的重要性。

(2) 了解实训场室中 5S 管理的内涵。

(3) 掌握钳工的基本操作方法。

(4) 掌握零件中尺寸公差和形位公差的技术要求。

(5) 掌握安全继电器、电机保护断路器等电气元件的安装与使用方法。

(6) 掌握西门子 S7-300 系列 PLC 的程序设计步骤与常用指令的应用。

(7) 掌握电气安规测量仪器的使用方法。

(8) 掌握技术信息检索方法。

(9) 掌握系统调试的基本方法。

2. 能力目标

(1) 会通过网络等途径查阅相关技术信息，合理选择相关信息。

(2) 能根据机械安装图纸进行机械组件的安装与调试。

(3) 能按照技术标准安装电气控制电路。

(4) 能对机电系统功能进行检查和设定。

（5）会分析控制要求，能够根据控制要求编写和调试 PLC 程序。
（6）能根据控制要求的变化进行 PLC 程序修改。
（7）会使用电气安规仪器检查电气安全规范是否达标。
（8）能够准确检测系统，并能写出规范的分析总结报告。
（9）能制订高效行动计划并积极实施。

3. 素质目标

（1）遵守操作规范、用电安全等事项。
（2）能进行有效的团队合作。
（3）能够通过技术交流、文献研究等手段解决项目实施过程中的技术难题，提高学习能力。
（4）具备一定的环保意识，注意在工作过程中的环境保护及废物处理。
（5）遵守实训规范，做好 5S 管理，具备作为企业员工的职业意识等。

四、训练项目一览表

项目名称	项目图示	任务	知识	技能	备注
项目 1 滑仓系统的安装与调试		1. 滑仓系统机械安装与调试 2. 滑仓系统电气安装与调试 3. 滑仓系统 PLC 程序编写与调试	双作用直线气缸、磁性开关	实现双作用直线气缸的顺序动作、S7-300PLC 系统的安装与调试	2016 年 AHK 机电一体化工毕业考试 1 项目
项目 2 机械手系统的安装与调试		1. 机械手系统机械安装与调试 2. 机械手系统电气安装与调试 3. 机械手系统PLC程序编写与调试	双作用直线气缸、气爪、旋转气缸、磁性开关、限位开关	多气缸的协调动作、S7-200PLC 系统的安装与调试	

续表

项目名称	项目图示	任务	知识	技能	备注
项目 3 电机驱动分拣系统的安装与调试		1. 电机驱动分拣系统机械安装与调试 2. 电机驱动分拣系统电气安装与调试 3. 电机驱动分拣系统 PLC 程序编写与调试	丝杠直线导轨、双作用直线气缸、磁性开关、减速电机	丝杠直线导轨的安装，双作用直线气缸的控制，磁性开关、三相交流异步电动机的控制，S7-300PLC 系统的安装与调试	2016 年 AHK 机电一体化工毕业考试 2 项目
项目 4 皮带传送分拣系统的安装与调试	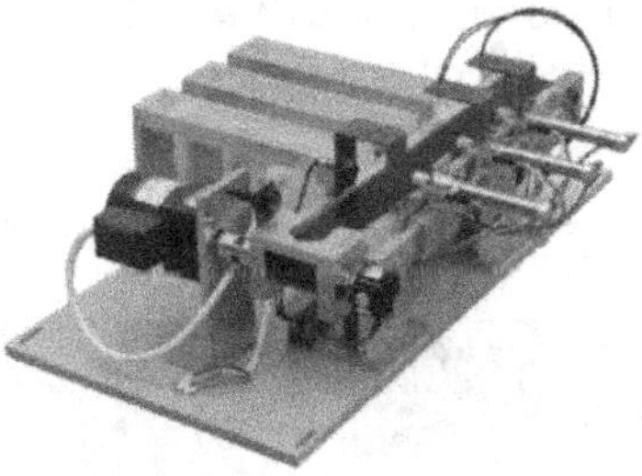	1. 皮带传送分拣系统机械安装与调试 2. 皮带传送分拣系统电气安装与调试 3. 皮带传送分拣系统 PLC 程序编写与调试	带传动机械装置、双作用直线气缸、磁性开关、编码器、减速电机、变频器	带传动机械装置、双作用直线气缸、磁性开关、减速电机的安装，变频器的安装与设置，S7-200PLC 系统的安装与调试	

五、培训成绩的评定

考核方式：形成性考核 / 项目。

考核标准：请参考如下所示考核成绩记录表。

学号	姓名	任务一（10%）	任务二（30%）	任务三（20%）	技术答辩（15%）	安全文明（10%）	职业素养（15%）	总评

说明：

（1）表中记录的是一个项目的总评成绩，若实施两个项目则可再增加列，最后总评成绩取平均值。

（2）建议一个阶段实施一个项目，根据学生的情况合理安排。分阶段实施三个项目以上，则学生可以达到较好的专业技能与职业素养水平。

六、工具箱整理要求

在使用中按照工具箱标识从上往下分别分隔整齐放置工具、导线、电气元件。

工具箱使用后检查工具、电气元件的完好性，工具分隔整齐放置，清理导线，归还电气元件。

七、工作区域 5S 管理要求

各区域不堆放无用的物品，地面保持清洁，无污垢、废弃导线、碎屑等。

操作台面眼观干净，手摸无尘；无无用物。

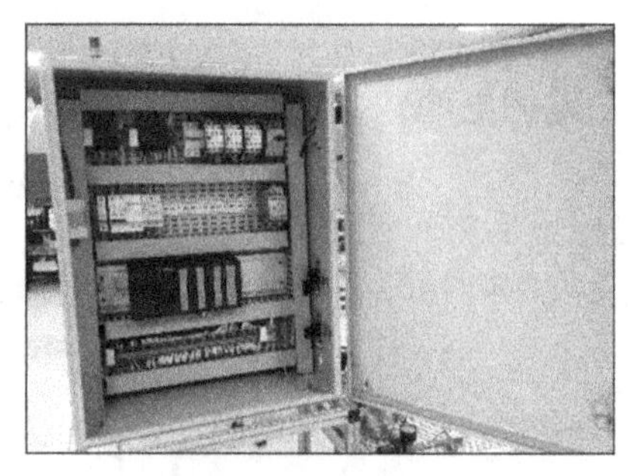

搬入电气柜内的元件使用完毕后应完好无损，盖好线槽，无多余导线，并将其归置原处。

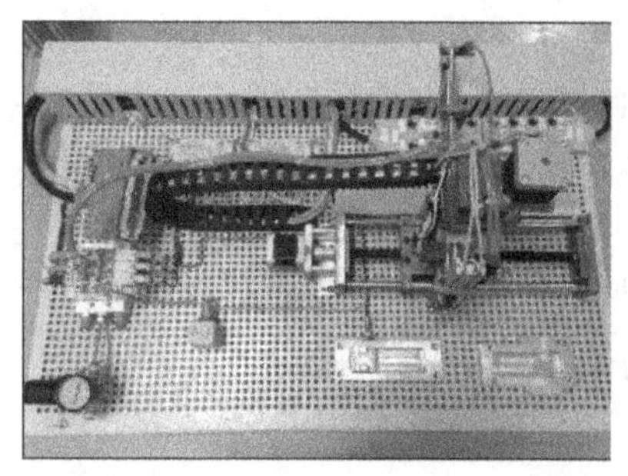

控制板元件使用完毕后应完好无损，盖好线槽，无多余导线，并将其归置原处。

八、电工安全规范

（1）停电作业时，必须先用电笔检查是否有电，无电方可进行作业。凡安装设备或修理设备完毕，都应在送电前进行严格检查，无误后方可送电。

（2）一般情况下不许带电作业。必须带电作业时，要做好安全保护措施，并由两人进行作业（一人操作一人监护）。

（3）雷雨天禁止高空、高压作业（禁止使用高压拉杆等）。雨天室外作业必须停电，并尽量保持工具干燥。

（4）带电工作时，切勿切割任何载流导线。

（5）工作前必须检查工具是否良好，并要合理使用工具，检查现场的安全情况，保证安全作业。

（6）任何电气设备拆除后都不得有裸露的带电导体。检修设备时不得私自改变任何线路。

（7）凡一般（临时）电器设备与电源相接时，禁止直接或搭挂，需装与电箱相匹配的电源插头。

（8）遇有严重威胁人身或设备安全的情况，应立即断电。

（9）在进行设备维修前，必须将电源切断并加锁，或悬挂“停电作业”牌并设专人看护。

（10）若在作业场所旁边有裸露的带电体，必须采取安全措施后，方能进行作业。

（11）检修具有两个以上电源的环形供电系统时，应先熟悉线路的分布。当需要拔下配电箱或电板上的保险时，必须在无负荷电流的情况下进行。

（12）拆卸、更换、安装具有两路或多路电源供电的线路时，在工作完成之后，一般应该用仪表校对相系无误，经通电并列试车正常后，才能交付生产单位使用。

（13）新安装的电器设备、金属外壳及金属配线管，必须做好接地、接零保护。设备及线路绝缘水平应达到规定的标准要求。

（14）电工每天必须对施工现场的电器设备以及各配电箱进行一次检查，并做好巡查记录。

（15）在现场处理完事故或者在检修期间现场检修完毕后，要保持现场卫生整洁，使用过的材料和其他物品要及时清理干净，废弃的物品要放入垃圾箱或存放在指定地点。

(16) 当工地发生火情时，必须第一时间切断工地的电源，并保证水源的畅通。夜间火情要先明确火源和火势，再考虑提供救火所需电源。

(17) 对电箱要严格把关，检验合格并黏贴合格标签后方可使用。

(18) 负责人必须做好安全质量检查，针对检查发现的问题配合培训教师做好整改工作。

九、机电安装工艺规范

1．机械部分

序号	细节	正确	错误
M-01	分开绑扎型材板上的电缆和电子管。 当电缆、光纤电缆和电子管都连接在同一个移动模块上时，允许将三者绑扎在一起	 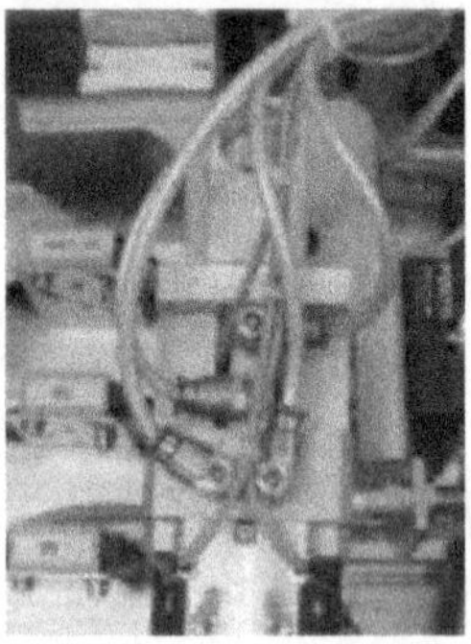	
M-03	除了连接 PLC 的电缆外，绑扎带之间的距离不得超过 50 mm，包括安装在型材板下面的电缆管	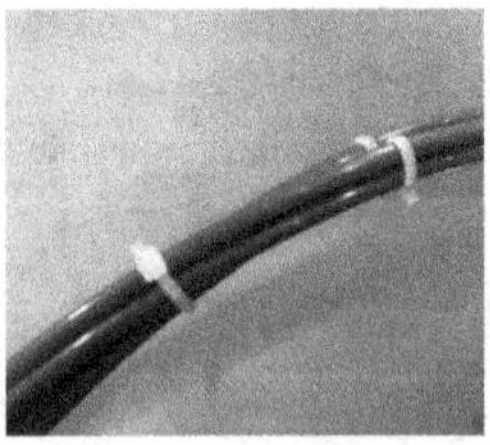	
M-04	第一根绑扎带距阀岛气管接头连接处的距离为 60 mm ±5 mm		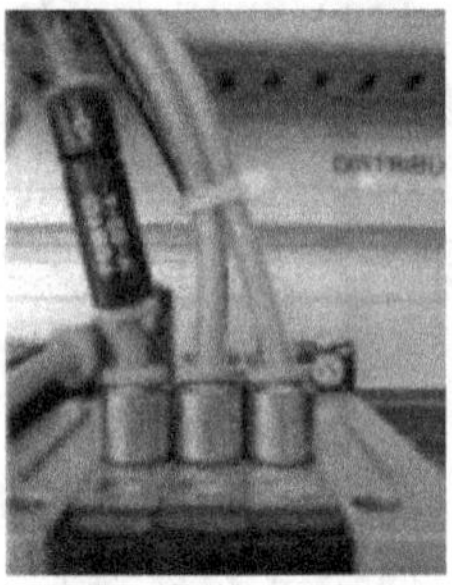

续表

序号	细节	正确	错误
M-05	在所安装的设备中和地面上无遗留工具。 在所安装的设备上没有遗留配线、电子管或其他材料(料筒零件除外)		
M-07	所有的元件、模块被固定(没有螺钉松动现象)，包括电缆和光纤。 没有零件或模块损坏或丢失(包括电缆，配线等)	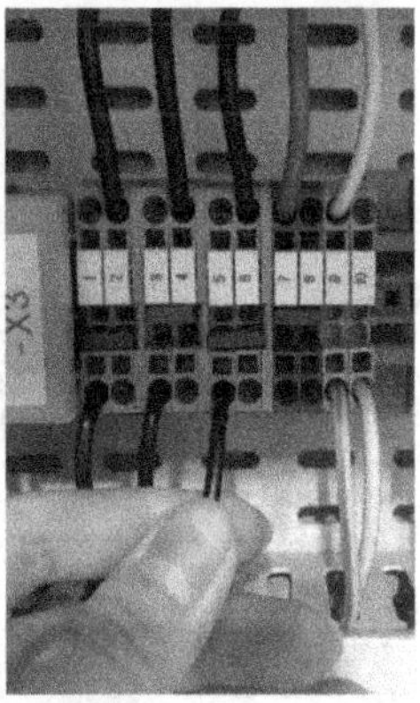	 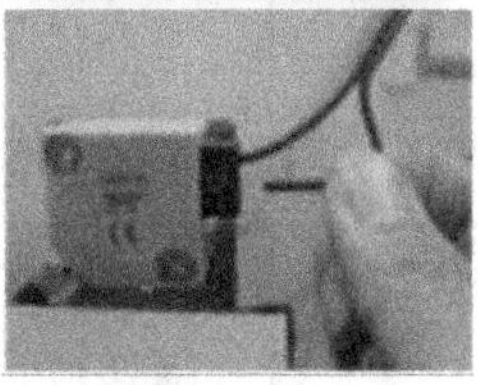
M-09	型材剖面安装端盖		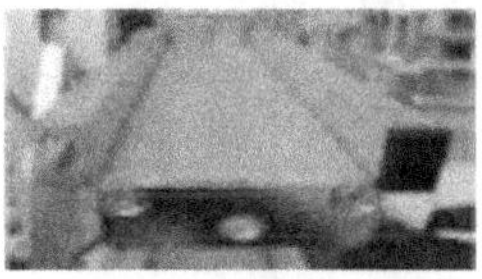
M-10	用至少2个螺钉和垫圈固定走线槽		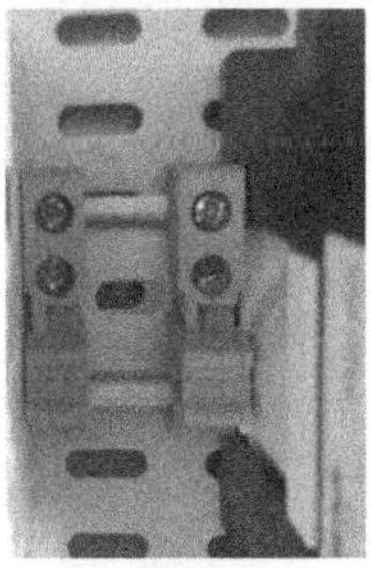
M-11	走线槽上所有的东西都被固定，包括光纤；可以使用短连接；如果可以，使用更短的电缆，线缆不得绕圈。 型材板上允许把光纤和电缆扎在一起		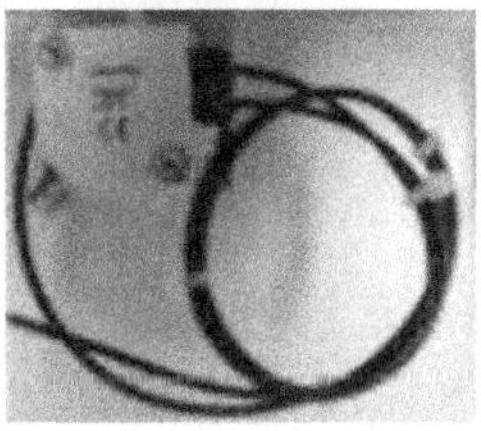

续表

序号	细节	正确	错误
M-13	金属锯割端无毛刺	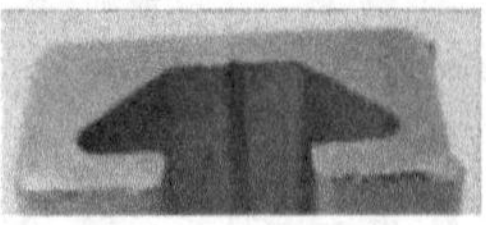	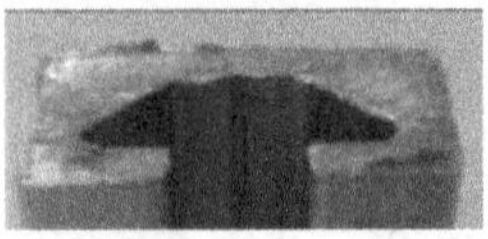

2. 电气部分

序号	细节	正确	错误
E-01	电线金属材料无外露，冷压端子金属部分不外露	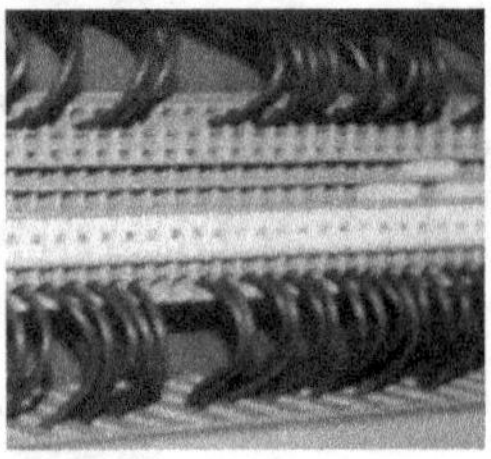	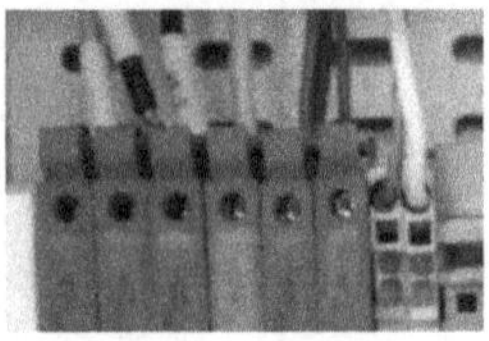
E-07	走线槽完全盖住，无翘起和个别齿未完全盖住现象。 没有多余的走线孔，走线槽不得更换		
E-08	不得损伤电线绝缘部分	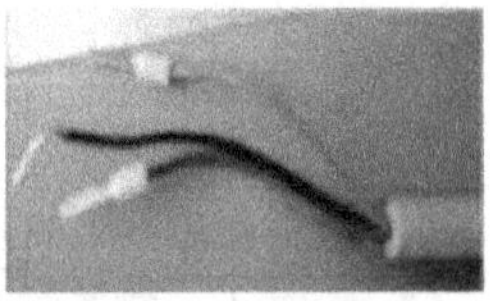	
E-09	没有电缆露在走线槽外	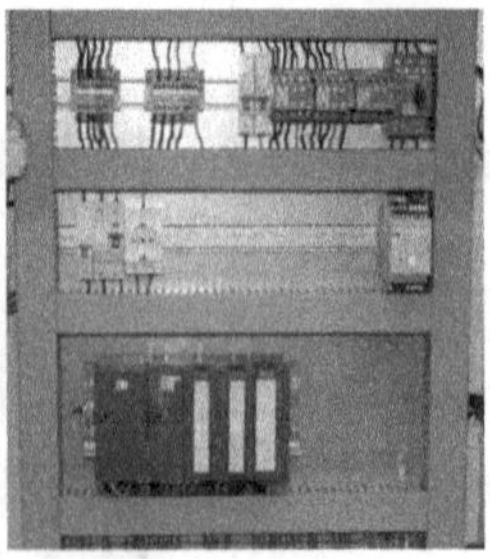	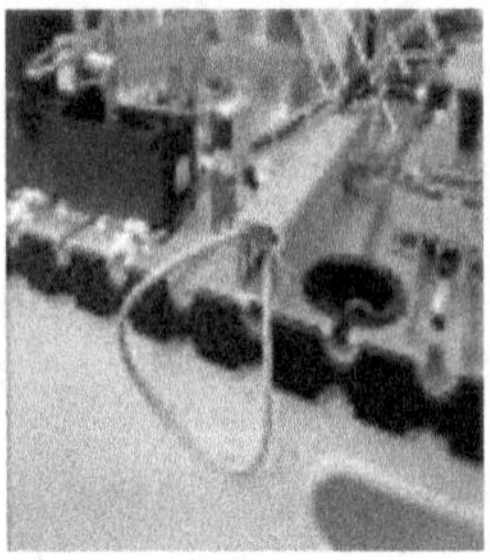

续表

序号	细节	正确	错误
E-10	不允许单根导线穿过导轨或锋利的边角，除非使用两个固定座固定		
E-11	单根电线直接进入线槽时不能交错，允许同一个传感器或执行器电线进入走线槽的一个插槽	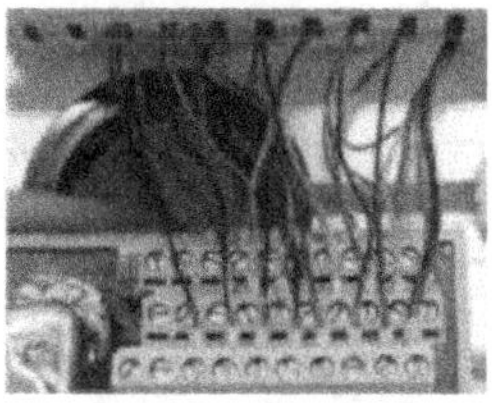	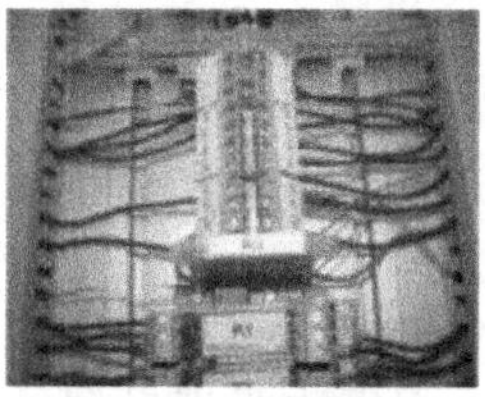
E-12	不要剪短无用的电缆线并将其固定在电缆上。无论电缆线在线缆管道内还是管道外，都不允许暴露末端金属	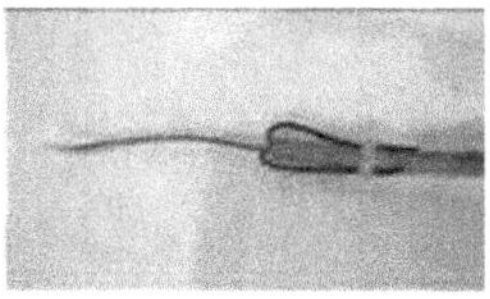	
E-13	光纤收纳圆半径	>25 mm	<25 mm

3．气动部分

序号	细节	正确	错误
P-01	无气管缠绕、绑扎变形现象，绑扎不得过紧	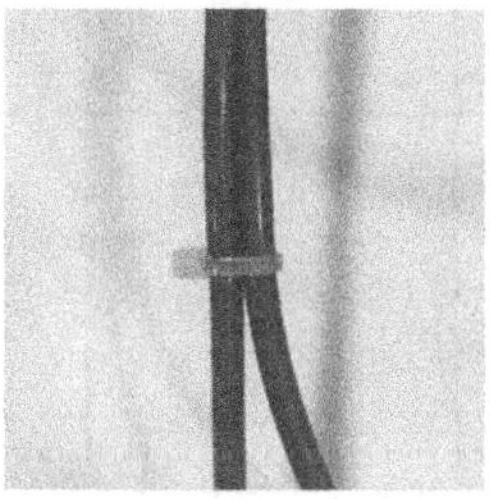	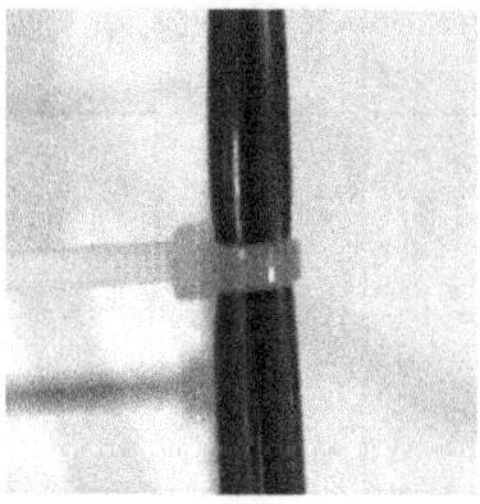

续表

序号	细节	正确	错误
P-02	气管不得从线槽中穿过（气管不可放入线槽内）	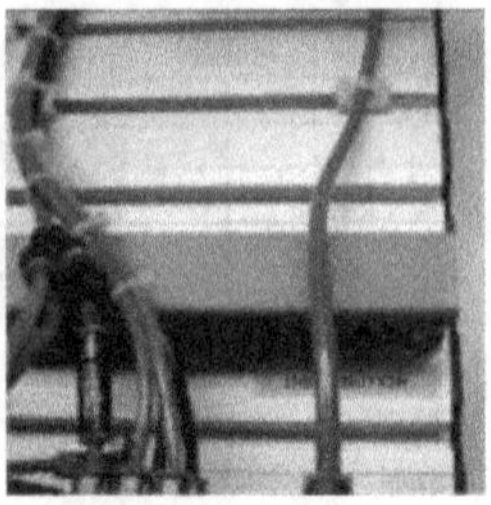	
P-03	所有的气动连接处	无泄漏	有泄漏

十、电气柜的保养

1. 电气柜日保养

日保养工作由培训教师带领学生在每天课后完成，并由学生填写设备上的日保养记录。电气柜日保养记录表如下。

步骤	内容	月　日	月　日	月　日	月　日
1	断开电源，整理电气柜内接线				
2	使用毛刷清扫线头、灰尘等				
3	对照元件清单检查各元件是否完好且安装牢固				
4	检查电气柜内是否存在遗漏工具、资料等其他物件				
5	检查电气柜体、柜门、支撑架是否完好无损坏				

注：填写保养情况和存在问题，若无问题请打“√”。

2. 电气柜季保养

季保养具体日期由管理员确定，季保养工作由培训教师带领学生在管理员的指导下完成，并由学生填写设备上的季保养记录。电气柜季保养记录表如下。

步骤	内容	第一季度	第二季度	第三季度
1	断开电源，检查熔断装置、仪表、电阻、接触器等的接触情况及接线有无松动现象。应将各连接部位、压线部位的螺钉、螺母旋紧压牢			
2	检查接地线是否锈蚀，接线桩头是否紧固			
3	检查全部电器开关，应动作灵活可靠，无明显噪声			
4	对 PLC 进行清扫，切断给 PLC 供电的电源，把电源机架、CPU 主板及 I/O 板依次拆下，进行吹扫后再依次按原位安装好，将全部元器件连接复位后送电并起动 PLC 主机			

注：填写保养情况和存在问题，若无问题请打“√”。

项目 1 滑仓系统的安装与调试

任务 1 滑仓系统机械安装与调试

任务描述

作为企业机电工，接受到滑仓机械系统装配任务，要求仔细阅读滑仓系统的机械安装图纸，了解其结构组成及功能，并小组讨论制订机械安装工艺流程，按照机电一体化技术标准完成任务，并交付主管进行安装与调试。机械安装图及零部件简图如图 1~图 18 所示。

任务提示

一、工作方法

- 读图后回答引导问题，可以使用的材料有教材、手册等
- 以小组讨论的形式完成工作计划
- 按照工作计划，完成滑仓系统机械安装与调试。对于预料外的问题，请尽量先自行解决，如无法解决再与培训教师进行讨论
- 与培训教师讨论，进行工作总结

二、工作流程及内容

接受任务 → 分析整体图纸 → 制订机械安装工艺流程 → 机械备料与安装 → 机械调试与检测 → 验收与交付

- 信息收集（1 学时）
- 计划与决策（2 学时）
- 机械安装与检查（5 学时）
- 评价与总结（2 学时）

三、知识储备

- 定位销

四、注意事项与工作提示

- 穿实训鞋服，必要时戴防护眼镜
- 工具使用中和使用后要整齐摆放

五、劳动安全

- 严格遵守车间安全标志的指示
- 工件必须去毛刺，避免划伤

六、环境保护

- 参照《简明机械手册》相应章节的内容
- 切屑应放置在指定位置

七、可用材料

- 图纸（附件）
- 《简明机械手册》

19（简图17）
6（简图6）
5（简图5）
15
17
16
14
4（简图4）
9（简图9）
13
型材（安装板）
（简图10）10
11（简图11）
20
7（简图7）
13
13
13
*根据所用的安装板和可能还有的槽石情况确定
8（简图8）
1（简图1）
12
（简图12）
18（简图16）
2（简图2）
3（简图3）
请注意：图纸不是按比例画的！
考号
姓名：
机电一体化
滑道总装图
规定时间：
页次：
1（2）
序号：
考号：

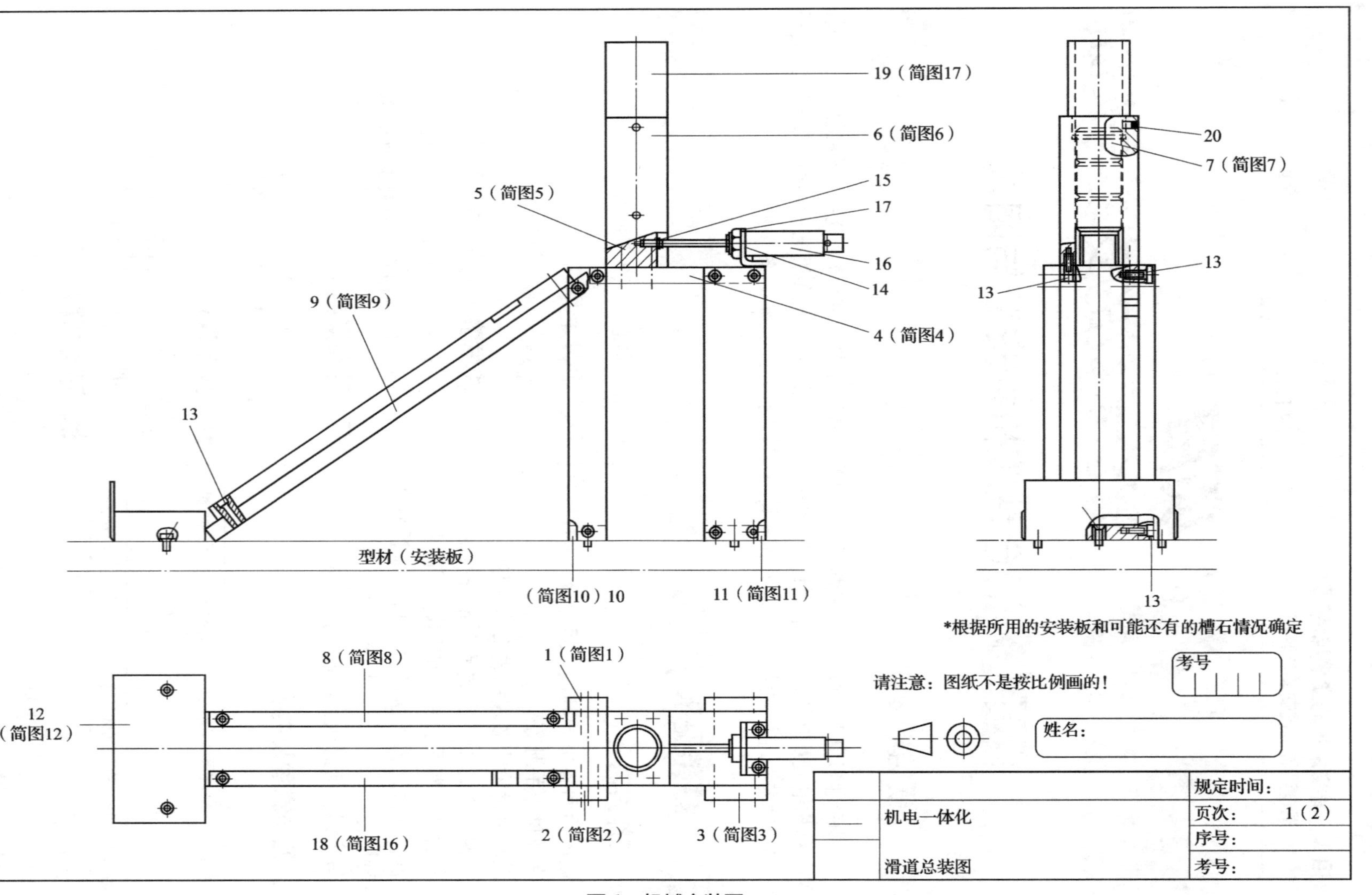

图 1　机械安装图

件号	件数	名称	标准	材料	半成品（按材料准备清单）
20	1	紧定螺钉 M5 × 8	ISO 4026	St	
19	1	料盒加长件		E235	管材 40 × 5-70EN 10297-1
18	1	条板		S235JR	方钢 10 × 280 EN 10278
17	1	底座固定件			
16	1	气缸			行程 40，直径 10
15	1	六角螺母 M4	ISO 4035	5	
14	2	平垫 4	ISO 7091	200 HV	
13	24	圆柱头螺钉 M4 × 12	ISO 4762	5.8	
12	1	收件盒		DC01-A	薄板 1.5 × 100 × 135 EN 10131
11	1	横板		S235JR	FL 40 × 10 × 50 EN 10278　FL= 扁钢
10	1	横板		S235JR	FL 25 × 10 × 50 EN 10278
9	1	滑板		S235JR	FL 50 × 10 × 300 EN 10278
8	1	条板		S235JR	方钢 10 × 280 EN 10278
7	3	分选块		11SMn30+C	圆钢 29 × 23 EN 10278
6	1	料盒		S235JR	FL 40 × 50 × 100 EN 10278
5	1	闸板		PVC	FL 35 × 25 × 23
4	1	上底板		S235JR	FL 50 × 10 × 114 EN 10278
3	2	后跷板		S235JR	FL 40 × 10 × 184 EN 10278
2	1	左前跷板		S235JR	FL 25 × 10 × 184 EN 10278
1	1	右前跷板		S235JR	FL 25 × 10 × 184 EN 10278

			规定 时间：
	比例	机电一体化 滑道零件表	页次：　2（2）
			序号：　0000018235
			考号：

图 1　机械安装图（续）

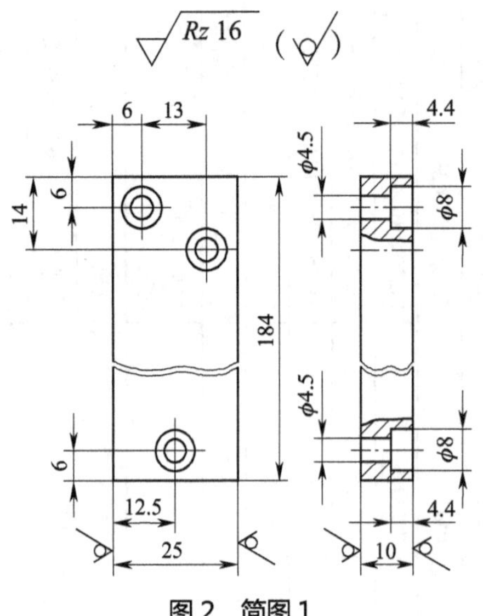

图2 简图1

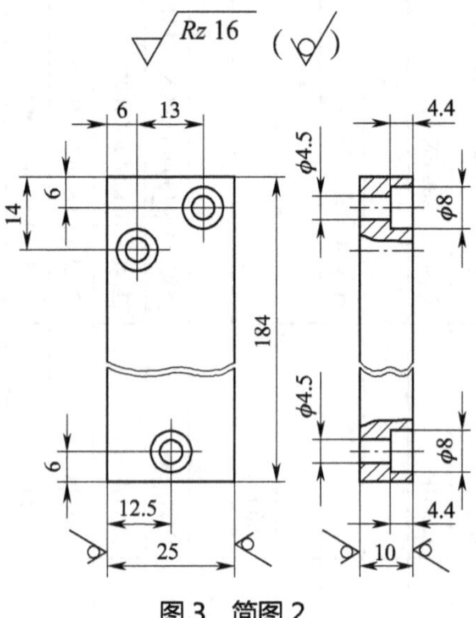

图3 简图2

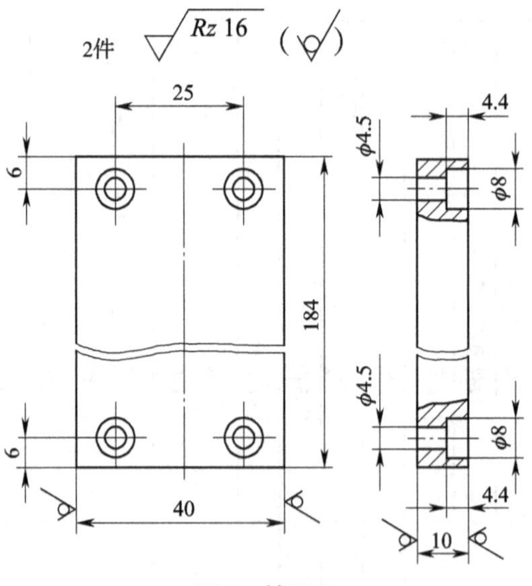

图4 简图3

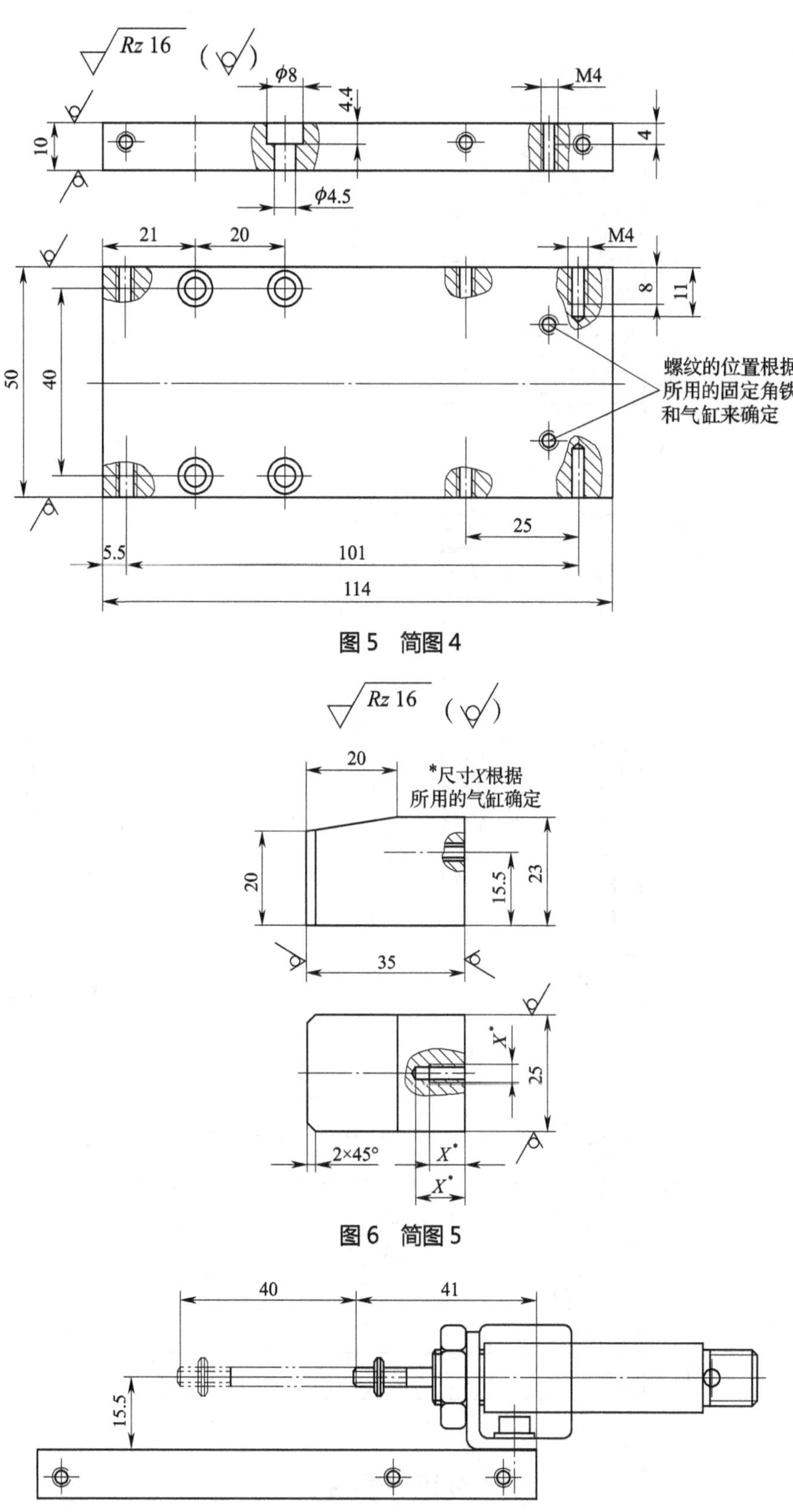

图 5　简图 4

图 6　简图 5

图 7　气缸在上底板（简图 4）上的位置

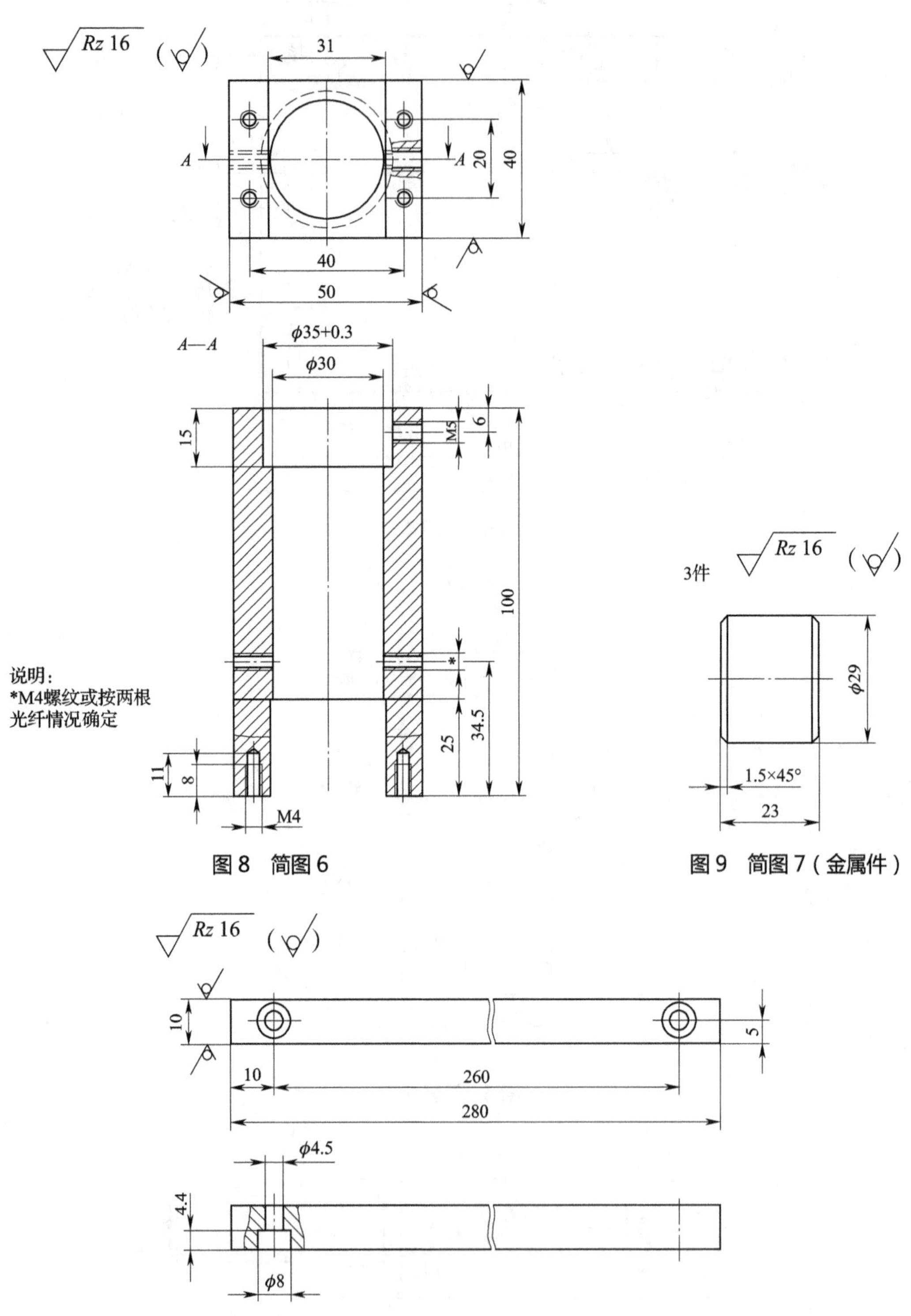

图8　简图6

图9　简图7（金属件）

图10　简图8

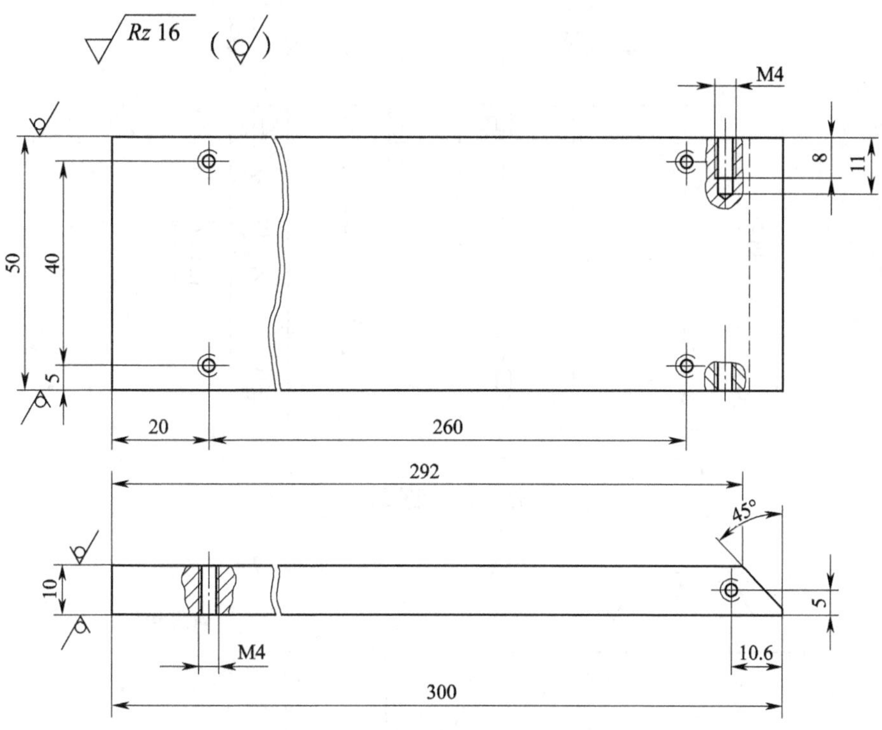

图11 简图9

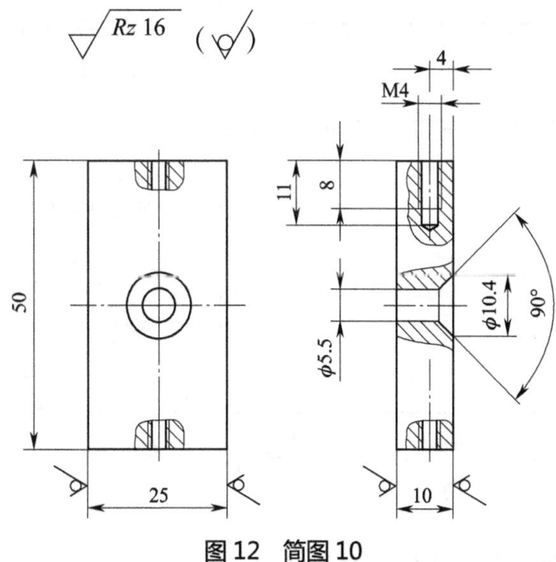

图12 简图10

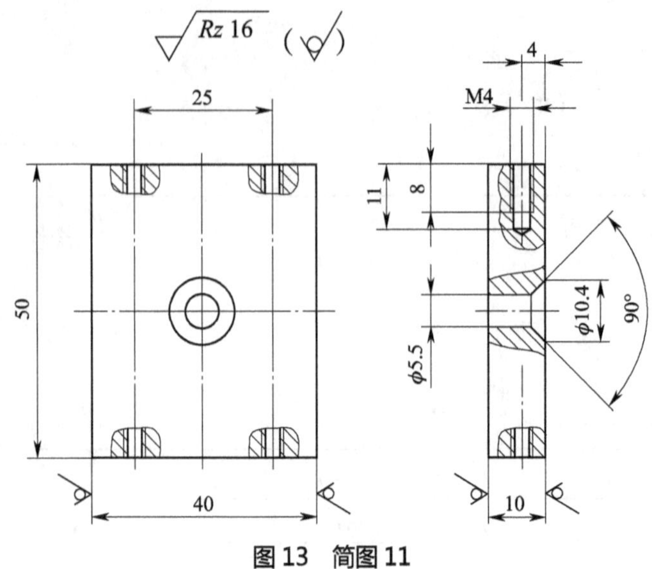

图 13　简图 11

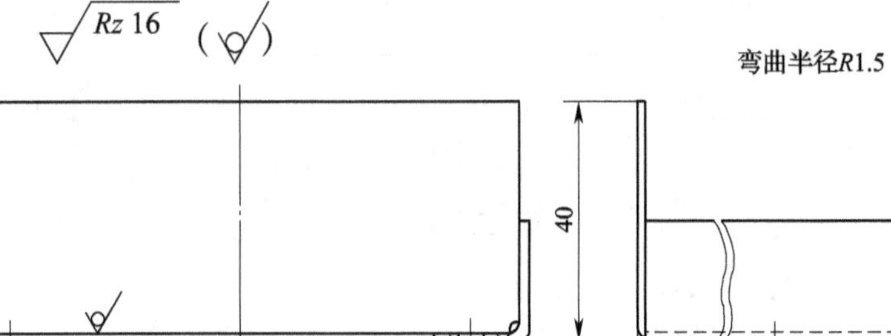

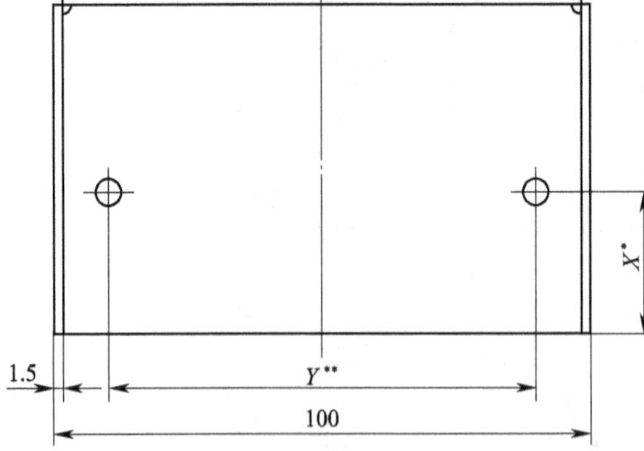

*尺寸X按安装要求
**尺寸Y根据所用的安装板情况确定

说明：只有知道了安装板的情况后才能加工孔。

图 14　简图 12

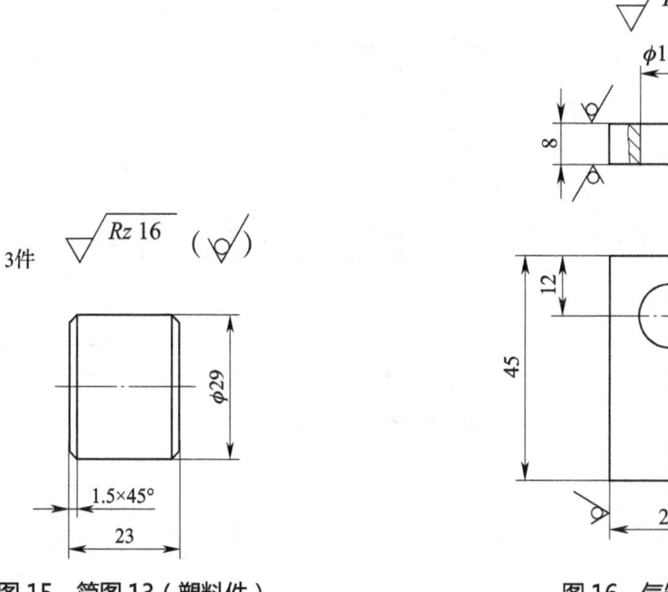

图 15　简图 13（塑料件）

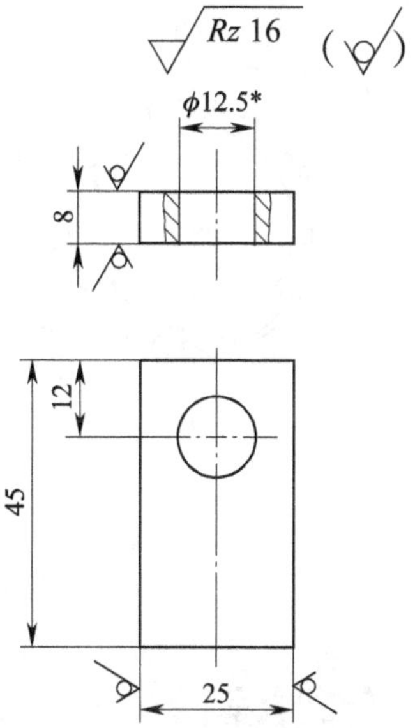

图 16　气缸固定架

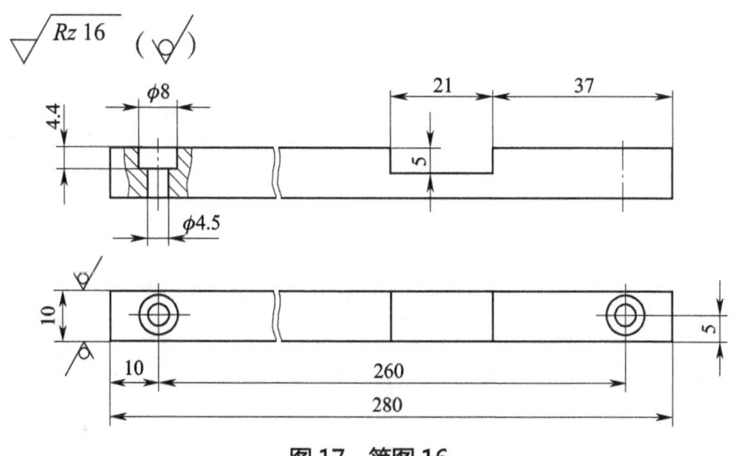

图 17　简图 16

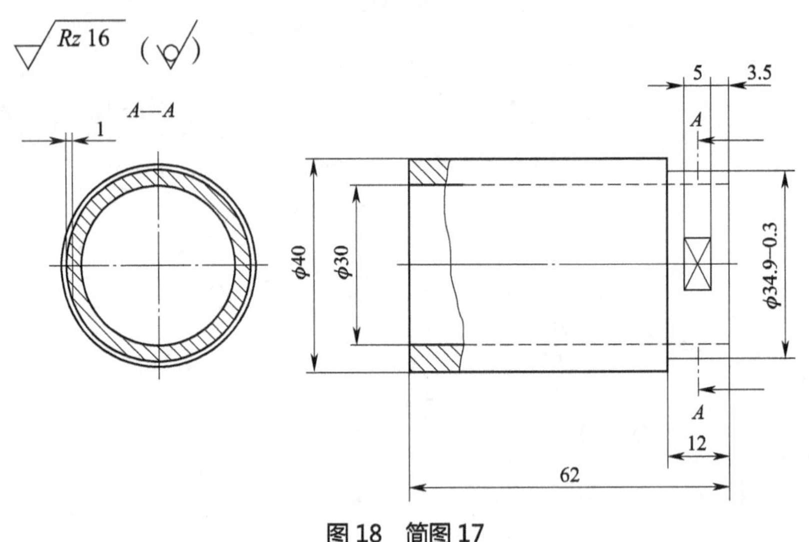

图 18　简图 17

工作过程

一、信息

（1）请仔细阅读滑仓系统机械安装图，明确其机构装配关系，分析其用途，并简要描述。

（2）公差与配合中，配合分成三大类：________、________和________。

定位销的安装采用________配合安装方式。

（3）定位销与销孔的配合选择________比较合适。

（4）图 19 为________配合方式。

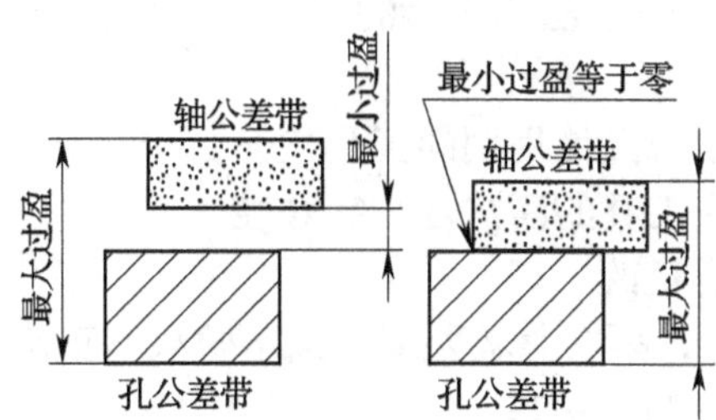

图 19　配合方式判断

（5）查阅资料了解定位销的各种类型，说明几种常见定位销的用途。

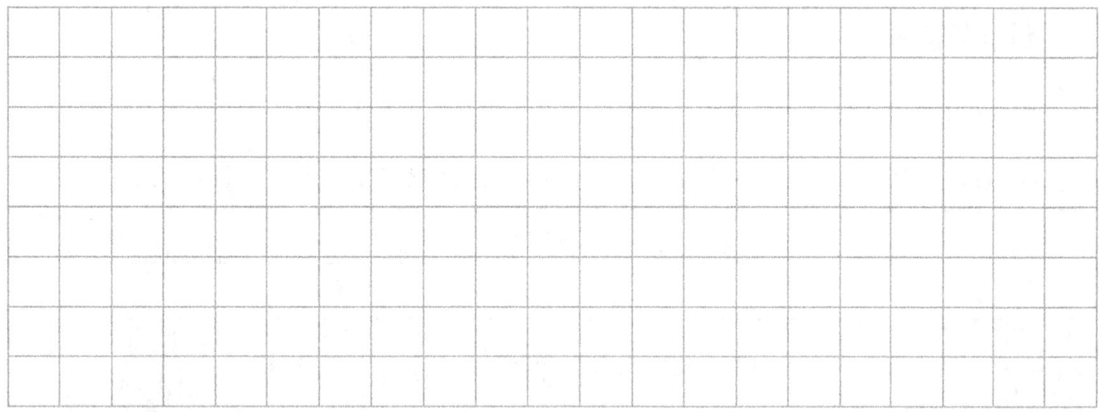

重要提示：在进行机械安装之前，必须牢记安全作业标准，明确问题 6 ~ 10 的准确答案（不定项选择题）。

（6）工作时，着装必须整齐干净，以利于作业，避免受伤。以下属于着装不规范的是（　　）。

A．穿规定的服装，保持清洁干净

B．上衣袖口扣子扣好，不露出下摆

C．作业服口袋中不放不必要的东西

D．天气热时可以穿凉鞋或拖鞋

（7）通道是指没有物品堆放，供人通行、搬运物品的场所。良好的管理可以预防跌倒、掉落、扎脚等事故。以下说法错误的是（　　）。

A．三个人以上不要并排走

B．走规定的通道

C．通道上可以暂时放置物品

D．除紧急情况以外，不要奔跑

（8）整理整顿是我们必须遵守的重要安全事项之一。为了避免碰撞、摔跤等，必要的物品必须放在其所要求存放的地方且没有干扰物品堆放。进行整理整顿时需注意（　　）。

A．使用过的物品（工具 / 仪器等）要归回原位

B．物品按正确的放置要求堆放（从重到轻、从大到小放置）

C．在通道、出入口、安全门、灭火器、消防设备等附近不要放置无关物

D．废弃物品要按要求处理

(9) 关于工具的使用，以下说法不正确的是（　　）。

A．在使用前点检工具

B．在没有锤子的情况下可以使用别的工具代替

C．工具使用完毕要检查工具的清洁度与完好性

D．工具的标号不能随意更改

(10) 在发生意外受伤时，要会急救处理。以下做法不正确的是（　　）。

A．当有人重伤时马上呼叫救护车

B．当发现有人脸色发红时，应将其头抬高；若其脸色苍白时，应将其头放低

C．在伤者有意识的情况下，应让伤者处于最佳的姿态，并保持安静

D．受伤后，不告知主管，自行停止作业

二、计划与决策

1．制订工作计划

小组讨论制订工作计划，明确工作内容和工作的注意事项。工作计划见下表。

工作计划				
工作台号：			工件号：	
序号	工作步骤	设备、工具、辅具、场地	注意事项	工作时间 / 小时
1				
2				
3				

续表

序号	工作步骤	设备、工具、辅具、场地	注意事项	工作时间 / 小时
4				
5				
6				

2．确定滑仓系统机械安装的工艺流程

根据安装图纸，小组讨论、制订机械安装工艺流程，并经培训教师确认。滑仓系统机械安装工艺流程表见下表。

序号	安装主要部件	注意事项	备注
1			
2			
3			

续表

序号	安装主要部件	注意事项	备注
4			
5			

3. 准备工具、材料

工具的检查是一项非常重要的工作，不仅要熟悉工具的名称、规格、用途，还要学会工具的保养。请按照下表检查工具，若无问题请打“√”；若有破损请及时告知培训教师。

序号	名称	规格 / 型号	图示	检查情况
1	L 形内六角扳手		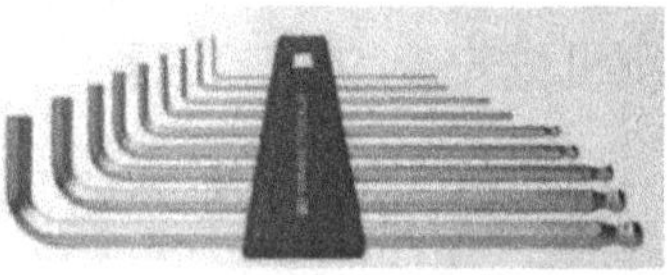	
2	扳手		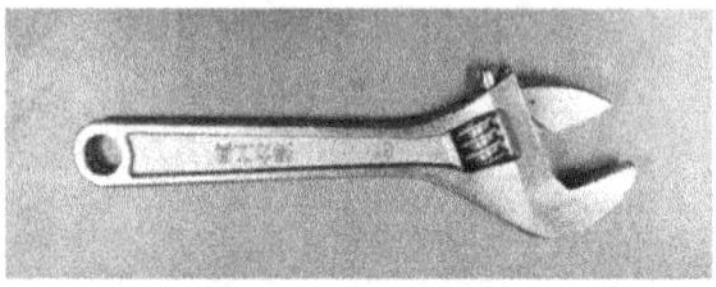	
3	角尺		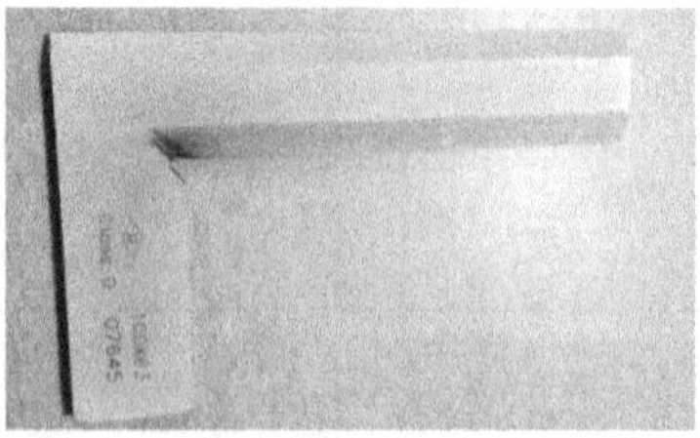	
4	直尺			

4．小组工作：决策结果是否考虑到以下检查点

序号	检查点	小组自评	
1	安装工序是否按照安装规范进行	是○	否○
2	使用的工具是否满足安装规范的要求	是○	否○
3	安装零件、材料是否满足安装规范的要求	是○	否○
4	环保条件是否满足安装规范的要求	是○	否○
5	是否明确安全作业要求	是○	否○
6	小组分工是否合理	是○	否○
7	劳动保护是否达要求	是○	否○

如有其他问题，请小组长与培训教师沟通，再带领小组成员做好安装的准备工作，如材料领取、安装工作台的准备等。

三、实施

1．注意事项与工作提示

（1）请按照计划执行，不要超时。

（2）请注意小组合作、沟通，主动与同学、培训教师进行关于评分分歧、工作过程中存在的问题、技术上的问题及理论知识等方面的专业讨论。

（3）请按照安装规范（见下表）操作，避免不规范的安装。

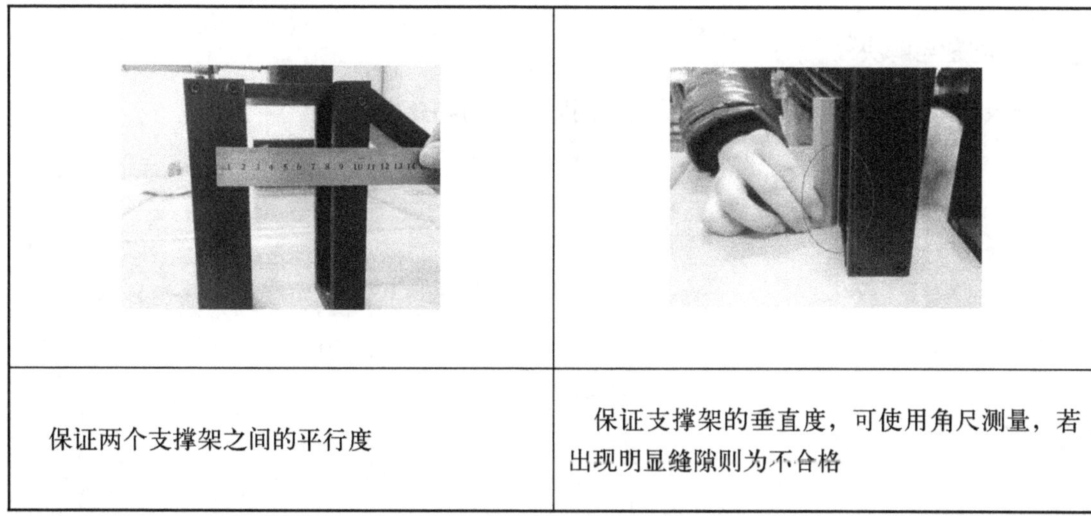

保证两个支撑架之间的平行度	保证支撑架的垂直度，可使用角尺测量，若出现明显缝隙则为不合格

续表

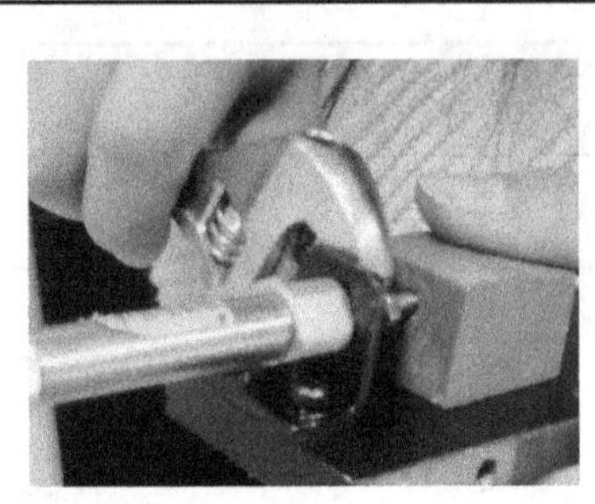	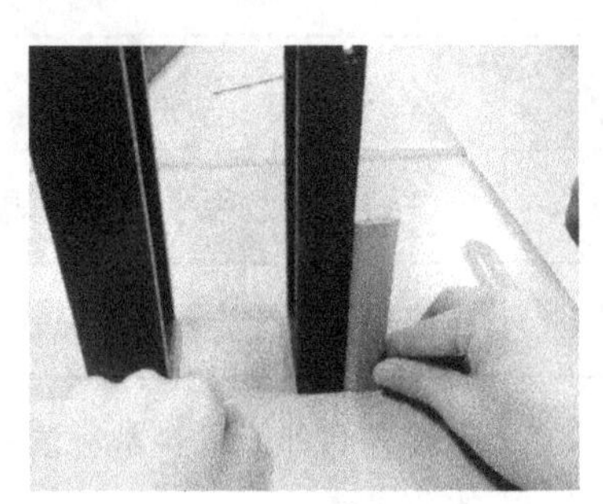
所有的紧固件要安装到位	检测时，角尺与工件间应无缝隙

（4）安装讲解视频见“机电系统装配在线课程”。

2. 小组工作

按计划实施安装。注重规范安装、工作效率，遵守工作纪律，按时完成任务。小组观察员及监督员要记录小组在计划实施中出现的各种现象。同时，培训教师也将记录小组的工作情况，如5S管理执行情况、学生的工作态度及工作质量等。

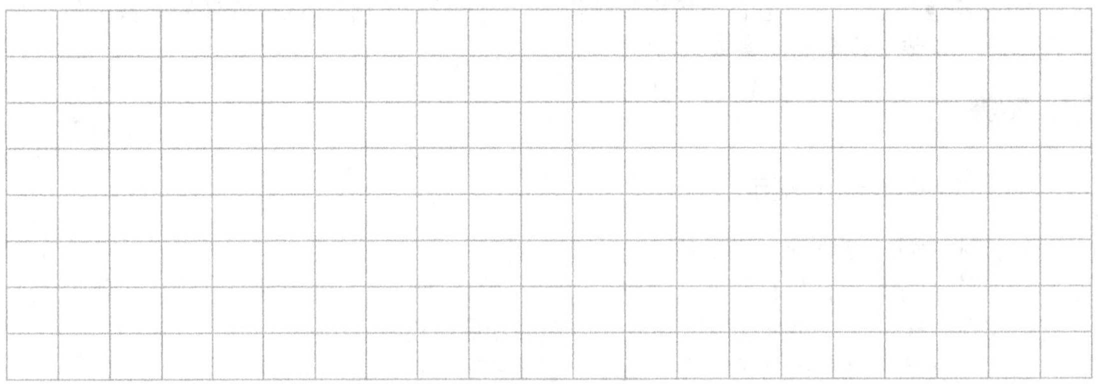

3. 问题与解决

记录小组工作中出现的问题，并记录问题的原因和分析的过程。

四、检查与交付

安装完毕后请按照下表进行自查，完成后交给培训教师评分，必要时做相关讲解或演示说明。

请目测检查各检查点是否有问题存在，并记录检查结果，若无问题则交付验收。

检查序号	检查点	正常与否	问题记录
1	图纸完整、齐备	是□　否□	
2	按机械安装图所示安装	是□　否□	
3	所有零部件安装牢固	是□　否□	
4	零部件没有损坏	是□　否□	
5	所有零部件去毛刺	是□　否□	
6	气缸工作正常	是□　否□	
7	重要零部件做标识	是□　否□	

五、评价

1. 小组成果分享和总结

将小组成果向同学展示，总结工作中的收获、遇到的问题和改进措施。

2. 项目任务工作评价

评分等级：0 ～ 10 分

评分等级要求：（根据 AIIK 机电一体化工考证要求规定）

10 分	特别符合要求
9 分	完全符合要求
8 分、7 分	基本符合要求
6 分、5 分	有缺陷，但还符合要求
4 分、3 分	不符合要求，有较大缺陷
2 分、1 分、0 分	完全不符合要求

（1）工作质量评价。

序号	评价内容	权重系数	评分（0 ~ 10 分）	总分	备注
1	机械组合按照装配图纸安装，安装牢固	1.0			
2	固定板（尺寸 35 mm）的尺寸精确度	2.0			
3	销连接符合专业要求（2 × ）	3.0			
4	固定板和滑道（尺寸 35 与 40）表面平整度、垂直度	2.0			
5	固定板尺寸 12 沉孔符合专业要求（2 × ）	1.0			
6	固定板尺寸 9 沉孔符合专业要求（2 × ）	1.0			
合计（满分 100 分）					

（2）工作过程评价。

信息阶段

序号	评价项目	评价手段	0 ~ 10 分	权重系数	总分
1	分析工作订单	学生工作页		2.5	
2	资料收集	学生工作页		2.5	
3	技术上与组织上的衔接	谈话 \ 观察		2.5	
4	方案的评估与确定	谈话 \ 观察 \ 资料		2.5	
阶段得分（0 ~ 100 分）					

计划阶段

序号	评价项目	评价手段	0 ~ 10 分	权重系数	总分
1	分任务的确定	学生工作页		2.5	
2	工作计划的制订	学生工作页		3.0	
3	编写计划资料	学生工作页		2.5	
4	方案的评估与确定	谈话 \ 观察 \ 资料		2.0	
阶段得分（0 ~ 100 分）					

实施阶段

序号	评价项目	评价手段	0 ~ 10 分	权重系数	总分
1	工作任务的完成情况、工作效率	工作过程记录		3.0	
2	功能的完整性	学生工作页 \ 观察		2.5	
3	产品质量和技术标准	根据工作质量评价表的评估		2.0	
4	解决问题的能力	谈话 \ 观察		2.5	
阶段得分（0 ~ 100 分）					

检查阶段

序号	评价项目	评价手段	0 ~ 10 分	权重系数	总分
1	验收 / 测量记录	学生工作页 \ 观察		3.0	
2	工作结果的记录和学生的自我评估	学生工作页 \ 观察		2.0	
3	相关重要资料完整移交	资料		2.0	
4	产品移交并作说明演示	谈话 \ 观察		3.0	
阶段得分（0 ~ 100 分）					

（3）计算成绩。

序号	评价项目	阶段得分（0 ~ 100 分）	权重	总分
1	信息		0.2	
2	计划		0.2	
3	实施		0.3	
4	检查		0.3	
			实际工作任务得分（0 ~ 100 分）	

培训教师签字（日期）：____________

总结与提高

一、自我总结

（1）总结自己的不足之处，并记录别人给自己提的意见，以便于以后工作的顺利开展。

（2）描述本次工作的内容。

二、思考与提高

（1）在完成任务的基础上，将传感器架安装到滑仓机构的固定板上。要求能让传感器通过条板上的开孔检测到工件。传感器装配图，如图 20 所示。

（2）请将传感器（仅外棱边）的简图补画完整，然后计算其整体高度，要求到传感器中心的距离为 8 mm（从条板开孔的下棱边开始计算），如图 20 所示。

（3）要求用两个 M4 × 12（ISO 4762）圆柱头螺钉将传感器架固定在固定架上。圆柱头螺钉螺纹加工好后，拧入传感器架中，要求两个螺钉螺纹中心距为 12 mm。请在图 21 中将其画出并将尺寸标注出来。

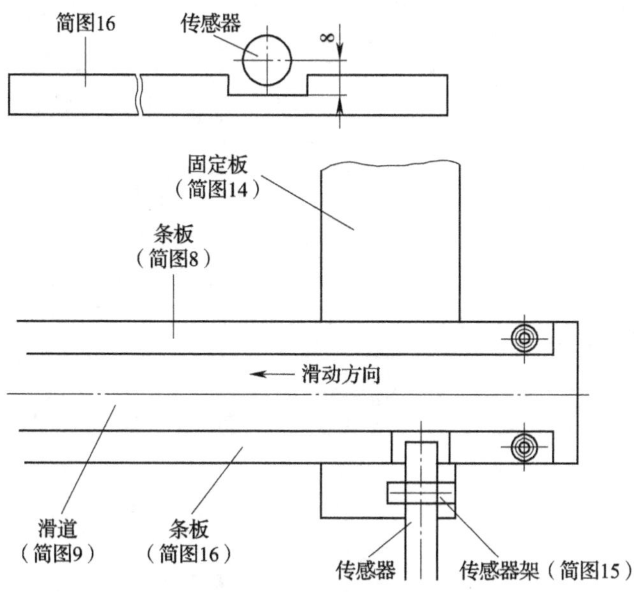

图 20　传感器装配图

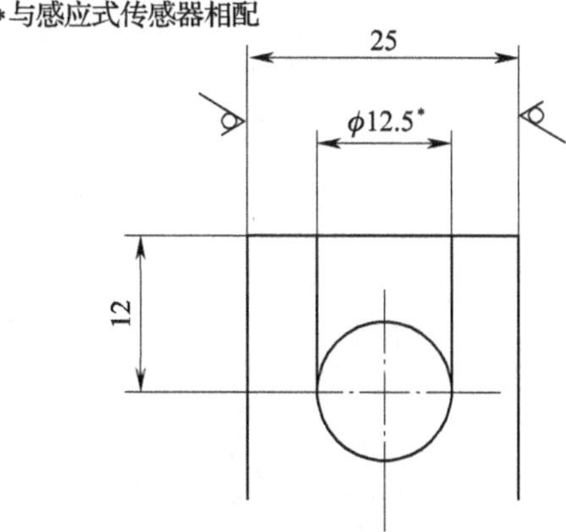

图 21　固定传感器架

项目 1　滑仓系统的安装与调试 任务 2　滑仓系统电气安装与调试	姓名：	班级：
	日期：	页码：

任务 2　滑仓系统电气安装与调试

任务描述

小组讨论分析滑仓系统的电气安装图纸（见任务 2 附图），并制订电气安装计划，按照 VDE0100 标准进行安装与调试。

序号	任务内容	任务要求
1	分析电气原理图	读懂电气原理图
2	信息采集	完成工作页的问题
3	制订电气工作计划	小组讨论并制订合理的工作计划
4	元件安装及电气接线	小组接线，分工合作
5	线路检测	使用万用表对照图纸进行线路检测
6	工具、设备、现场 5S 管理和 TPM 管理	要求每次课后，学生按规定对工具、设备进行 5S 管理，对现场进行 TPM 管理

任务提示

一、工作方法

- 读图后回答引导问题，可以使用的材料有教材、手册等
- 以小组讨论的形式完成工作计划
- 按照工作计划，完成滑仓系统的电气安装与调试。对于预料外的问题，请尽量先自行解决，如无法解决再与培训教师进行讨论
- 与培训教师讨论，进行工作总结

二、工作流程及内容

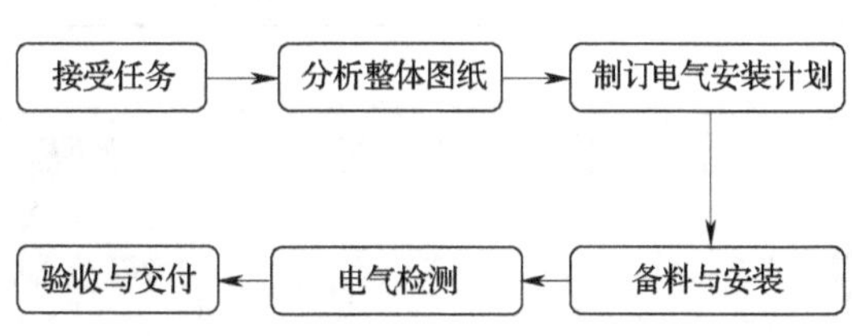

- 信息收集（2 学时）
- 计划与决策（4 学时）
- 电气安装与检查（16 学时）
- 评价与总结（2 学时）

三、知识储备

- 德国 VDE 电气接线标准
- 气压继电器（传感器）的应用
- 磁性开关的工作原理与应用
- 西门子电动机保护断路器的工作原理及应用
- 皮尔磁安全继电器的工作原理及应用
- 执行元件 / 传感器分配器的使用方法
- 重载连接头的使用方法
- 西门子 S7-300PLC I/O 模块的接线方法
- 针形端子的安装方法

四、注意事项与工作提示

- 穿实训鞋服，必要时戴防护眼镜
- 工具使用中和使用后要整齐摆放

五、劳动安全

- 读懂并遵守车间安全标志的指示
- 按照电工安装规范操作，避免触电

六、环境保护

- 废旧导线应放置在指定位置
- 未使用完的冷压端子等耗材应归还原处，并分类放置

七、可用材料

- 图纸
- 《机电一体化图表手册》

工作过程

一、信息

（1）查阅资料写出下图所示的元件名称、图形符号和作用。图中元件上标有 C 6A 代表什么含义？

（2）登录魏德米勒的官方网站，了解魏德米勒端子排的产品分类和安装方法，完成以下填空。

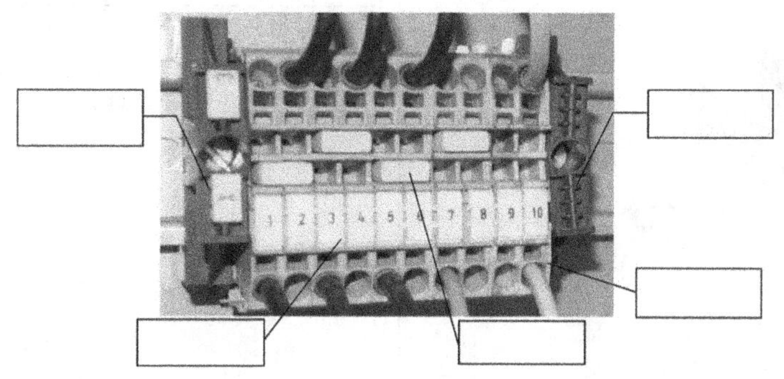

安装注意事项：在组装端子排的时候要注意安装顺序，从左往右依次安装____________________。安装三相电源电路采用______颜色端子，安装零线采用______颜色端子，安装接地线采用_______颜色端子，不同颜色的端子之间采用______间隔。

两个以上的端子若需要短接，可采用_______来短接，无需导线来进行短接，接地端子由于其内部结构金属片与导轨相连，因此，不需要用_______来短接。

（3）查阅资料，分析以下图片中的元件，写出其名称、作用、安装方法及注意事项。

<table>
<tr><td rowspan="3"></td><td>名称：</td></tr>
<tr><td>作用：</td></tr>
<tr><td>安装方法及注意事项：</td></tr>
<tr><td rowspan="3"></td><td>名称：</td></tr>
<tr><td>作用：</td></tr>
<tr><td>安装方法及注意事项：
（提示：注意看元件背面的说明）</td></tr>
</table>

续表

	名称：
	作用：
	安装方法及注意事项：

（4）分析主电源电路接线图，说明图中采用的是什么漏电保护方式，有哪几个地方与接地端子 -XPE 进行了连接。

（5）附图主电路图中的 Q4 图形符号表示的是什么元件？它的作用是什么？

（6）分析附图安全控制回路图，查阅安全继电器的使用说明书，完成下列填空。

安全继电器作为______元件，与各种安全开关（紧急停止按钮、安全光栅、安全脚垫等）搭配，作为机械安全防护装置，减少了危险发生的机会，创造了更加安全的工作环境。

下图所示的安全继电器是__________品牌，元器件上的 POWER 指示灯亮表示____________________________________，CH.1 和 CH.2 指示灯亮表示____________________。

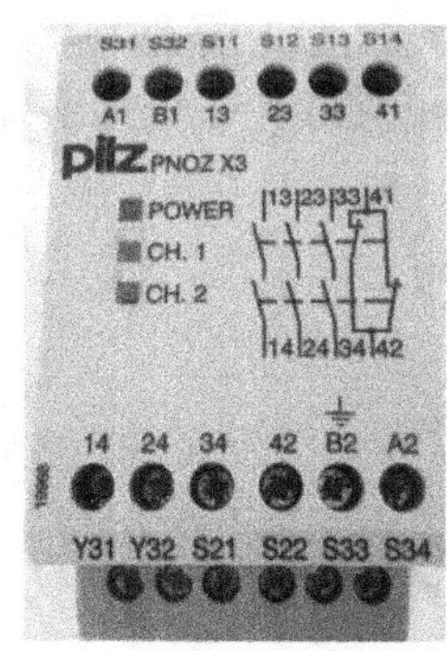

安全继电器

安全继电器上的 B1 和 B2 触点分别接 24 V 直流电源的______极和______极，当安全输入回路接通，即 S1、S2 的触点闭合，则安全继电器的安全常闭触点“13-14”、“23-24”、“33-34”闭合，安全常开触点“41-42”断开，在该项目中则会使得______线圈得电，PLC 输出点 OUT1 ～ OUT8 的电源“L+”接通______，PLC 的输入点______接通，输入点灯亮。

（7）查阅资料，了解磁性开关的类型，在下面的框格中画出磁性开关的图形符号。

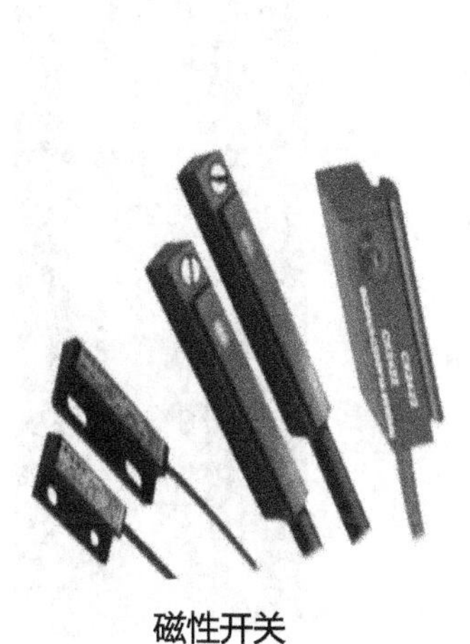
磁性开关

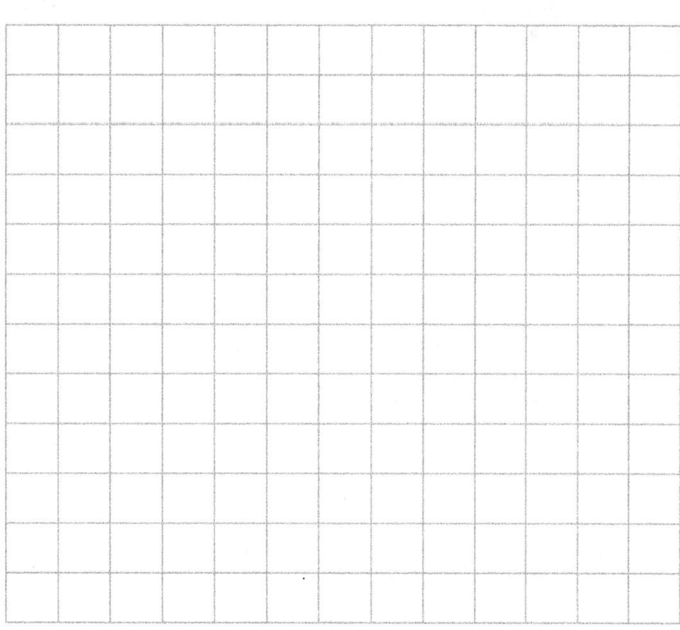

在下图中，磁性开关主要与内部活塞（或活塞杆）上安装有磁环的各种气缸配合使用，用于________________________________。

为了方便使用，每一磁性开关上都有动作指示灯。当检测到磁信号时，输出______，指示灯________________。

磁性开关内部都具有过电压保护电路，即使磁性开关的引线极性接反，也不会导致其烧坏，但是____________。

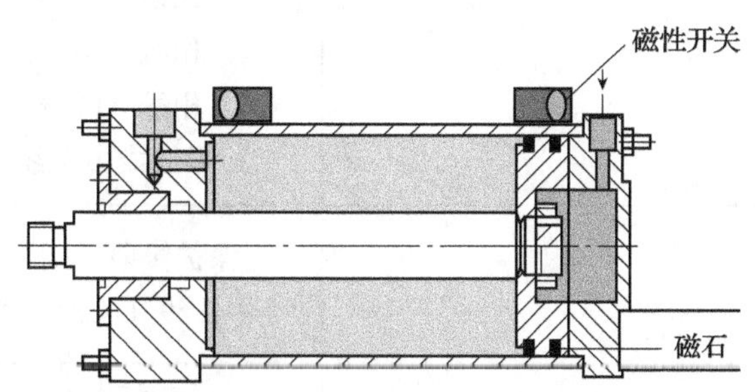

（8）仔细观察 S7-300PLC I/O 模块接线示意图，查阅资料，分析 S7-300PLC I/O 模块的接线，并根据系统需求画出模块的接线原理图。

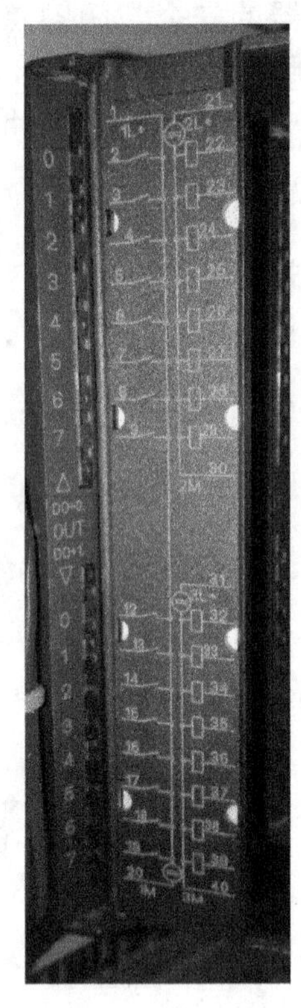

（9）敷设导线时，相线 L、零线 N 和保护零线 PE 应采用不同颜色的导线。查阅 VDE0100 标准，填充下表。

类别	颜色标志	线别	备注
一般用途导线		相线　L1 相 相线　L2 相 相线　L3 相 零线或中性线	U 相 V 相 W 相
保护接地（接零） 中性线（保护零线）		保护接地（接零） 中性线（保护零线）	颜色组合
电源进线		三相电源	

（10）请查阅 VDE0100 标准，指出以下接线图中不规范的地方。

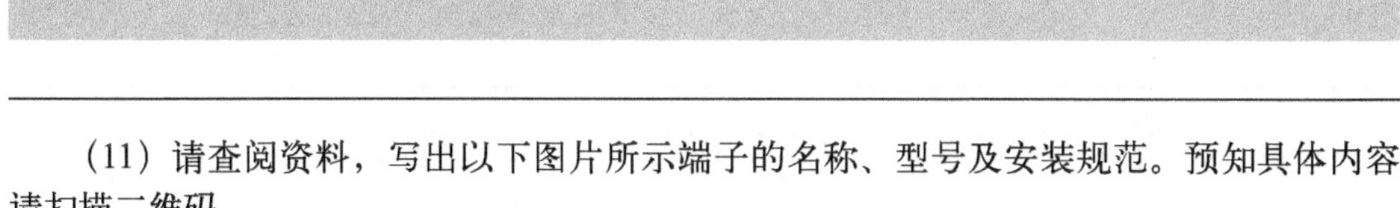

（11）请查阅资料，写出以下图片所示端子的名称、型号及安装规范。预知具体内容请扫描二维码。

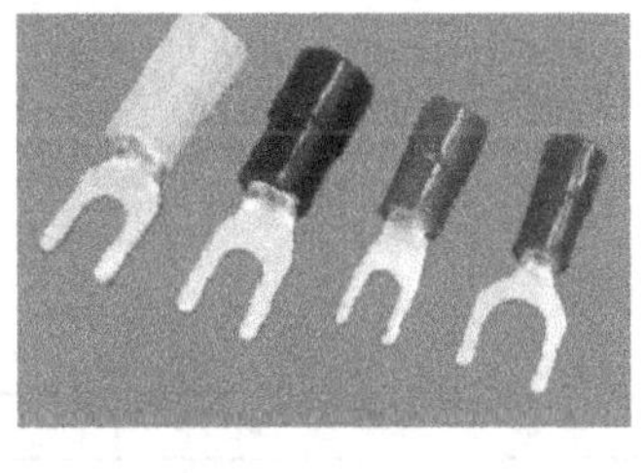

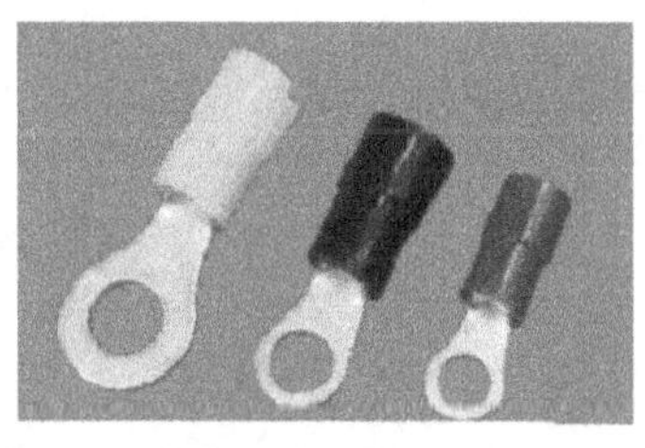

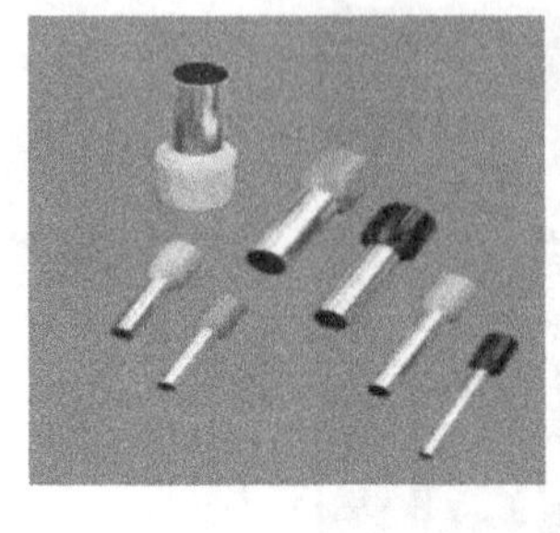

（12）写出下列工具的名称，并查阅资料说明其使用注意事项。

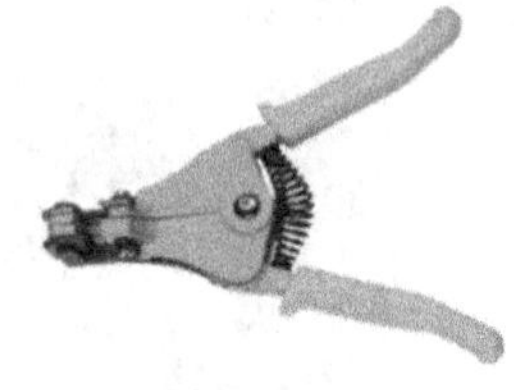

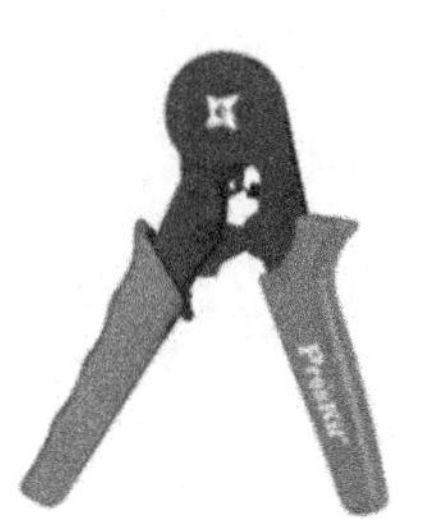

______________　______________　______________

（13）小组活动：在掌握了以上工具的使用规则后，个人在小组中展示各工具的使用方法，并请一位代表上台参与导线端子的安装。

（14）在进行电气安装之前，必须牢记电工安全作业标准，查阅资料，写出电工安全作业标准，并完成以下不定项选择题。

(a) 以下说法错误的是（　　）。

A．电器线路在未经测电笔确定无电前，应一律视为“有电”

B．不可绝对相信绝缘体

C．电气操作人员应思想集中

D．对于绝缘的导线可用手触碰

(b) 使用测电笔时要注意测试电压范围，禁止超出电压范围使用。电工一般使用的电笔，只许电压在（　　）V以下时才可使用。

A．500　　B．800

C．220　　D．380

(c) 发生火警时，应立即切断电源，可用（　　）扑救。

A．四氯化碳粉质　　B．黄砂

C．泡沫灭火器　　D．水

(d) 请按正确顺序排列人工急救方法的流程（　　）。

A．如果伤者口中有呕吐物或分泌物填塞，要用双手轻轻将其头部偏向一侧（颈椎有损伤者禁止搬动头部）

B．畅通呼吸道：仰额举颏法，一只手张开置于伤者前额部，下压前额，另一只手的食指和中指伸开，置于伤者下颏，上抬下颏，使伤者气管成一条直线

C．用食指伸进伤者口中将分泌物清理干净。有条件时可用纱布包住食指，再做清理

D．若无呼吸，立即进行人工呼吸。一只手将伤者鼻孔捏闭，施救者将口包住伤者的口，向其吹两口气。吹气期间将手松开，看伤者有无气息从口鼻中呼出

(e) 使用万用表时，正确的做法是（　　）。

A．检查清洁度与完好性，随意放置

B．满量程时，仪表仅在最高位显示数字"1"，在其他位数字显示均消失，这时应选择更高的量程

C．测量电压时，应将数字万用表与被测电路并联；测电流时，则应与被测电路串联；测直流量时，不必考虑正、负极性

D．当误用交流电压挡去测量直流电压，或者误用直流电压挡去测量交流电压时，显示屏将显示"000"，或低位上的数字出现跳动

二、计划与决策

1. 制订工作计划

小组讨论制订工作计划，明确工作内容和工作的注意事项。在小组决策后将各小组工作计划展示于展板中。工作计划表见下表。

工作计划				
工作台号：			工件号：	
序号	工作步骤	设备、工具、辅具、场地	注意事项	工作时间 / 小时
1				
2				

续表

序号	工作步骤	设备、工具、辅具、场地	注意事项	工作时间 / 小时
3				
4				
5				
6				

2. 准备工具、材料

（1）工具的检查是一项非常重要的工作，不仅要熟悉工具的名称、规格、用途，还要知道工具如何保养。请按照下表检查工具，若无问题请打“✓”，若有破损请及时告知培训教师。

序号	名称	规格	图示	检查情况
1	剥线钳			
2	针形端子压线钳		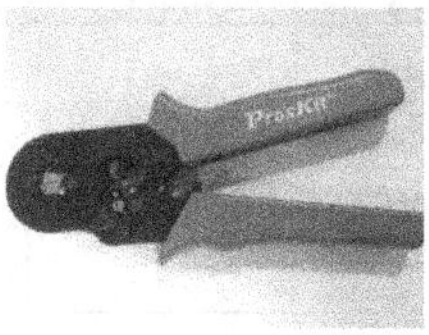	
3	斜口钳		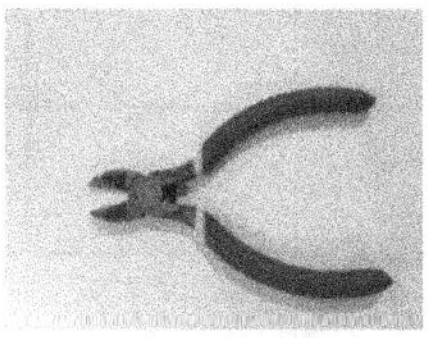	

续表

序号	名称	规格	图示	检查情况
4	十字螺丝刀		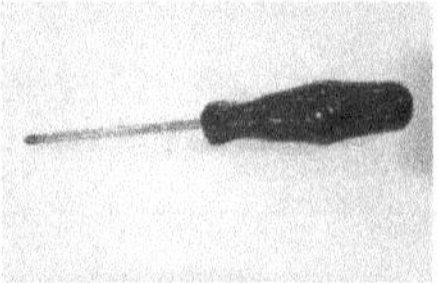	
5	一字螺丝刀		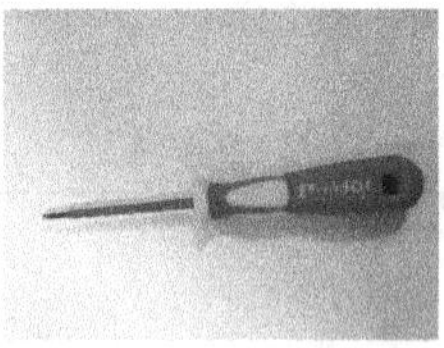	
6	万用表		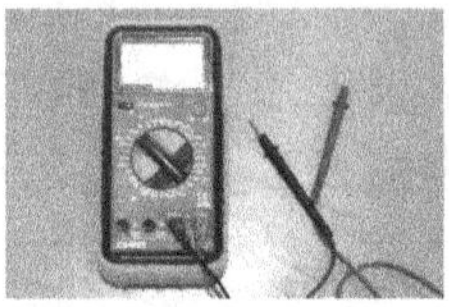	

你是否清楚常用电工工具的使用规范？若不清楚，请扫描二维码观看相关视频。

（2）根据电气安装图纸，完成其备料清单，并做出预算。

电气元件清单表

序号	名称	型号	数量	单价 / 元	小计 / 元	作用

续表

序号	名称	型号	数量	单价 / 元	小计 / 元	作用
总计 / 元						

耗材清单表

序号	名称	型号 / 规格	数量	单价 / 元	小计 / 元
总计 / 元					

3. 小组工作：决策结果是否考虑到以下检查点

序号	检查点	小组自评	
1	安装工序是否按照安装规范进行	是○	否○
2	各元件是否正常	是○	否○
3	使用的工具是否满足安装规范的要求	是○	否○
4	耗材是否满足要求	是○	否○
5	环保条件是否满足安装规范的要求	是○	否○
6	是否明确安全作业要求	是○	否○
7	小组分工是否合理	是○	否○
8	劳动保护是否达要求	是○	否○

如有其他问题，请小组长与培训教师沟通，再带领小组成员做好安装的准备工作，如材料领取、安装工作台的准备等。

三、实施

1. 注意事项与工作提示

(1) 请按照计划执行，不要超时。

(2) 请注意小组合作、沟通，主动与同学、培训教师进行关于评分分歧、工作过程中存在的问题、技术上的问题及理论知识等方面的专业讨论。

(3) 请按照安装规范（见下表）操作，避免不规范的安装。

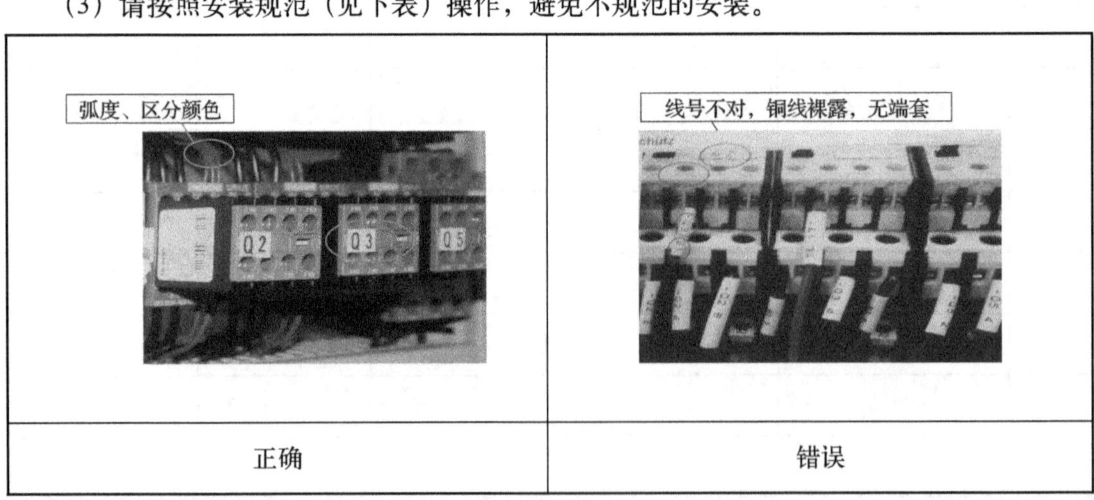

正确	错误

续表

电源进线橙色	线号不对，铜线裸露，无端套
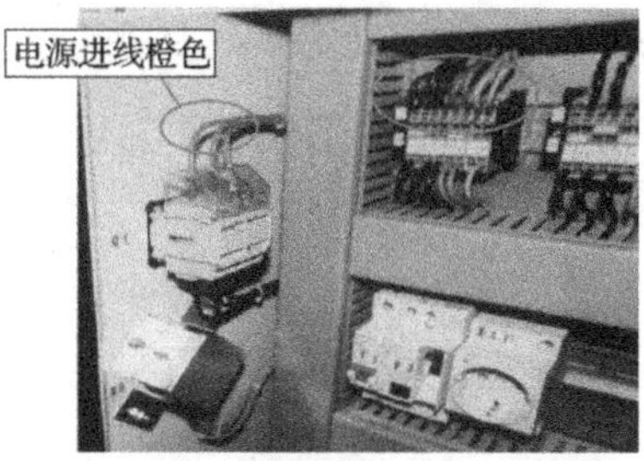 正确	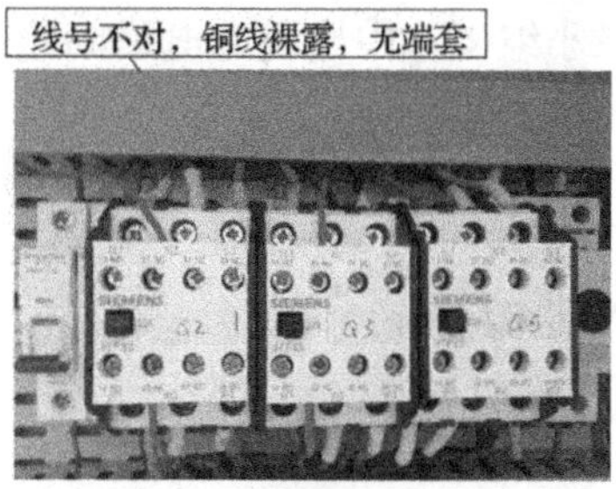 错误
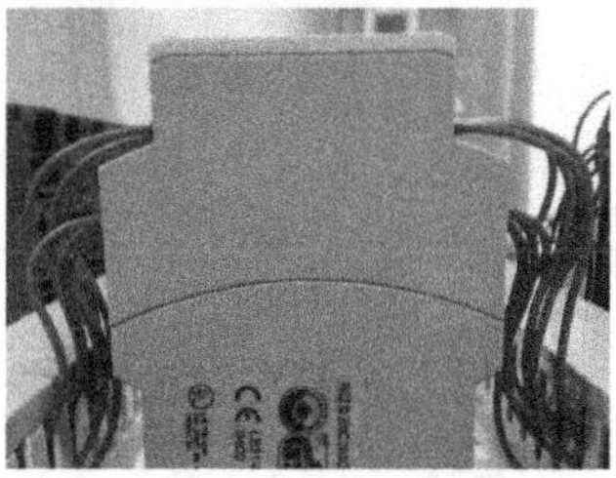	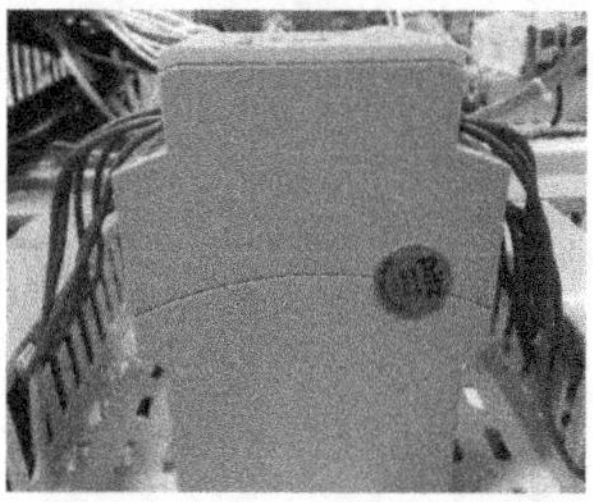
正确	错误
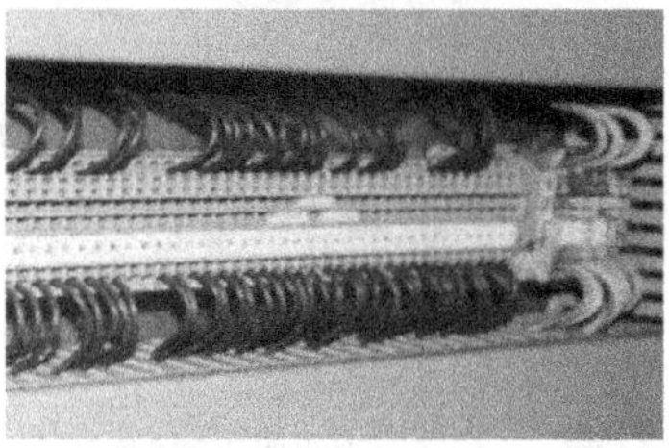	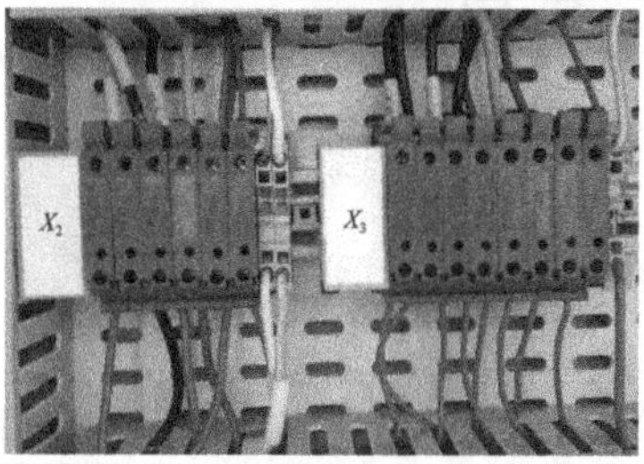
正确	错误

（4）基于 VDE 标准的电气安装规范讲解视频，请扫描二维码进行观看。

2．小组工作

按计划实施安装。注重规范安装、工作效率，遵守工作纪律，按时完成任务。小组观察员及监督员要记录小组在计划实施中出现的各类现象。

3．问题与解决

记录小组工作中出现的电路问题，并记录故障的原因和分析的过程。

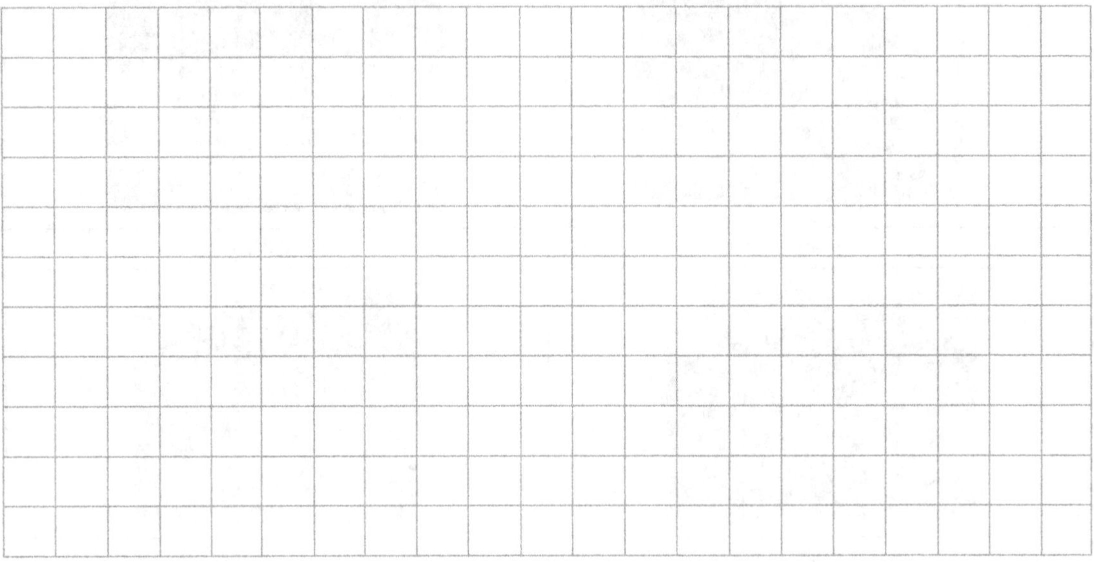

四、检查与交付

安装完毕后请按照下表进行自查，完成后交给培训教师评分，必要时做相关讲解或演示说明。

1．气路检查

请目测检查各检查点是否有问题存在，并记录检查结果，若无问题则交付验收。

检查序号	检查点	正常与否	问题记录
1	按装配图所示安装	是□ 否□	
2	所有元器件安装牢固	是□ 否□	
3	气动管线按专业要求布设	是□ 否□	
4	元器件没有损坏	是□ 否□	

2．电路检查

请目测检查各检查点是否有问题存在，并记录检查结果，若无问题则交付验收。

检查序号	检查点	正常与否	问题记录
1	设备（元件）按专业要求装配	是□ 否□	
2	接地保护线连接符合专业要求	是□ 否□	

续表

检查序号	检查点	正常与否	问题记录
3	端子固定牢固（抽检）	是□　否□	
4	按电路图布线	是□　否□	
5	电线没有损坏	是□　否□	
6	导线截面积选择符合专业要求	是□　否□	
7	电线颜色选择符合专业要求	是□　否□	
8	传感器和执行元件选择符合专业要求	是□　否□	
9	器件选择符合专业要求	是□　否□	
10	器件没有损坏	是□　否□	

3．测量电阻

在对机电系统进行调试之前需要对电阻进行测量，请记录测量结果。测量结果要符合 DIN/VD-0100-600 规定。

注意：电子元器件在做绝缘测量之前要拆下接线。若是超低压保护，则要在做绝缘测量之前拆下到接地保护线的跨接。

检查序号	测量	测点	测量值	DIN/VDE 规定值
1	接地保护线的导通性	维修服务插座 -X11		╲
2	接地保护线的导通性	到机械组合件		
3	绝缘电阻 400 V/230 V	-X2：L1 对 PE -X2：L2 对 PE -X2：L3 对 PE -X2：N 对 PE		
4	绝缘电阻 DC24 V- 超低压保护	-X1：1 到 PE -X1：6 到 PE		

4. 测量电压与相位

在对机电系统进行调试之前需要进行电压与相位测量，请记录测量结果。
注意：请首先检查，是否所有的过电流保护装置都断电了。

检查序号	测量	测点	测量值
1	电源电压 （总开关 -Q1 “开”）	-X2：L1 对 L2	
		-X2：L2 对 L3	
		-X2：L1 对 L3	
		-X2：L1 对 N	
2	24 V 控制电压 （断路器 -F3、-F4 “开”）	-X1：1 对 6	
3	急停开关 -A1 正常	触点是否正常工作	
4	电源相位检测	-X13（L1、L2、L3）	

5. 漏电保护器试验

借助测试键试验漏电保护器是否脱扣，并记录试验结果。
漏电保护器脱扣：是□ 否□

五、评价

1. 小组成果分享和总结

将小组成果向同学展示，总结工作中的收获、遇到的问题和改进措施。

2. 项目任务工作评价

评分等级：0 ~ 10 分
评分等级要求：（根据 AHK 机电一体化工考证要求规定）

10 分	特别符合要求
9 分	完全符合要求
8 分、7 分	基本符合要求
6 分、5 分	有缺陷，但还符合要求
4 分、3 分	不符合要求，有较大缺陷
2 分、1 分、0 分	完全不符合要求

（1）工作质量评价。

序号	评价内容	权重系数	评分（0 ~ 10 分）	总分	备注
1	电气元件布置、线路按照图纸安装	2.0			
2	各导线安装牢固，并正确安装冷压端子	2.0			
3	导线颜色按照 VDE 标准安装	1.0			
4	扎带规范绑扎	1.0			
5	气路正确安装，无漏气	2.0			
6	电路上电后正常	2.0			
合计（满分 100 分）					

（2）工作过程评价。

信息阶段

序号	评价项目	评价手段	0 ~ 10 分	权重系数	总分
1	分析工作订单	学生工作页		2.5	
2	资料收集	学生工作页		2.5	
3	技术上与组织上的衔接	谈话 \ 观察		2.5	
4	方案的评估与确定	谈话 \ 观察 \ 资料		2.5	
阶段得分（0 ~ 100 分）					

计划阶段

序号	评价项目	评价手段	0 ~ 10 分	权重系数	总分
1	分任务的确定	学生工作页		2.5	
2	工作计划的制订	学生工作页		3.0	
3	编写计划资料	学生工作页		2.5	
4	方案的评估与确定	谈话 \ 观察 \ 资料		2.0	
阶段得分（0 ~ 100 分）					

实施阶段

序号	评价项目	评价手段	0 ~ 10 分	权重系数	总分
1	工作任务的完成情况、工作效率	工作过程记录		3.0	
2	功能的完整性	学生工作页 \ 观察		2.5	
3	产品质量和技术标准	根据工作质量评价表的评估		2.0	
4	解决问题的能力	谈话 \ 观察		2.5	
阶段得分（0 ~ 100 分）					

检查阶段

序号	评价项目	评价手段	0 ~ 10 分	权重系数	总分
1	验收 / 测量记录	学生工作页 \ 观察		3.0	
2	工作结果的记录和学生的自我评估	学生工作页 \ 观察		2.0	
3	相关重要资料完整移交	资料		2.0	
4	产品移交并作说明演示	谈话 \ 观察		3.0	
阶段得分（0 ~ 100 分）					

（3）计算成绩。

序号	评价项目	阶段得分（0 ~ 100 分）	权重系数	总分
1	信息		0.2	
2	计划		0.2	
3	实施		0.3	
4	检查		0.3	
			实际工作任务得分（0 ~ 100 分）	

培训教师签字（日期）：____________

总结与提高

一、自我总结

（1）总结自己的不足之处，并记录别人给自己提的意见，以便于以后工作的顺利开展。

（2）描述本次工作的内容。

二、思考与提高

（1）增加一个磁感应式开关，接到 PLC 的 I12 点，并在原接线图上补充其接线图。

（2）根据下图回答问题。

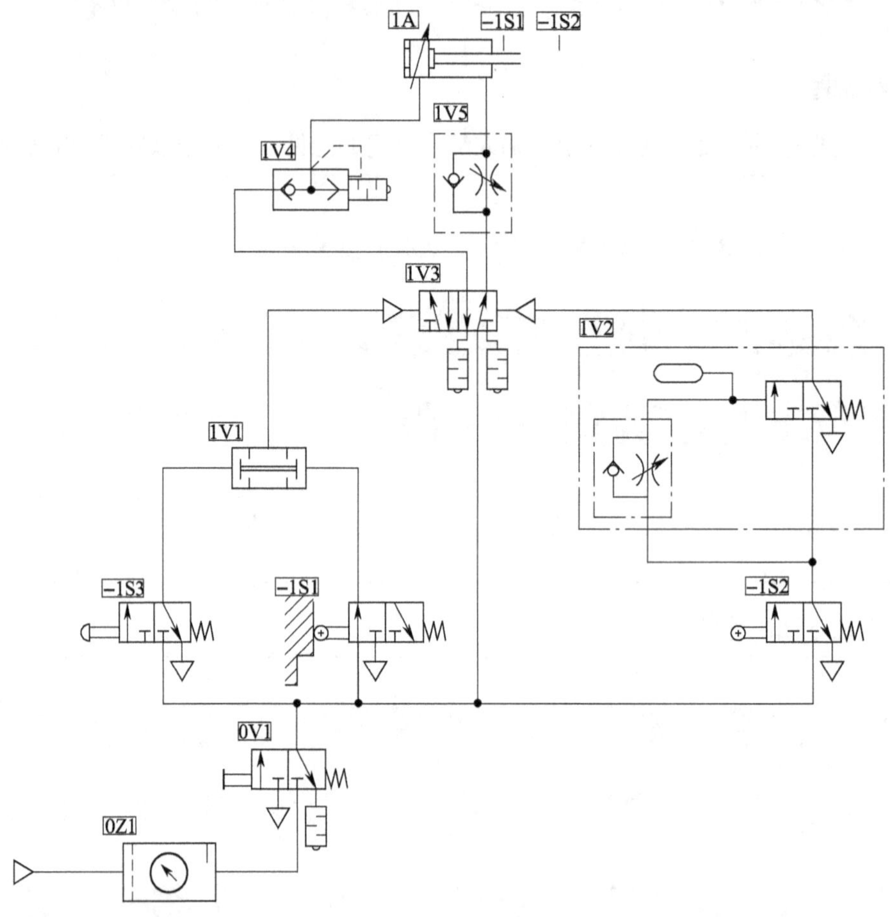

1）气缸长度为 250 mm，要求以 0.05 m/s 的速度伸出。请计算伸出时间。

2）元件 1V2 的专业名称叫什么？在此气动线路中起什么作用？

3）元件 1V4 的专业名称叫什么？在此气动线路中起什么作用？

4）所有元件功能状态均良好，并且与气管均正确连接，但是操作了 -1S3 后，气缸 1 A 仍然不动，请写出可能导致这种情况的两个原因。

5）气缸两端都配备了缓冲减速装置，请写出配备此装置在实际工作中的两个优点。

任务 2 附图：

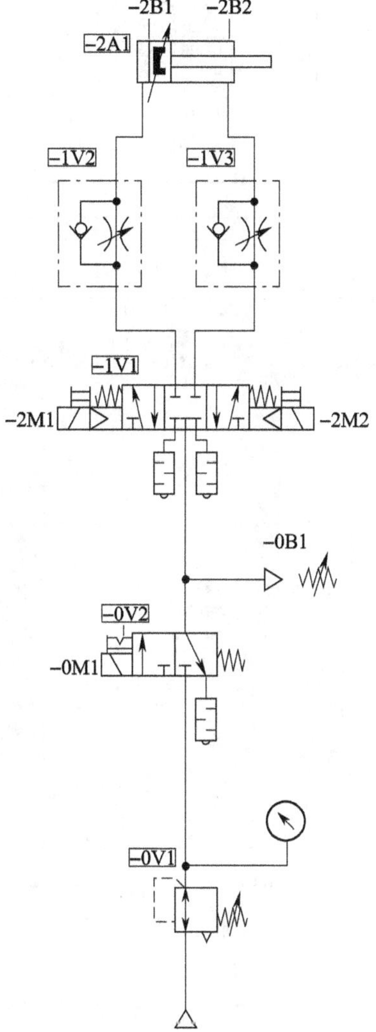

滑仓系统气动控制回路图

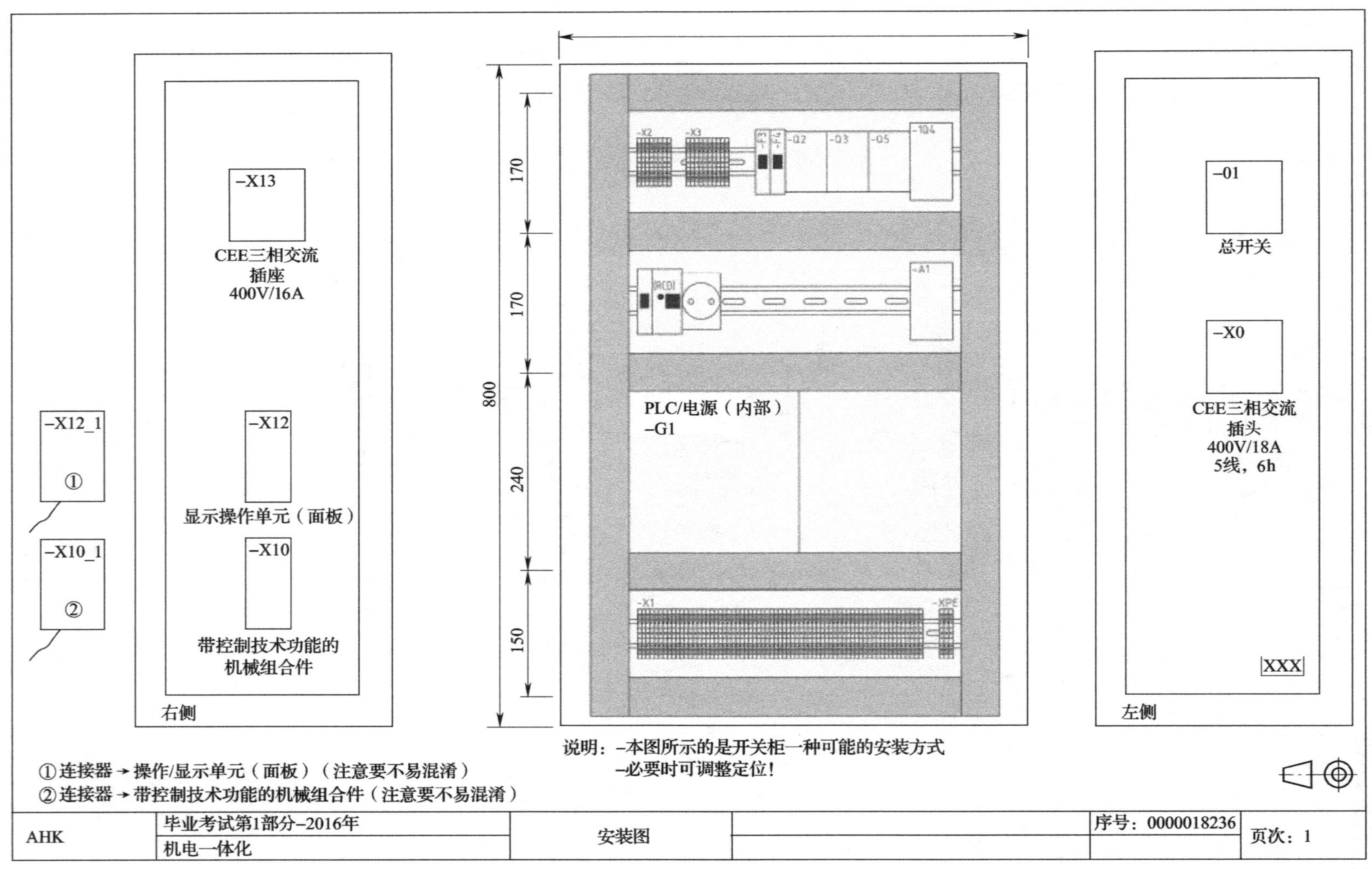

-X13
CEE三相交流
插座
400V/16A
-X12
显示操作单元（面板）
-X10
带控制技术功能的
机械组合件
右侧
-X12_1
①
-X10_1
②
170
170
240
150
800
PLC/电源（内部）
-G1
-01
总开关
-X0
CEE三相交流
插头
400V/18A
5线，6h
XXX
左侧
说明：-本图所示的是开关柜一种可能的安装方式
-必要时可调整定位！
①连接器→操作/显示单元（面板）（注意要不易混淆）
②连接器→带控制技术功能的机械组合件（注意要不易混淆）
AHK
毕业考试第1部分-2016年
机电一体化
安装图
序号：0000018236
页次：1

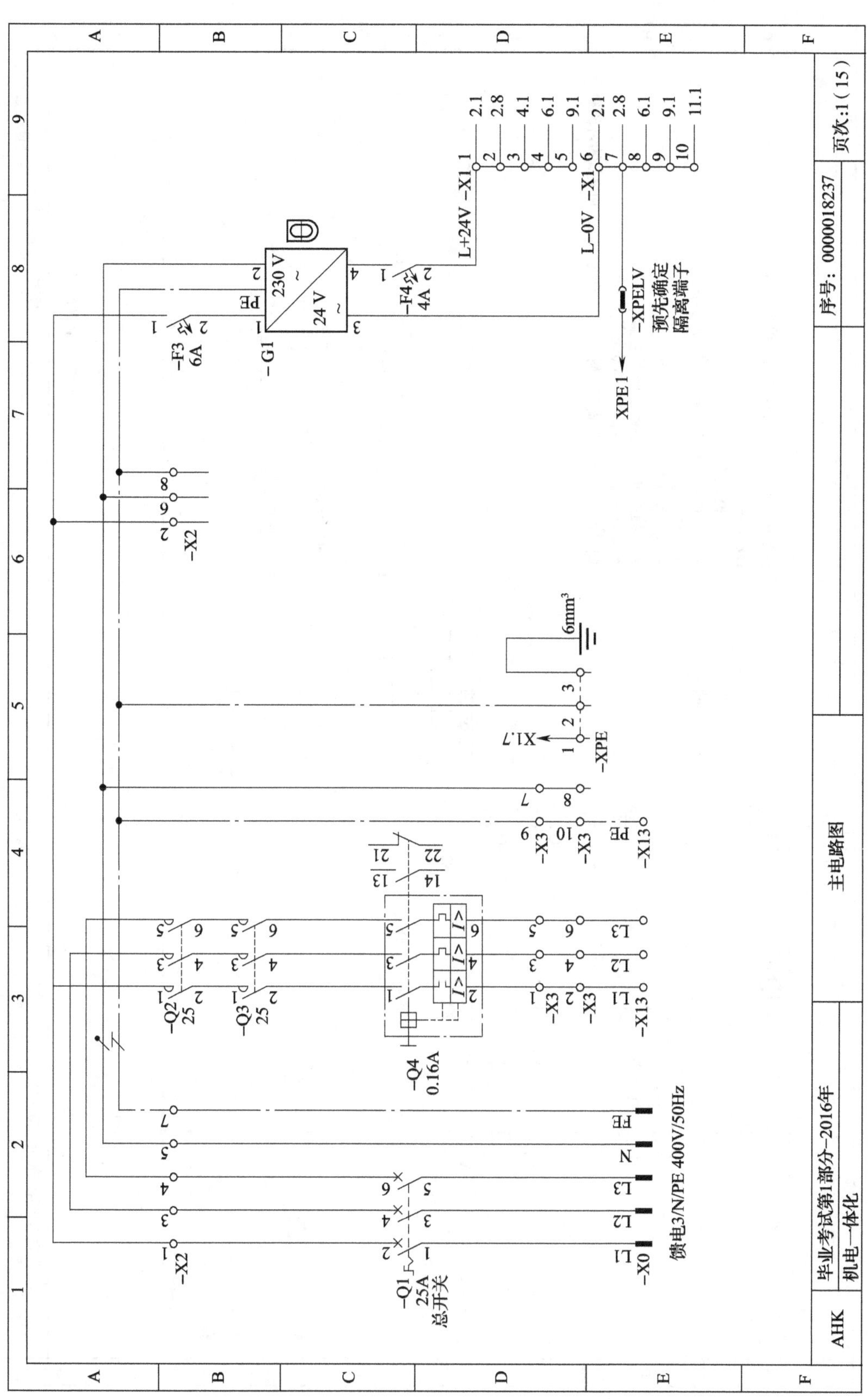

馈电3/N/PE 400V/50Hz
-Q1
25A
总开关
-Q4
0.16A
-F3
6A
-F4
4A
-G1
230 V
24 V
L+24V -X1
L-0V -X1
-XPELV
预先确定
隔离端子
XPE1
6mm²
主电路图
AHK
毕业考试第1部分-2016年
机电一体化
序号：0000018237
页次:1(15)

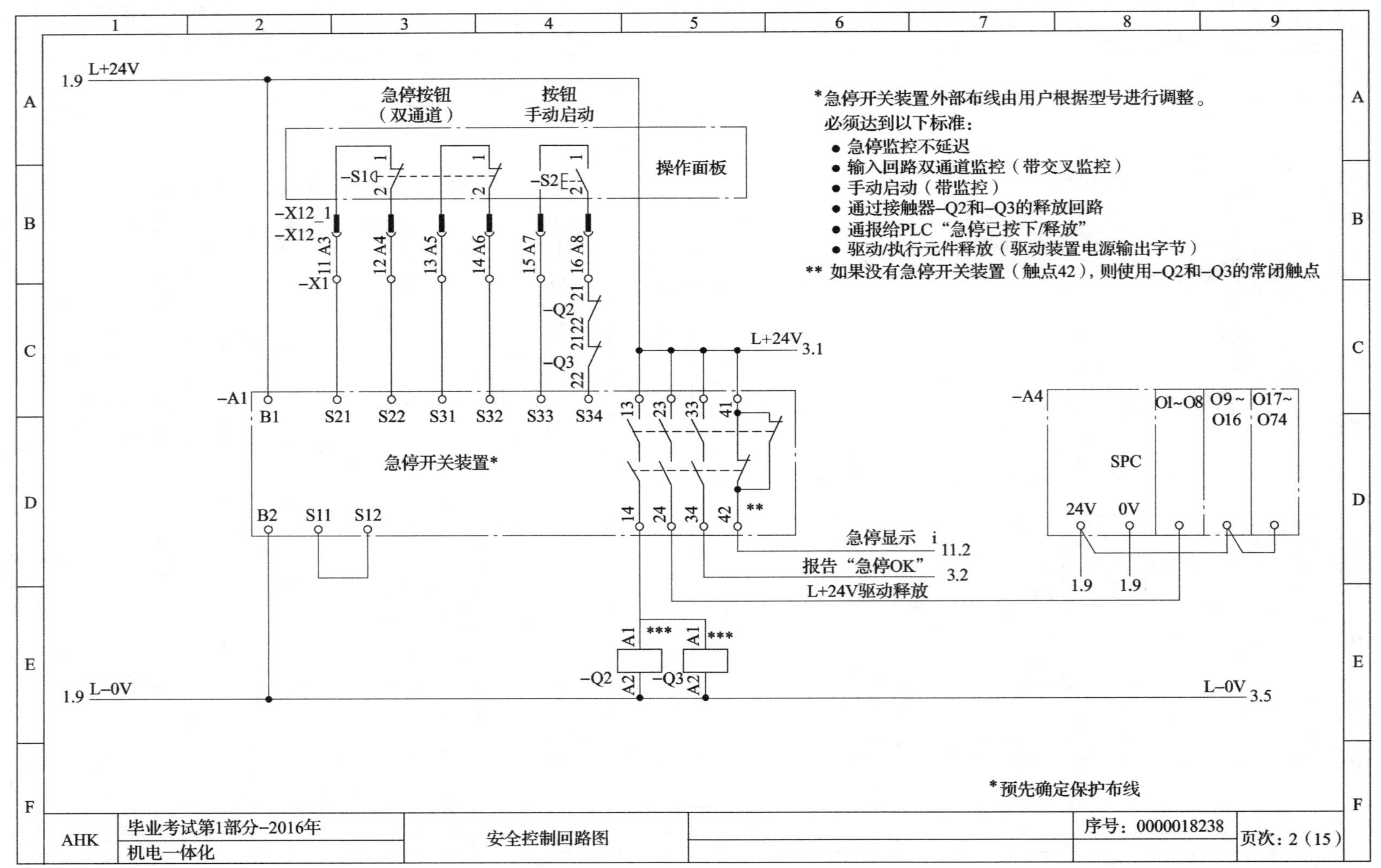

*急停开关装置外部布线由用户根据型号进行调整。
必须达到以下标准：
● 急停监控不延迟
● 输入回路双通道监控（带交叉监控）
● 手动启动（带监控）
● 通过接触器–Q2和–Q3的释放回路
● 通报给PLC"急停已按下/释放"
● 驱动/执行元件释放（驱动装置电源输出字节）
** 如果没有急停开关装置（触点42），则使用–Q2和–Q3的常闭触点
急停按钮（双通道）
按钮 手动启动
操作面板
急停开关装置*
急停显示 11.2
报告"急停OK" 3.2
L+24V驱动释放
SPC
24V 0V
O1~O8 O9~O16 O17~O74
–A1 –A4 –Q2 –Q3 –S1 –S2 –X1 –X12 –X12_1
B1 B2 S11 S12 S21 S22 S31 S32 S33 S34
13 14 23 24 33 34 41 42
A1 A2
L+24V 3.1
L–0V 3.5
1.9 L+24V
1.9 L–0V
*预先确定保护布线
AHK
毕业考试第1部分–2016年
机电一体化
安全控制回路图
序号：0000018238
页次：2（15）

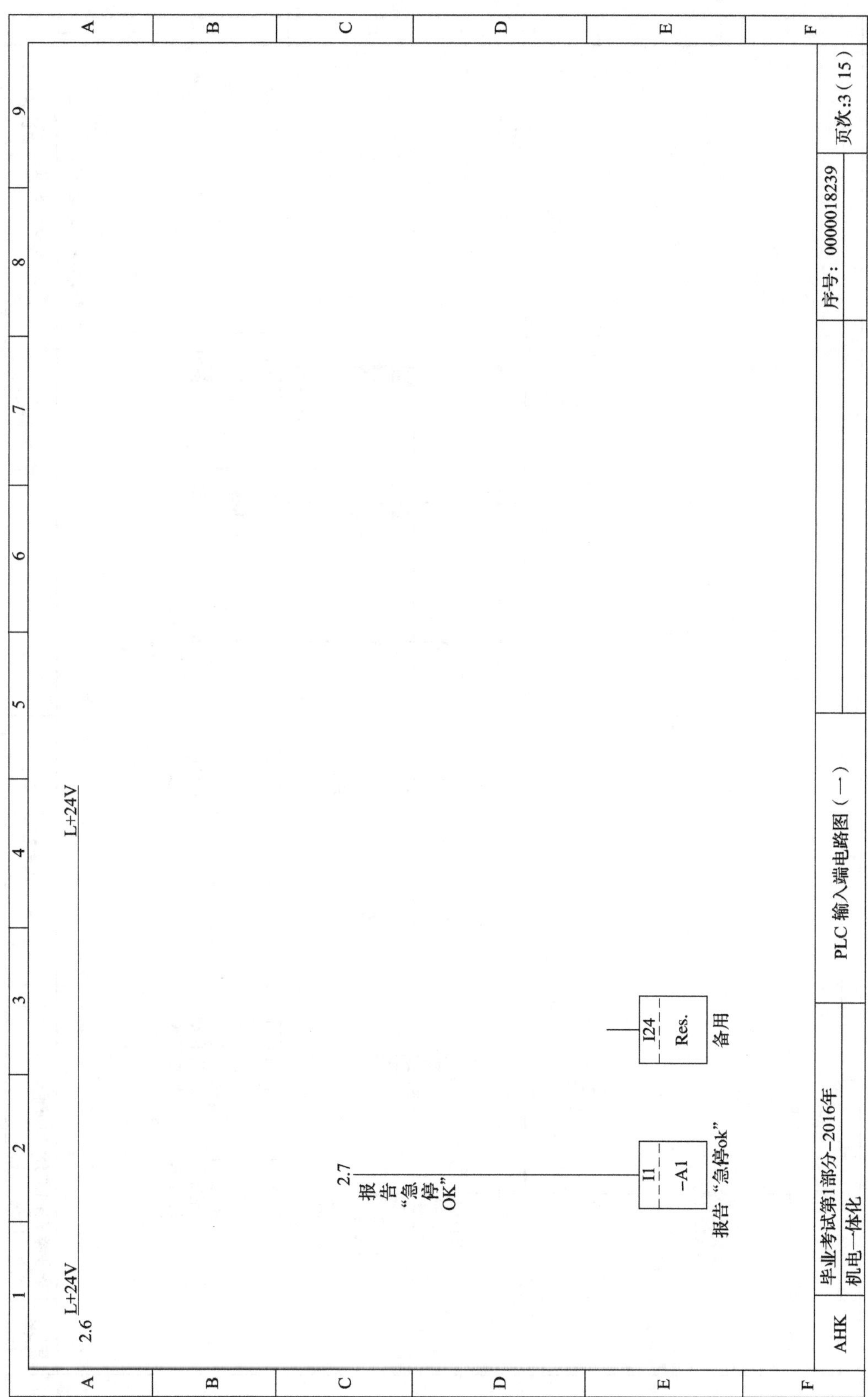
A
B
C
D
E
F
1
2
3
4
5
6
7
8
9
2.6
L+24V
L+24V
2.7
报告“急停OK”
I1
-A1
报告“急停ok”
I24
Res.
备用
AHK
毕业考试第1部分-2016年
机电一体化
PLC 输入端电路图（一）
序号：0000018239
页次:3（15）

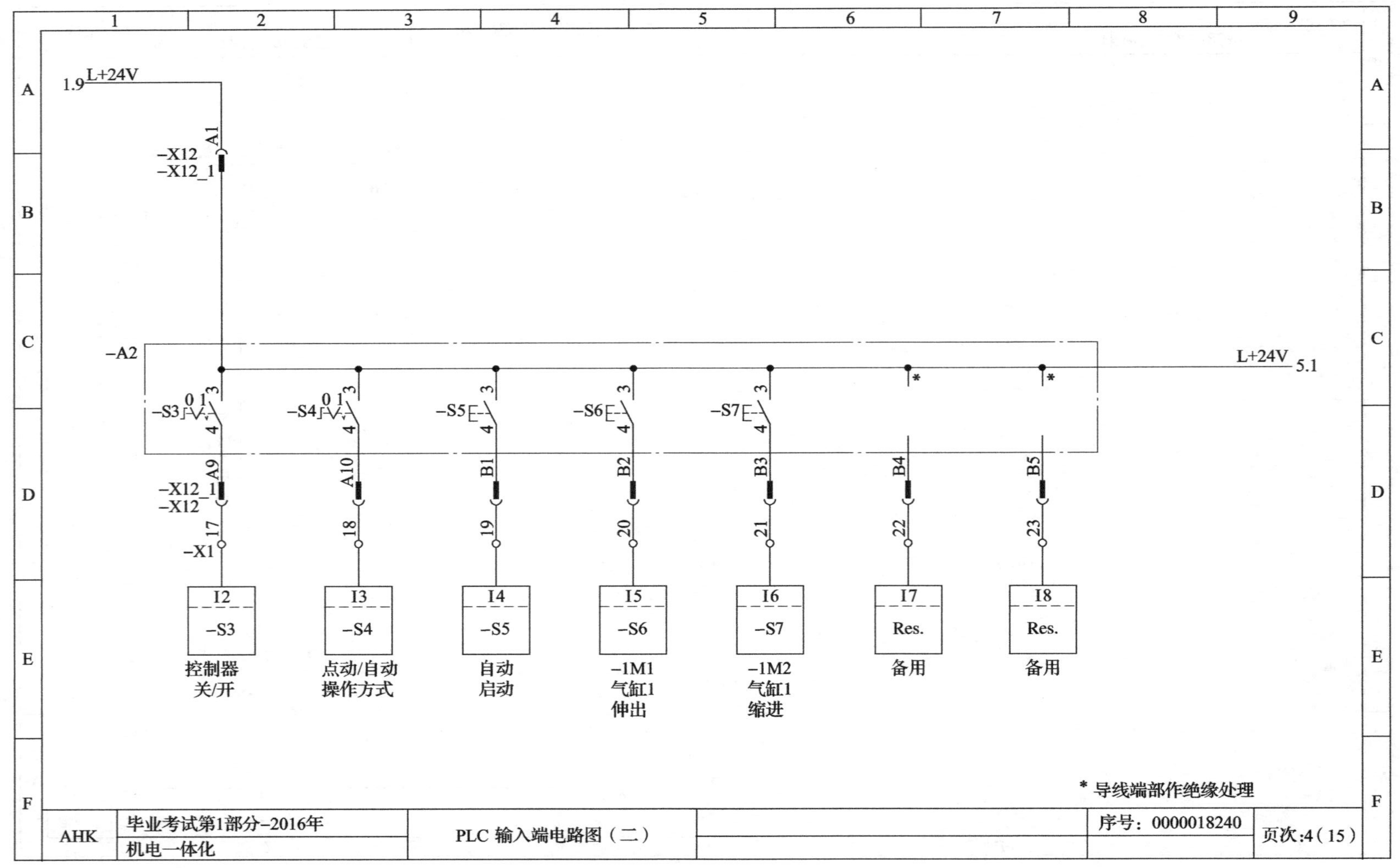

1.9 L+24V
A1
-X12
-X12_1
-A2
L+24V 5.1
-S3
-S4
-S5
-S6
-S7
A9
A10
B1
B2
B3
B4
B5
-X12_1
-X12
17
18
19
20
21
22
23
-X1
I2 -S3
I3 -S4
I4 -S5
I5 -S6
I6 -S7
I7 Res.
I8 Res.
控制器
关/开
点动/自动
操作方式
自动
启动
-1M1
气缸1
伸出
-1M2
气缸1
缩进
备用
备用
* 导线端部作绝缘处理
AHK
毕业考试第1部分-2016年
机电一体化
PLC 输入端电路图（二）
序号：0000018240
页次:4(15)

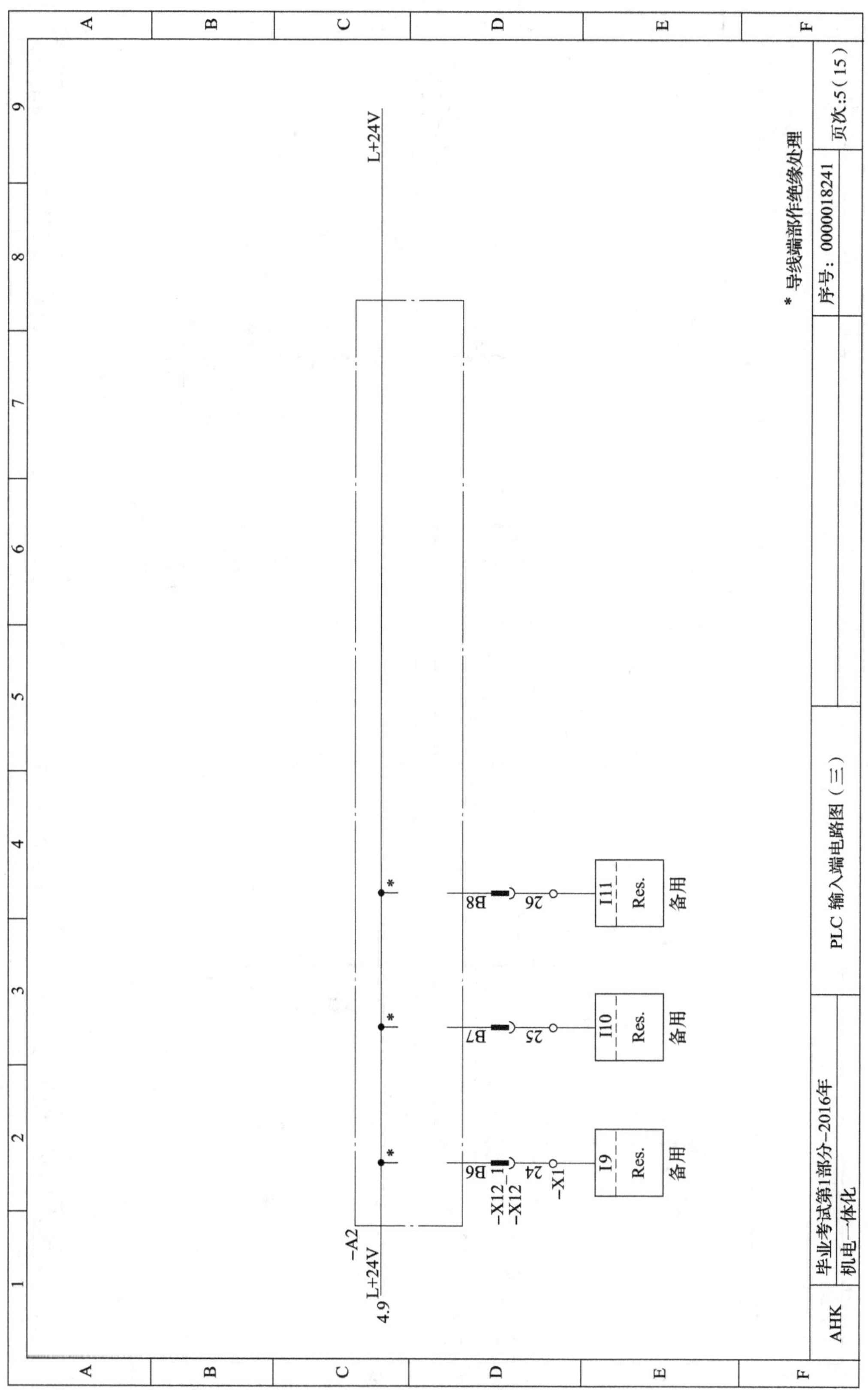
L+24V
4.9 L+24V
-A2
-X12_1
-X12
-X1
B6
B7
B8
24
25
26
I9
I10
I11
Res.
Res.
Res.
备用
备用
备用
* 导线端部作绝缘处理
AHK
毕业考试第1部分-2016年
机电一体化
PLC 输入端电路图（三）
序号：0000018241
页次:5（15）

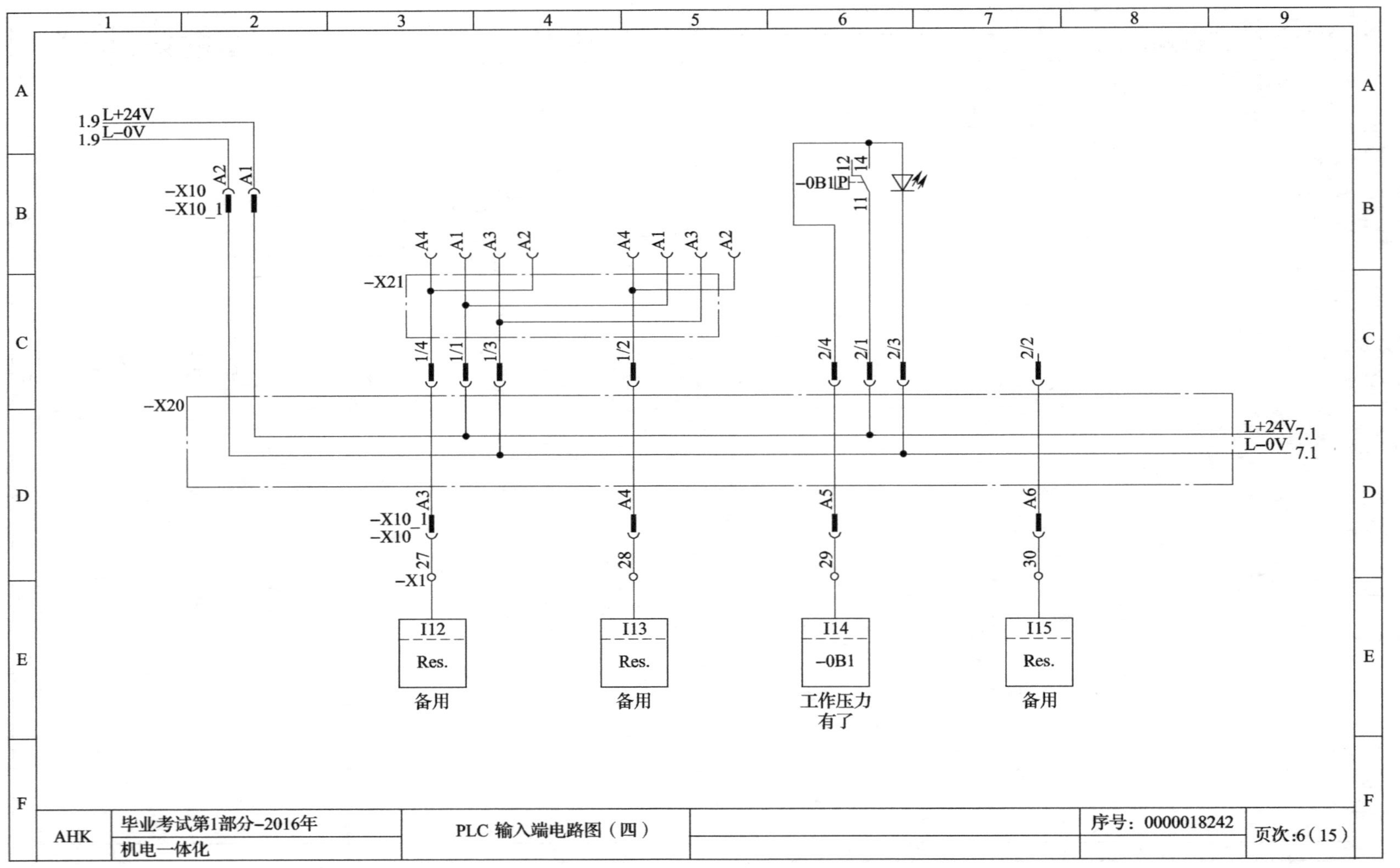
1
2
3
4
5
6
7
8
9
A
B
C
D
E
F
1.9 L+24V
1.9 L–0V
–X10
–X10_1
A2
A1
–X21
A4
A1
A3
A2
A4
A1
A3
A2
1/4
1/1
1/3
1/2
–0B1
P
12
14
11
2/4
2/1
2/3
2/2
–X20
L+24V 7.1
L–0V 7.1
A3
A4
A5
A6
–X10_1
–X10
27
28
29
30
–X1
I12
Res.
备用
I13
Res.
备用
I14
–0B1
工作压力
有了
I15
Res.
备用
AHK
毕业考试第1部分–2016年
机电一体化
PLC 输入端电路图（四）
序号：0000018242
页次:6（15）

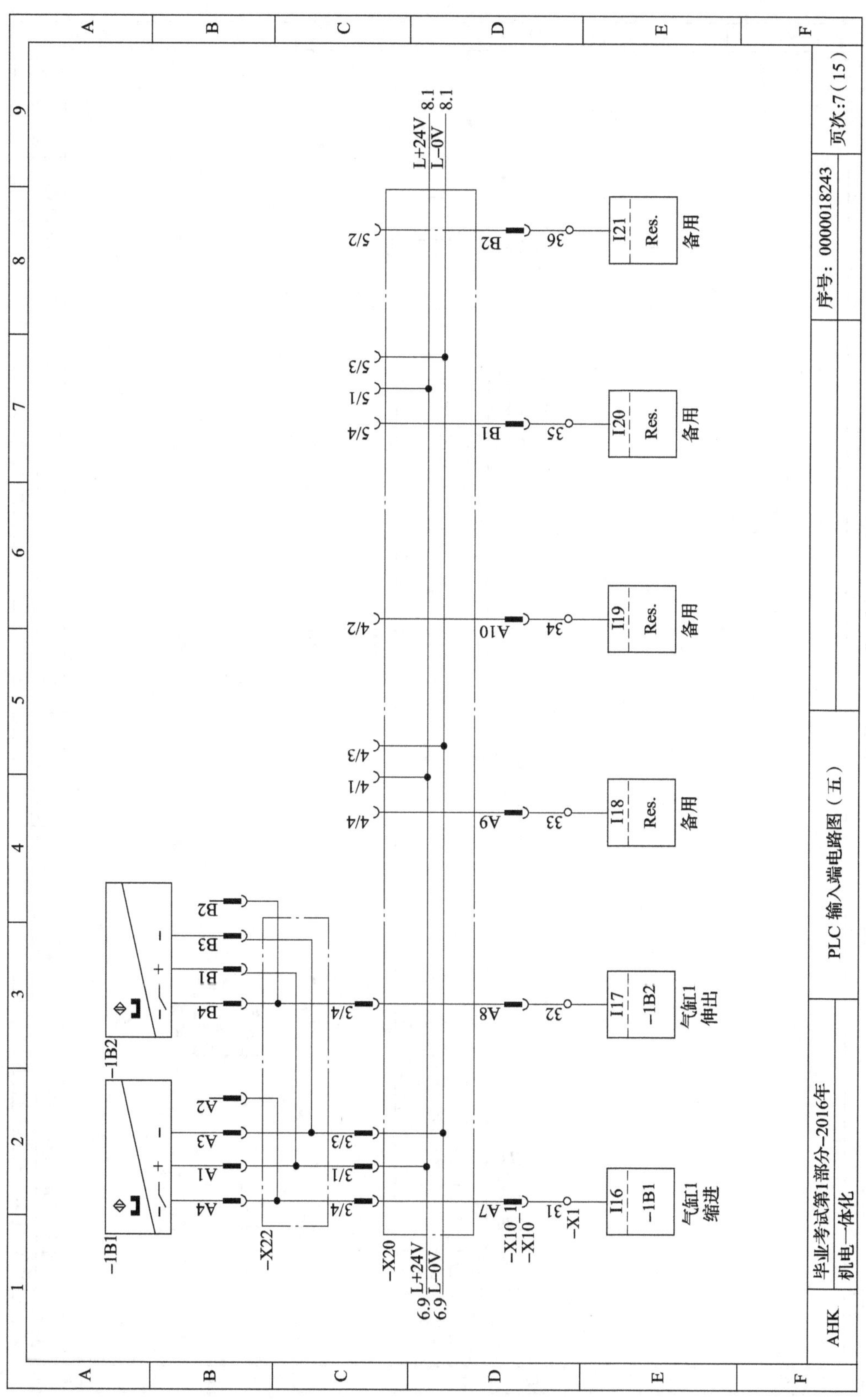
PLC 输入端电路图（五）
毕业考试第1部分–2016年
机电一体化
AHK
序号：0000018243
页次:7(15)
I16
–1B1
气缸1
缩进
I17
–1B2
气缸1
伸出
I18
Res.
备用
I19
Res.
备用
I20
Res.
备用
I21
Res.
备用
–1B1
–1B2
–X22
–X20
–X10_1
–X10
–X1
L+24V
L–0V

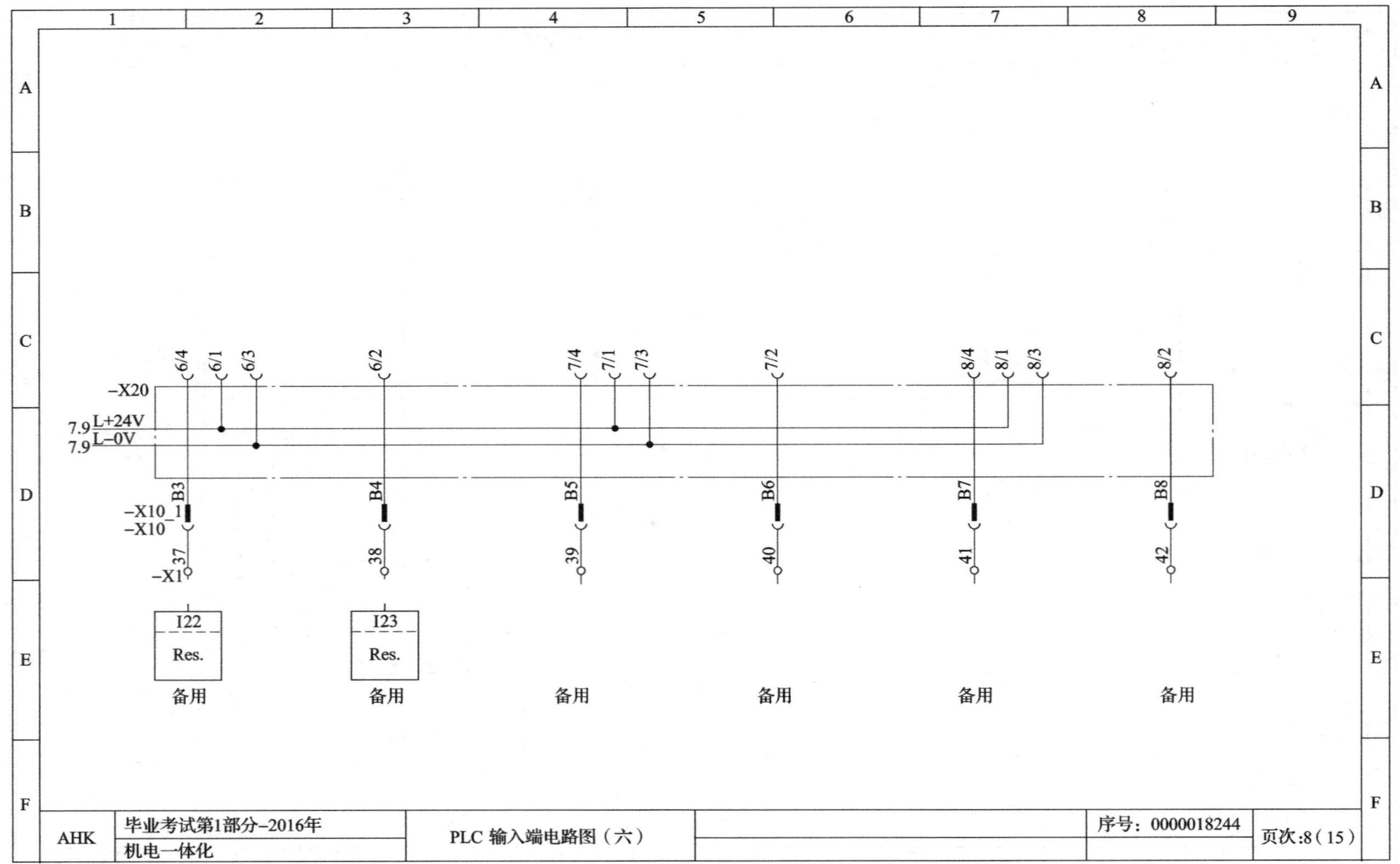

-X20
7.9 L+24V
7.9 L-0V
6/4
6/1
6/3
6/2
7/4
7/1
7/3
7/2
8/4
8/1
8/3
8/2
B3
B4
B5
B6
B7
B8
-X10_1
-X10
37
38
39
40
41
42
-X1
I22
Res.
I23
Res.
备用
备用
备用
备用
备用
备用
AHK
毕业考试第1部分-2016年
机电一体化
PLC 输入端电路图（六）
序号：0000018244
页次:8（15）

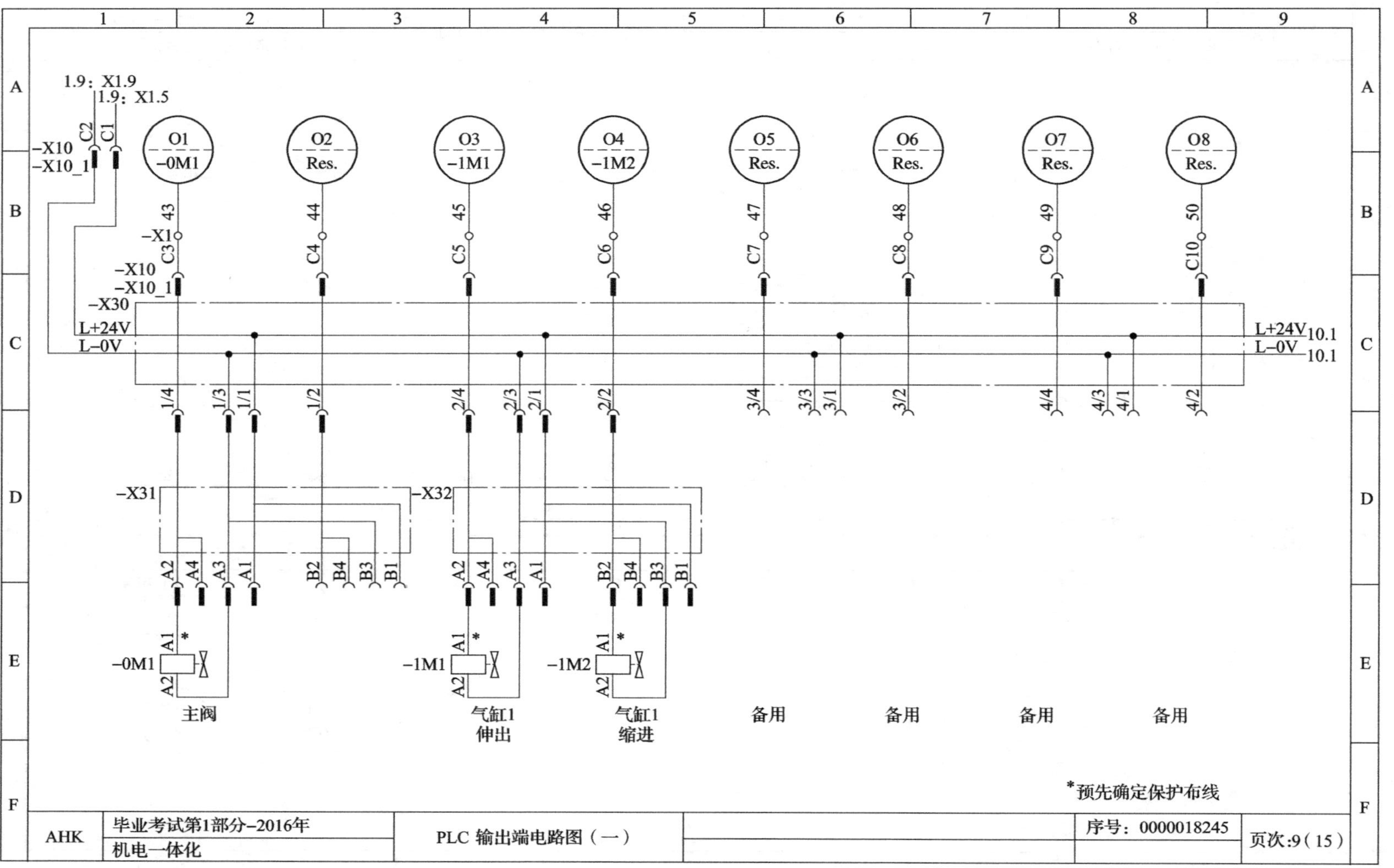
1.9：X1.9
1.9：X1.5
-X10
-X10_1
C2
C1
O1
-0M1
O2
Res.
O3
-1M1
O4
-1M2
O5
Res.
O6
Res.
O7
Res.
O8
Res.
-X30
L+24V
L-0V
L+24V 10.1
L-0V 10.1
-X31
-X32
-0M1
-1M1
-1M2
主阀
气缸1
伸出
气缸1
缩进
备用
备用
备用
备用
*预先确定保护布线
AHK
毕业考试第1部分-2016年
机电一体化
PLC 输出端电路图（一）
序号：0000018245
页次:9（15）

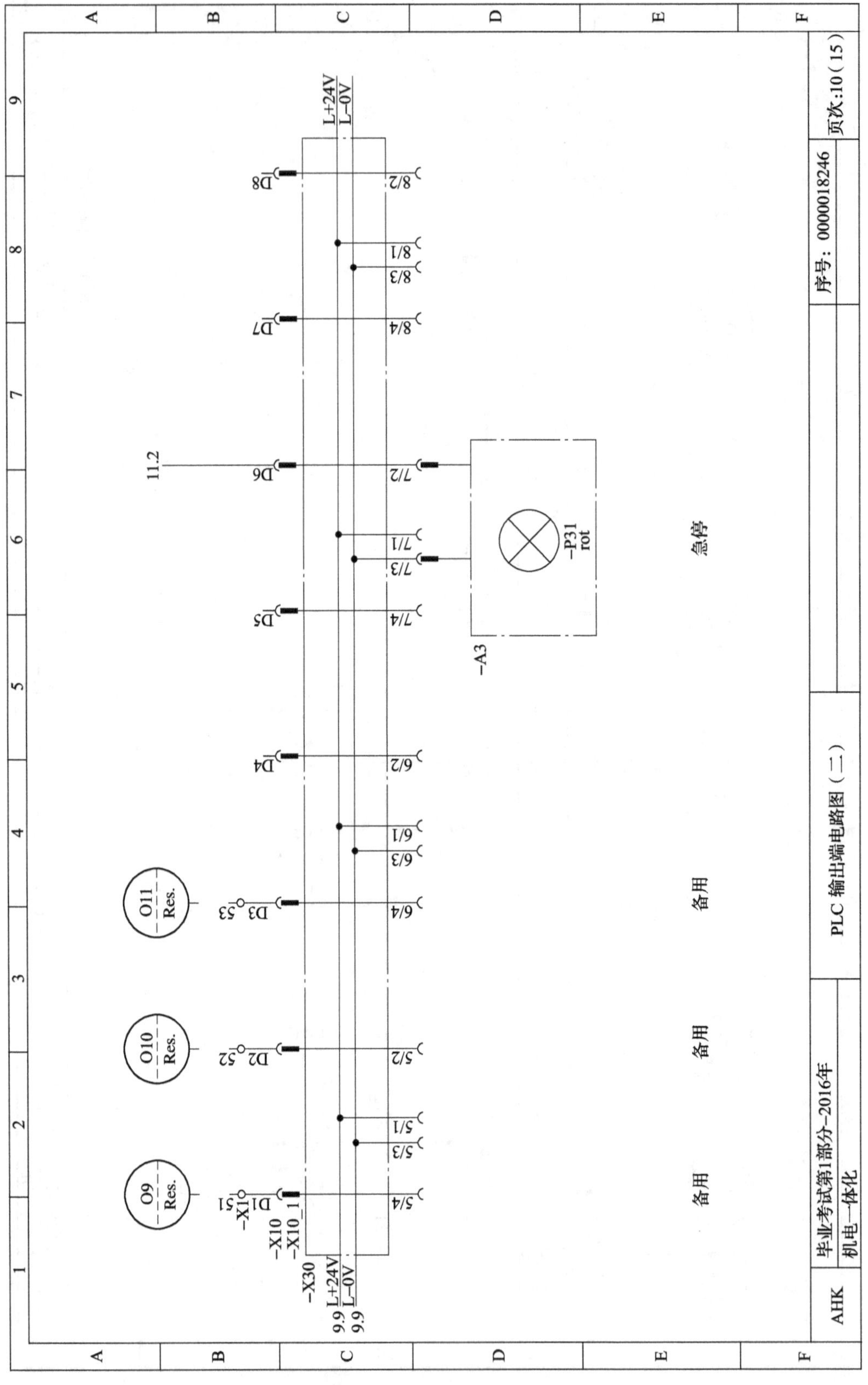

L+24V
L-0V
D8
8/2
8/1
8/3
D7
8/4
11.2
D6
7/2
7/1
7/3
-P31
rot
D5
7/4
-A3
急停
D4
6/2
6/1
6/3
O11
Res.
53
D3
6/4
备用
O10
Res.
52
D2
5/2
备用
5/1
5/3
O9
Res.
51
-X1
D1
-X10
-X10_1
5/4
备用
-X30
9.9 L+24V
9.9 L-0V
页次:10（15）
序号：0000018246
PLC 输出端电路图（二）
毕业考试第1部分-2016年
机电一体化
AHK

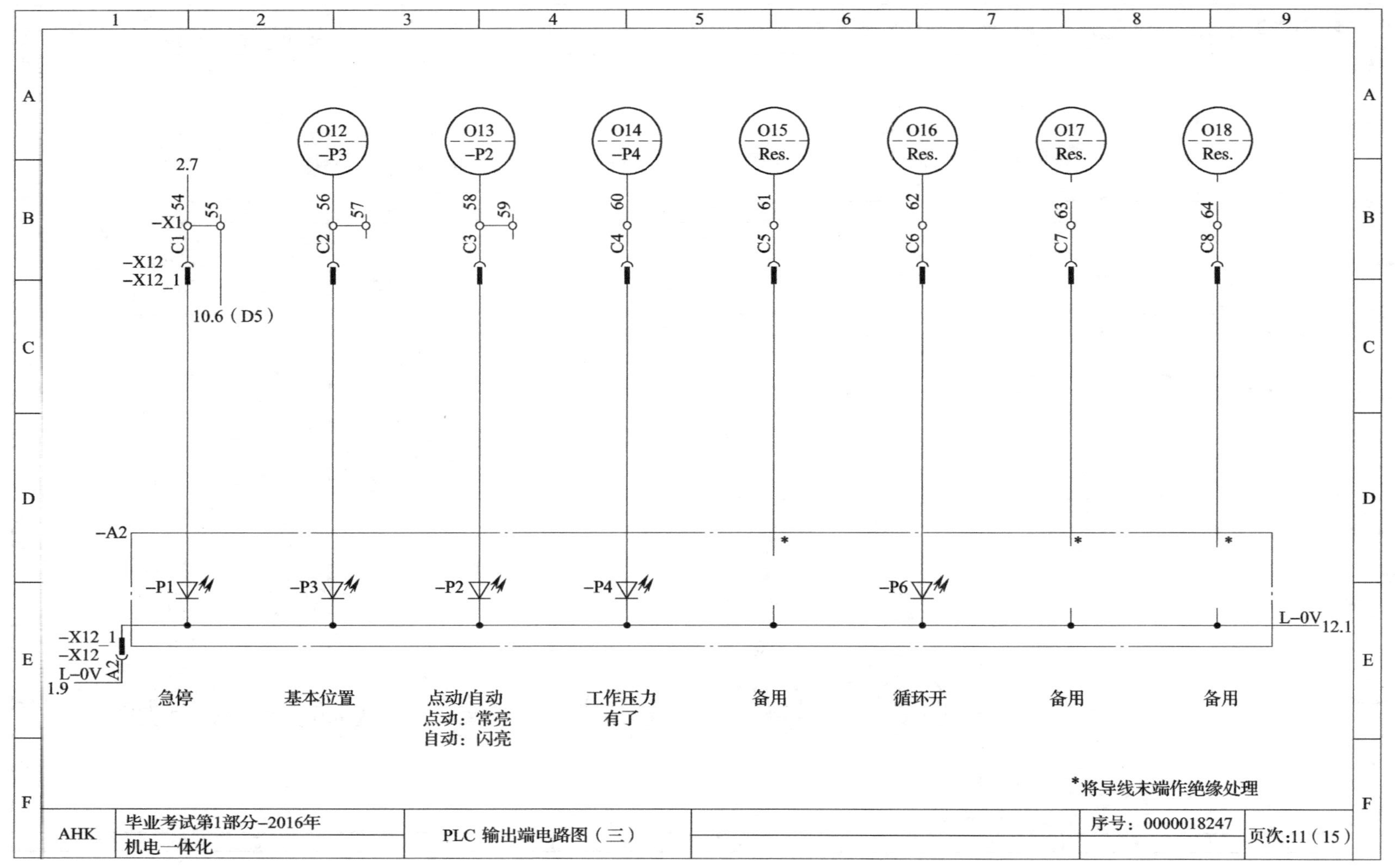

O12 −P3
O13 −P2
O14 −P4
O15 Res.
O16 Res.
O17 Res.
O18 Res.
2.7
−X1
−X12
−X12_1
10.6（D5）
−A2
−P1
−P3
−P2
−P4
−P6
−X12_1
−X12
L−0V
1.9
L−0V 12.1
急停
基本位置
点动/自动
点动：常亮
自动：闪亮
工作压力
有了
备用
循环开
备用
备用
*将导线末端作绝缘处理
AHK
毕业考试第1部分−2016年
机电一体化
PLC 输出端电路图（三）
序号：0000018247
页次:11（15）

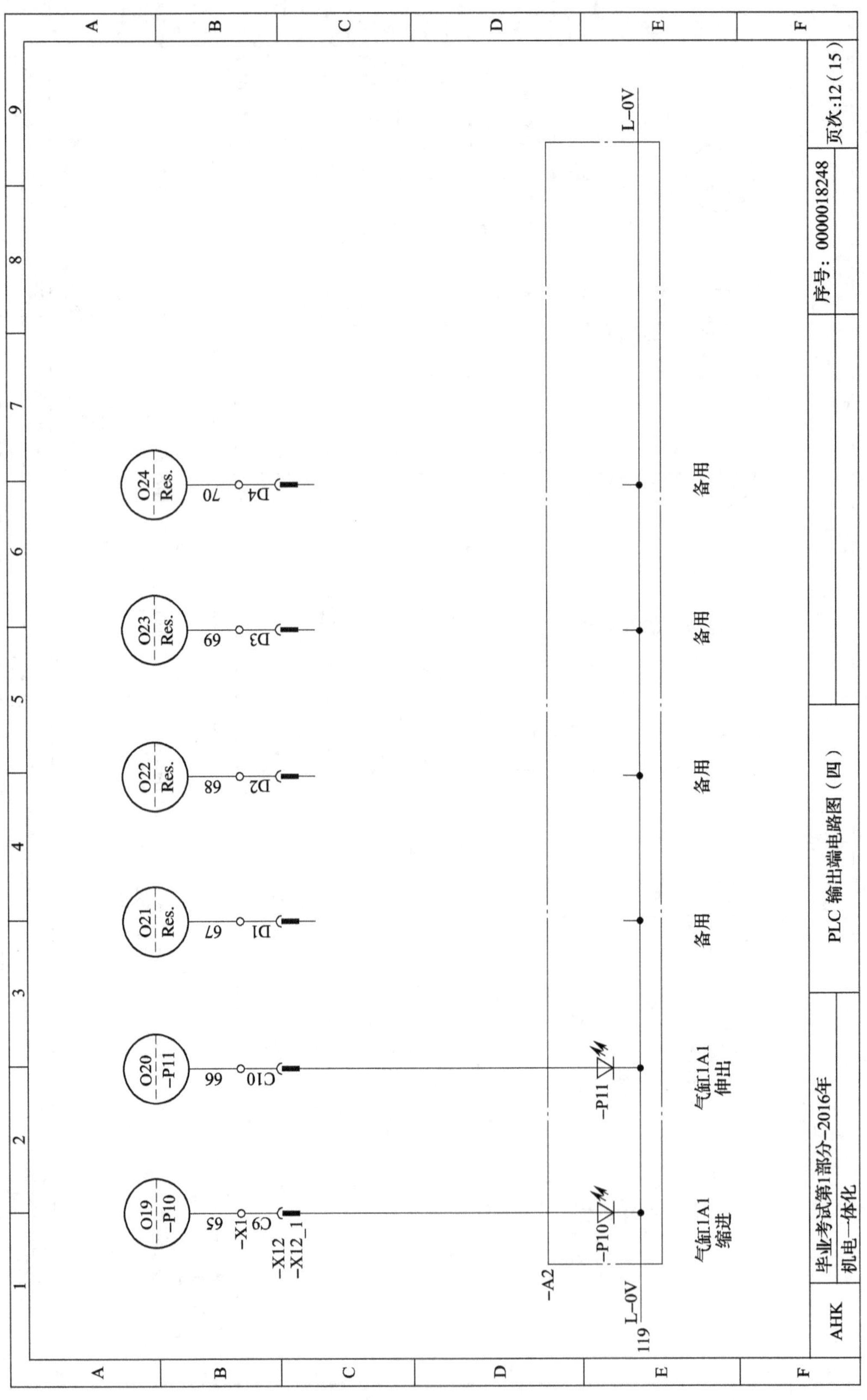
O19
-P10
O20
-P11
O21
Res.
O22
Res.
O23
Res.
O24
Res.
65
66
67
68
69
70
-X1
C9
C10
D1
D2
D3
D4
-X12
-X12_1
-A2
L–0V
119
-P10
-P11
气缸1A1
缩进
气缸1A1
伸出
备用
备用
备用
备用
毕业考试第1部分–2016年
机电一体化
AHK
PLC 输出端电路图（四）
序号：0000018248
页次:12（15）

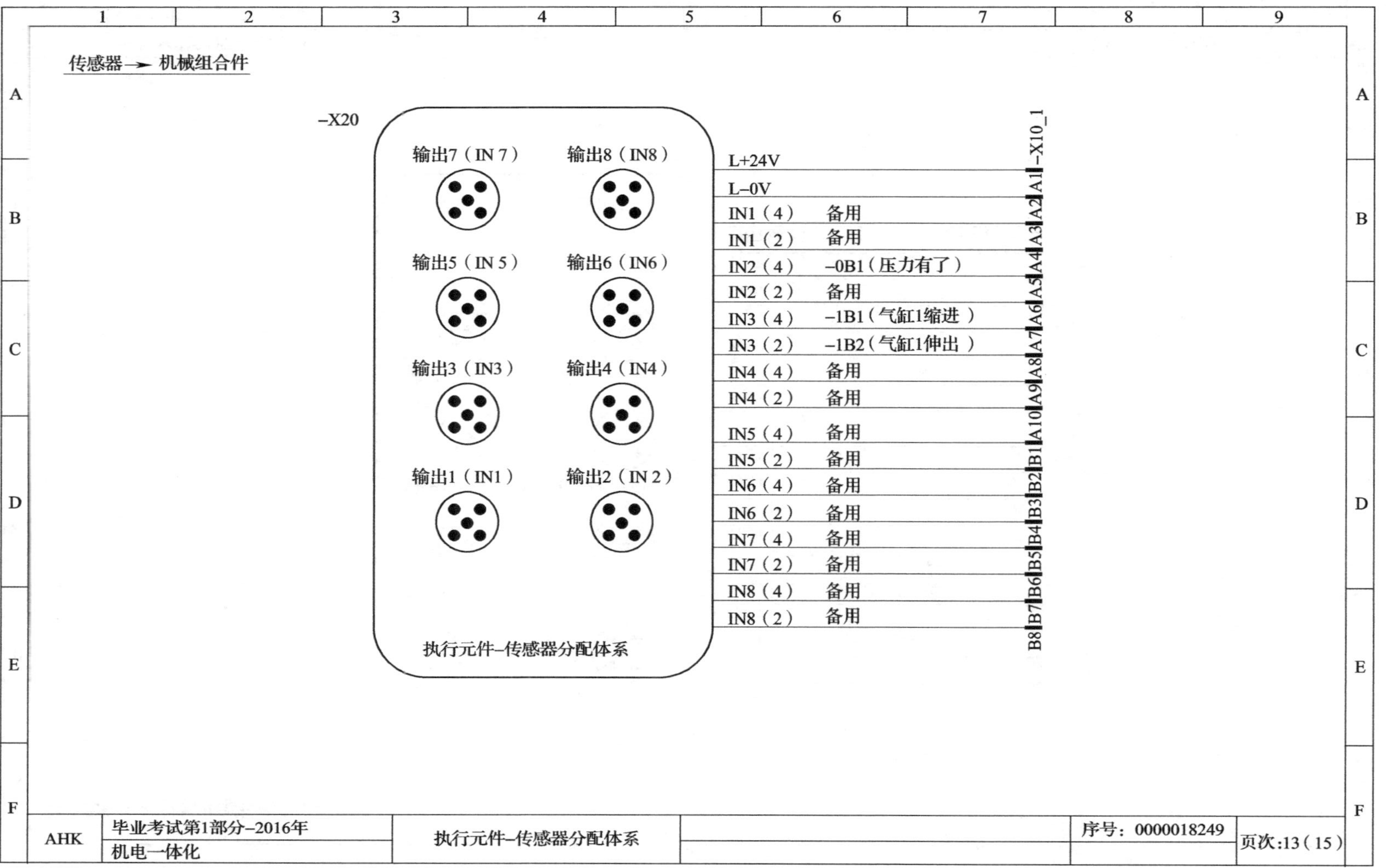
传感器→机械组合件
-X20
输出7（IN 7）
输出8（IN8）
输出5（IN 5）
输出6（IN6）
输出3（IN3）
输出4（IN4）
输出1（IN1）
输出2（IN 2）
执行元件–传感器分配体系
L+24V
L–0V
IN1（4） 备用
IN1（2） 备用
IN2（4） –0B1（压力有了）
IN2（2） 备用
IN3（4） –1B1（气缸1缩进）
IN3（2） –1B2（气缸1伸出）
IN4（4） 备用
IN4（2） 备用
IN5（4） 备用
IN5（2） 备用
IN6（4） 备用
IN6（2） 备用
IN7（4） 备用
IN7（2） 备用
IN8（4） 备用
IN8（2） 备用
–X10_1
A1 A2 A3 A4 A5 A6 A7 A8 A9 A10 B1 B2 B3 B4 B5 B6 B7 B8
AHK
毕业考试第1部分–2016年
机电一体化
执行元件–传感器分配体系
序号：0000018249
页次:13（15）

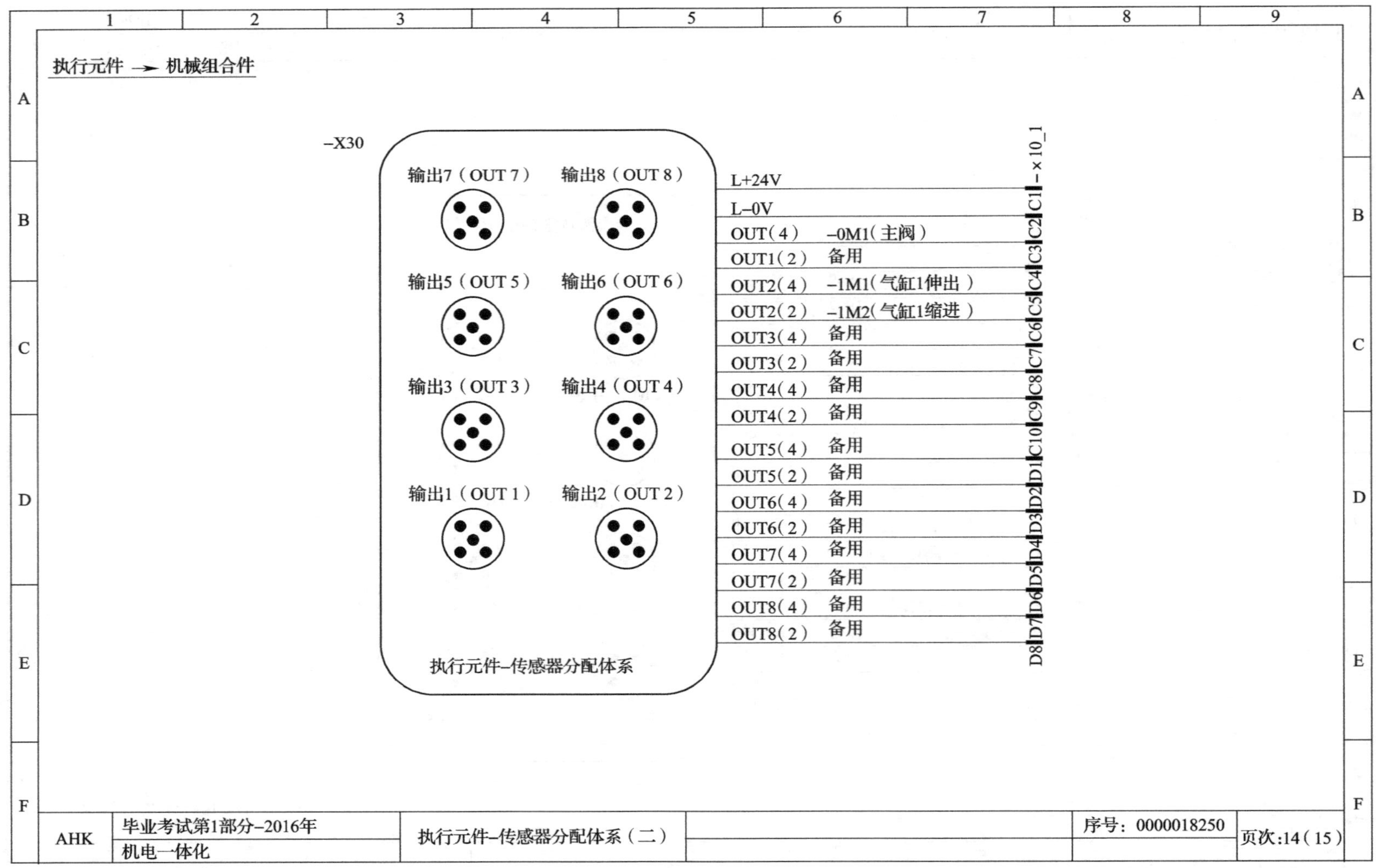
执行元件 → 机械组合件
-X30
输出7（OUT 7）
输出8（OUT 8）
输出5（OUT 5）
输出6（OUT 6）
输出3（OUT 3）
输出4（OUT 4）
输出1（OUT 1）
输出2（OUT 2）
执行元件–传感器分配体系
L+24V
L–0V
OUT（4） –0M1（主阀）
OUT1（2） 备用
OUT2（4） –1M1（气缸1伸出）
OUT2（2） –1M2（气缸1缩进）
OUT3（4） 备用
OUT3（2） 备用
OUT4（4） 备用
OUT4（2） 备用
OUT5（4） 备用
OUT5（2） 备用
OUT6（4） 备用
OUT6（2） 备用
OUT7（4） 备用
OUT7（2） 备用
OUT8（4） 备用
OUT8（2） 备用
–×10_1
C1 C2 C3 C4 C5 C6 C7 C8 C9 C10 D1 D2 D3 D4 D5 D6 D7 D8
AHK
毕业考试第1部分–2016年
机电一体化
执行元件–传感器分配体系（二）
序号：0000018250
页次:14（15）

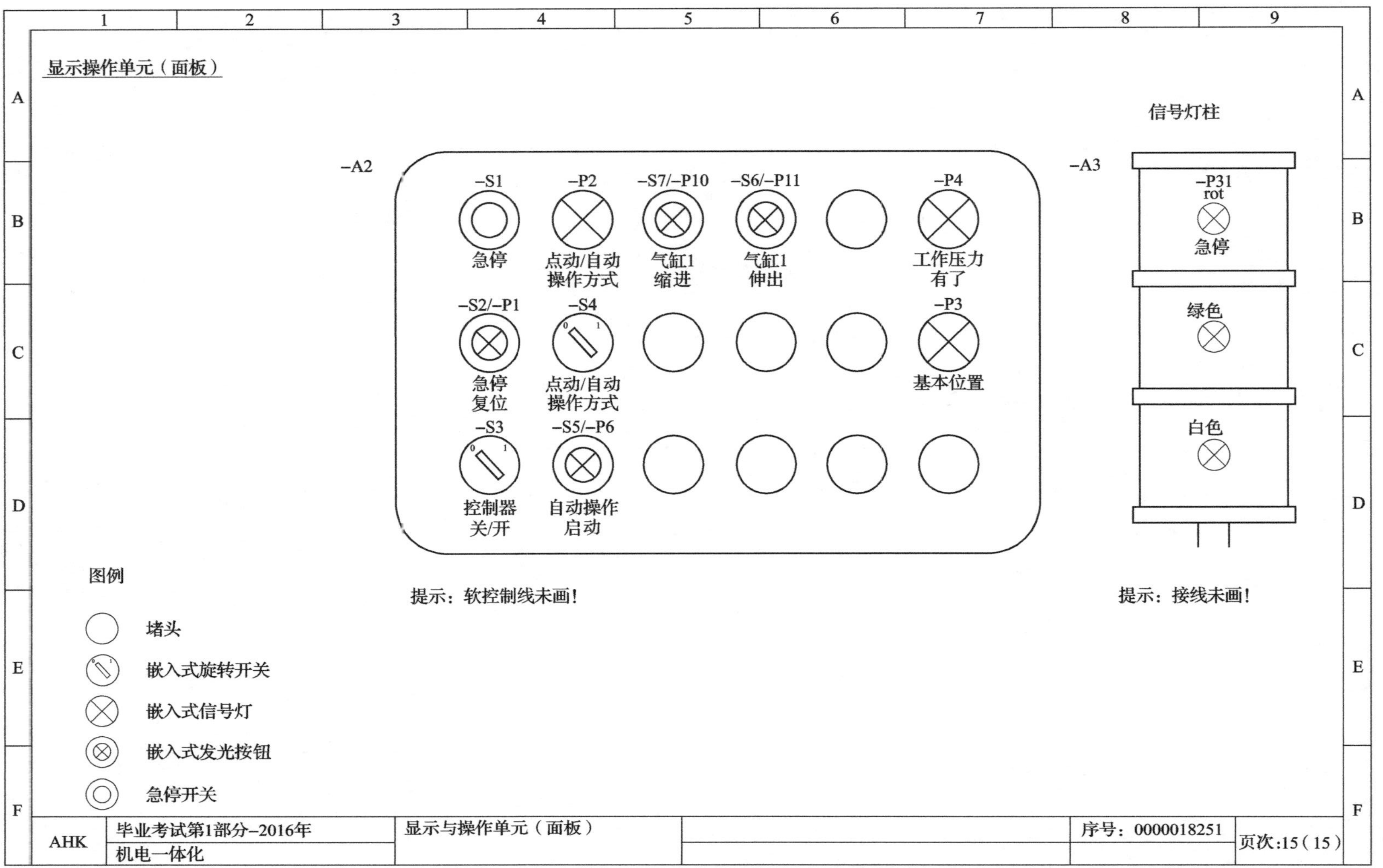
1
2
3
4
5
6
7
8
9
A
B
C
D
E
F
显示操作单元（面板）
-A2
-S1
急停
-P2
点动/自动
操作方式
-S7/-P10
气缸1
缩进
-S6/-P11
气缸1
伸出
-P4
工作压力
有了
-S2/-P1
急停
复位
-S4
点动/自动
操作方式
-P3
基本位置
-S3
控制器
关/开
-S5/-P6
自动操作
启动
-A3
信号灯柱
-P31
rot
急停
绿色
白色
图例
提示：软控制线未画！
提示：接线未画！
堵头
嵌入式旋转开关
嵌入式信号灯
嵌入式发光按钮
急停开关
AHK
毕业考试第1部分-2016年
机电一体化
显示与操作单元（面板）
序号：0000018251
页次:15（15）

项目 1　滑仓系统的安装与调试 任务 3　滑仓系统 PLC 程序编写与调试	姓名：	班级：
	日期：	页码：

任务 3　滑仓系统 PLC 程序编写与调试

任务描述

读懂功能说明，根据控制功能流程图，下载与调试 PLC 梯形图程序，若出现问题小组讨论并解决问题，进行检修。请按照标准进行安装与调试。

序号	任务内容	任务要求
1	分析工作任务	读懂功能说明
2	信息采集	完成工作页的问题
3	实施记录	小组分工合作完成 I/O 测试，控制功能流程图及 PLC 程序编写
4	自查与验收	按照功能检查表检查功能，完成调试
5	工具、设备、现场 5S 管理和 TPM 管理	要求学生每次课后按规定对工具、设备进行 5S 管理，对现场进行 TPM 管理

功能说明：

（1）系统使用主开关 -Q1 接通。在无故障时，紧急关断开关 A1 将控制主阀门 -0V2。

（2）使用转换开关 -S3 将接通控制。如果压力开关 -0B1 显示一个至少 5Pa 的额定压力，那么将通过信号灯 -P4 显示。

（3）只有当控制“接通”时，部分起动工作和自动工作的工作状态才能激活。使用开关 -S4 可以在部分起动工作和自动工作之间选择。如果开关 -S4 在位置“0”，那么设备在部分起动工作状态并且信号灯 -P2 发光。如果开关 -S4 在位置“1”，那么设备在自动工作状态并且信号灯 -P2 使用 1Hz 的频率闪烁。

（4）部分起动工作的工作过程（-S4=0）：在按动带灯按键 -S6 和 -S7 之后，气缸 -1A1 的活塞杆可以内缩和外伸。各个终端位置将通过信号灯 -P10 和 -P11 显示。

（5）自动工作的工作过程（-S4=1）：若要起动自动工作，气缸 -1A1 的活塞杆必须在前面的终端位置（通过部分起动工作可以开动到这个位置，-P11 发光）。同时，起始位置将通过信号灯 -P3 显示。在按动按键 -S5 之后，气缸 -1A1 将外伸三个循环（每次内缩和外伸）。“循环接通”将通过信号灯 -P6 持续显示。在重新按动按键 -S5 之后将进行一个新的进程。各个终端位置将通过相关的信号灯显示。

（6）关断条件：在按动紧急关断开关 A1 时，将关断带来危险的执行元件并且气动通过主阀门排气。这将通过信号灯 -P1 显示。

在紧急一停止、“控制关断”、压力下降（<4 Pa）和工作方式更换时，这个过程将停止。如果这个设备在“控制接通”，那么信号灯总是激活的。

请扫描二维码观看滑仓系统功能演示视频。

控制器释放流程图如图 1 所示。

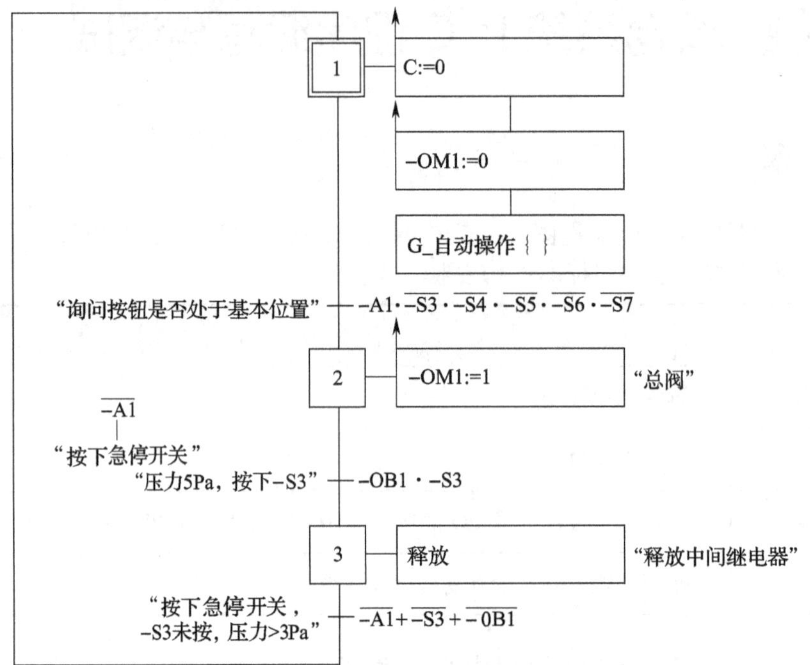

图 1　控制器释放流程图

信号灯控制图如图 2 所示。

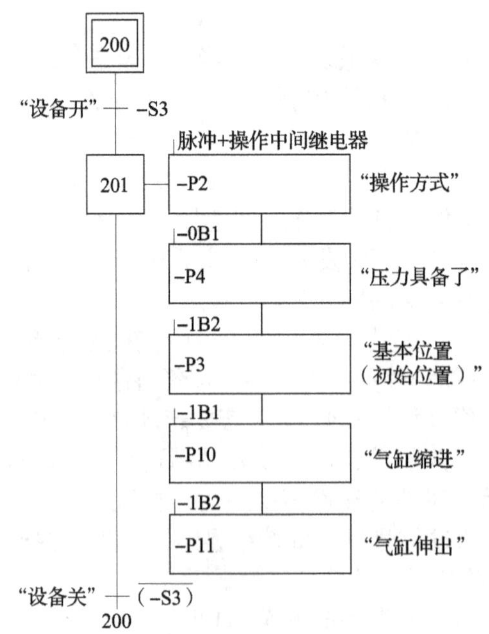

图 2　信号灯控制图

闪烁脉冲控制图如图 3 所示。

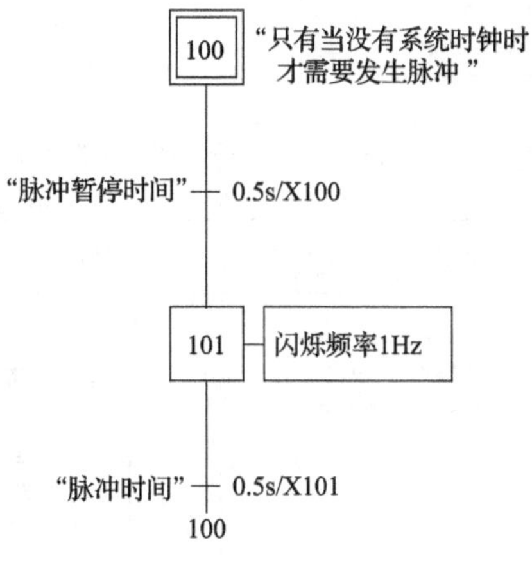

图 3　闪烁脉冲控制图

自动控制流程图如图 4 所示。

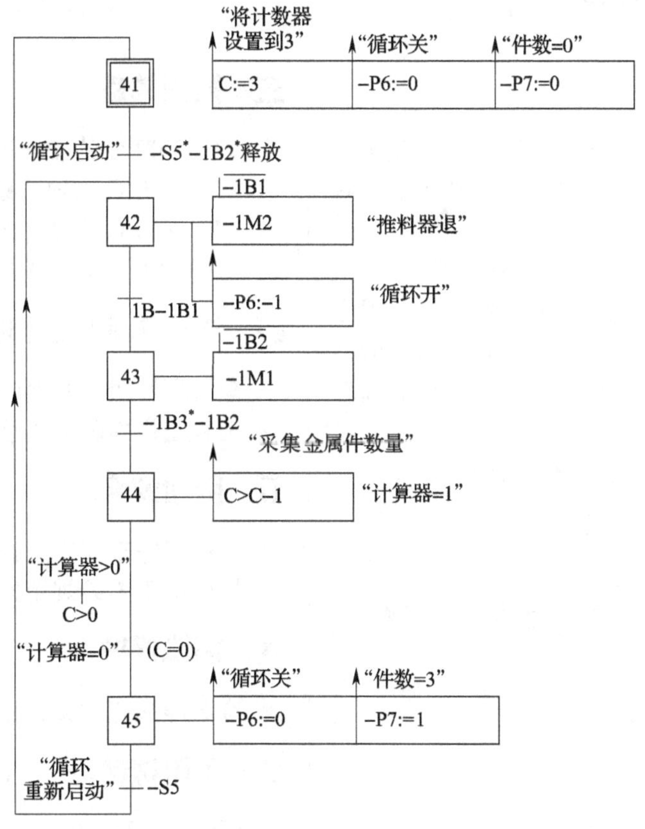

图 4　自动控制流程图

点动 / 自动操作选控流程图如图 5 所示。

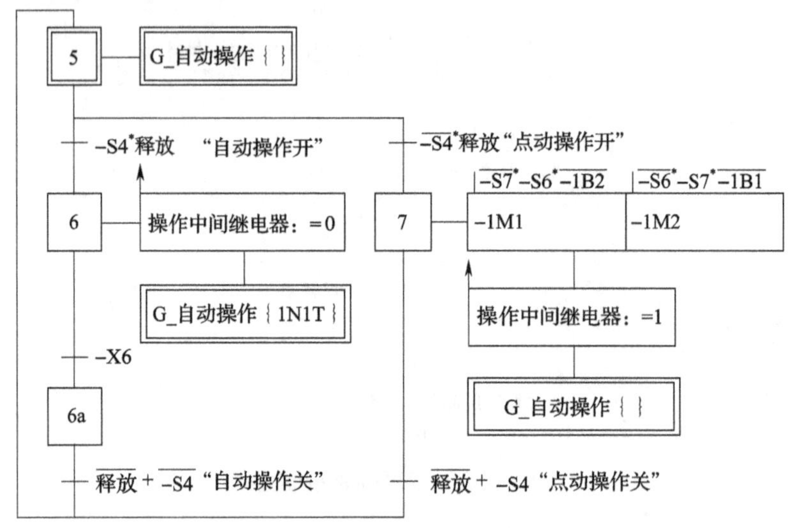

图 5　点动 / 自动操作选控流程图

任务提示

一、工作方法

- 收集信息，回答引导问题，可以查阅本书的“知识库”，也可通过网络等工具了解相关知识
- 以小组讨论的形式完成工作计划
- 按照工作计划，完成滑仓系统 PLC 程序的编写与调试。对于碰到的问题，请尽量先自行解决，如无法解决再与培训教师进行讨论
- 与培训教师讨论，进行工作总结

二、工作流程及内容

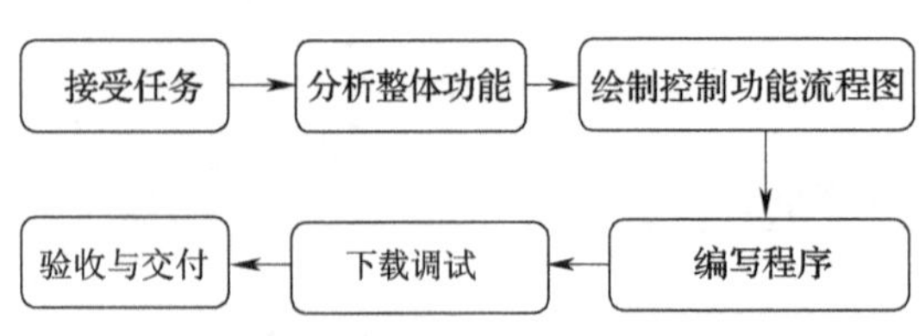

- 信息收集（4 学时）
- 计划与决策（2 学时）
- PLC 程序编写与调试（14 学时）
- 评价与总结（2 学时）

三、知识储备

- S7–300PLC 的硬件组成
- S7–300PLC 的项目设计流程
- S7–300PLC 的硬件组态
- S7–300PLC 的 I/O 基本指令应用

四、注意事项与工作提示

- 穿实训鞋服，必要时戴防护眼镜
- 工具使用中和使用后要整齐摆放

五、劳动安全

- 严格遵守车间安全标志的指示
- 按照电工安装规范操作，避免触电

六、环境保护

- 废旧导线应放置在指定位置

七、可用材料

- 西门子 S7–300PLC 编程手册
- 《机电一体化图表手册》

工作过程

一、信息

（1）绘制滑仓系统的控制流程图。

（2）仔细观察西门子 S7-300PLC 的结构图，并在表格中各标识的名称后填写对应的序号。

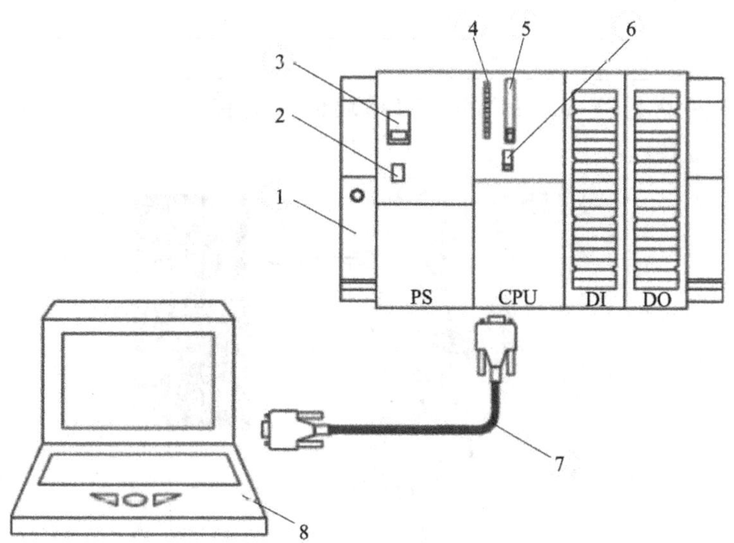

名称	对应序号	备注
电源开 / 关		
导轨		
LED		
MC/MCC		
模式选择开关		
用于连接 MPI 接口的 PG 电缆		
安装有 STEP7 软件的编程设备		

（3）根据下图所示的 S7-300PLC 硬件组成图示，写出各模块的名称和作用。

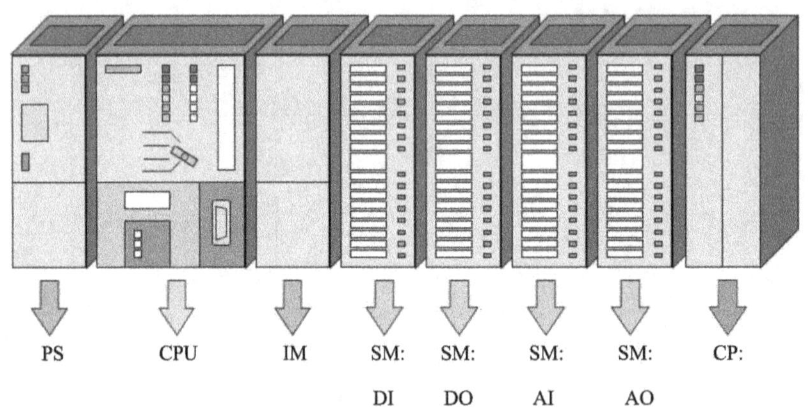

PS：______________________________

CPU：______________________________

IM：______________________________

SM：______________________________

CP：______________________________

（4）根据下图说出 S7-300PLC 的 CPU 模块面板上有几个指示灯，并说明其各自的含义。

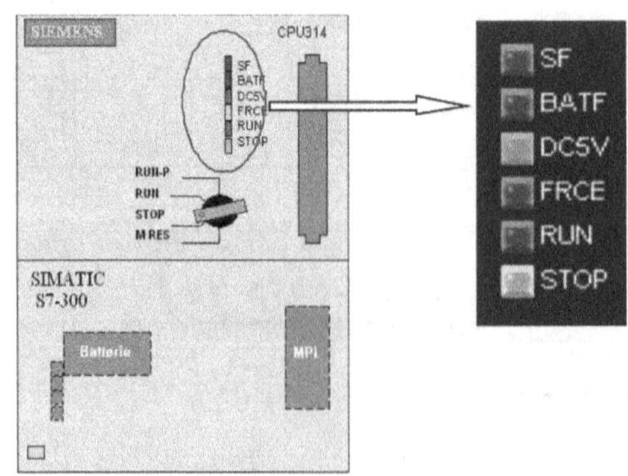

SF：____

BATF：____

DC5V：____

FRCE：____

RUN：____

STOP：____

（5）S7-300 编程软件的标准版支持__________、__________及__________3 种基本编程语言。

（6）写出以下语句的含义。

I1.1　M1.1 (P)　Q4.1 ( )

I1.2

____

____

（7）要实现灯的闪亮，可以用到 S7-300CPU 的时钟存储器。要使用该功能，在硬件配置时需要设置 CPU 的属性，如下图所示，其中有一个复选项为 Clock memory，选中该复选框就可激活该功能。在 Memory Byte 区域输入想为该项功能设置的 MB 的地址，如需要使用 MB10，则直接输入__________ 。

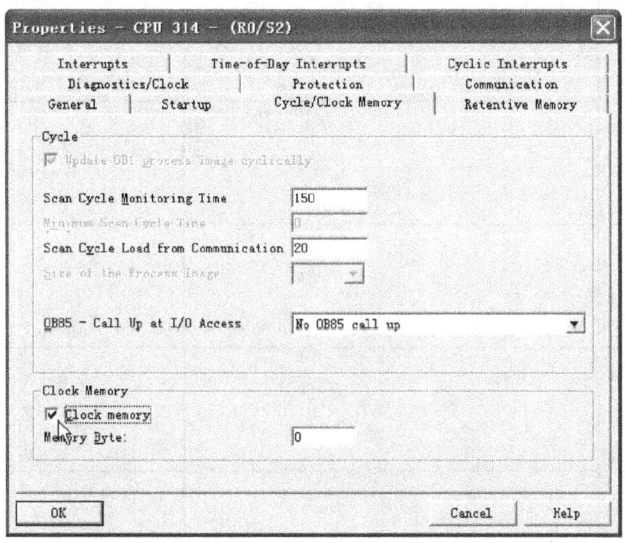

查手册中 Clock memory 的各位的周期及频率表可得到，M10.0 的变化周期为 0.1s。M10.5 的变化周期为______ 。

（8）下图为时钟存储器与计数器的应用，说明时钟存储器的作用 ______________________________。在______________情况下 Q0.0 有输出结果。

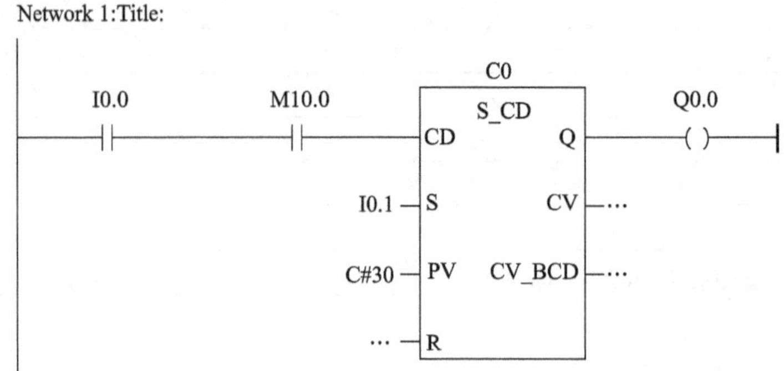

二、计划与决策

1．制订工作计划

小组讨论制订工作计划，明确工作内容和工作的注意事项。工作计划表见下表。

<table>
<tr><th colspan="5">工作计划</th></tr>
<tr><td colspan="3">工作台号：</td><td colspan="2">工件号：</td></tr>
<tr><td>序号</td><td>工作步骤</td><td>设备、工具、辅具、场地</td><td>注意事项</td><td>工作时间/小时</td></tr>
<tr><td>1</td><td></td><td></td><td></td><td></td></tr>
<tr><td>2</td><td></td><td></td><td></td><td></td></tr>
<tr><td>3</td><td></td><td></td><td></td><td></td></tr>
<tr><td>4</td><td></td><td></td><td></td><td></td></tr>
<tr><td>5</td><td></td><td></td><td></td><td></td></tr>
<tr><td>6</td><td></td><td></td><td></td><td></td></tr>
</table>

2. 准备工具、材料

请按照下表检查配件，若无问题请打“√”，若有破损请及时告知培训教师。

序号	名称	品牌 / 型号	图示	检查情况
1	S7-300PLC MMC 存储卡	西门子 512K 6ES7953-8LJ30-0AA0		
2	下载线	6ES7972-0CB20-0XA0		
3	万用表			

3. 小组工作：决策结果是否考虑到以下检查点

序号	检查点	小组自评	
1	PLC 是否正常	是○	否○
2	配件是否满足要求	是○	否○
3	环保条件是否满足要求	是○	否○
4	是否明确安全作业要求	是○	否○
5	小组分工是否合理	是○	否○
6	劳动保护是否达要求	是○	否○

如有其他问题，请小组长与培训教师沟通，再带领小组成员做好安装的准备工作，如材料领取、安装工作台的准备等。

三、实施

1．注意事项与工作提示

（1）请按照计划执行，不要超时。主要实施内容有：小组讨论工作站的 I/O 分配表与控制工艺流程图；个人完成 I/O 分配表并测试 I/O 点，绘制控制工艺流程图，编写 PLC 程序。小组合作完成工作站程序的下载与调试。

（2）请注意小组合作、沟通，主动与同学、培训教师进行关于评分分歧、工作过程中存在的问题、技术上的问题及理论知识等方面的专业讨论。

（3）请按照规范要求（见下表）操作，注意 S7-300PLC 程序编写标准，避免不规范的程序编写。

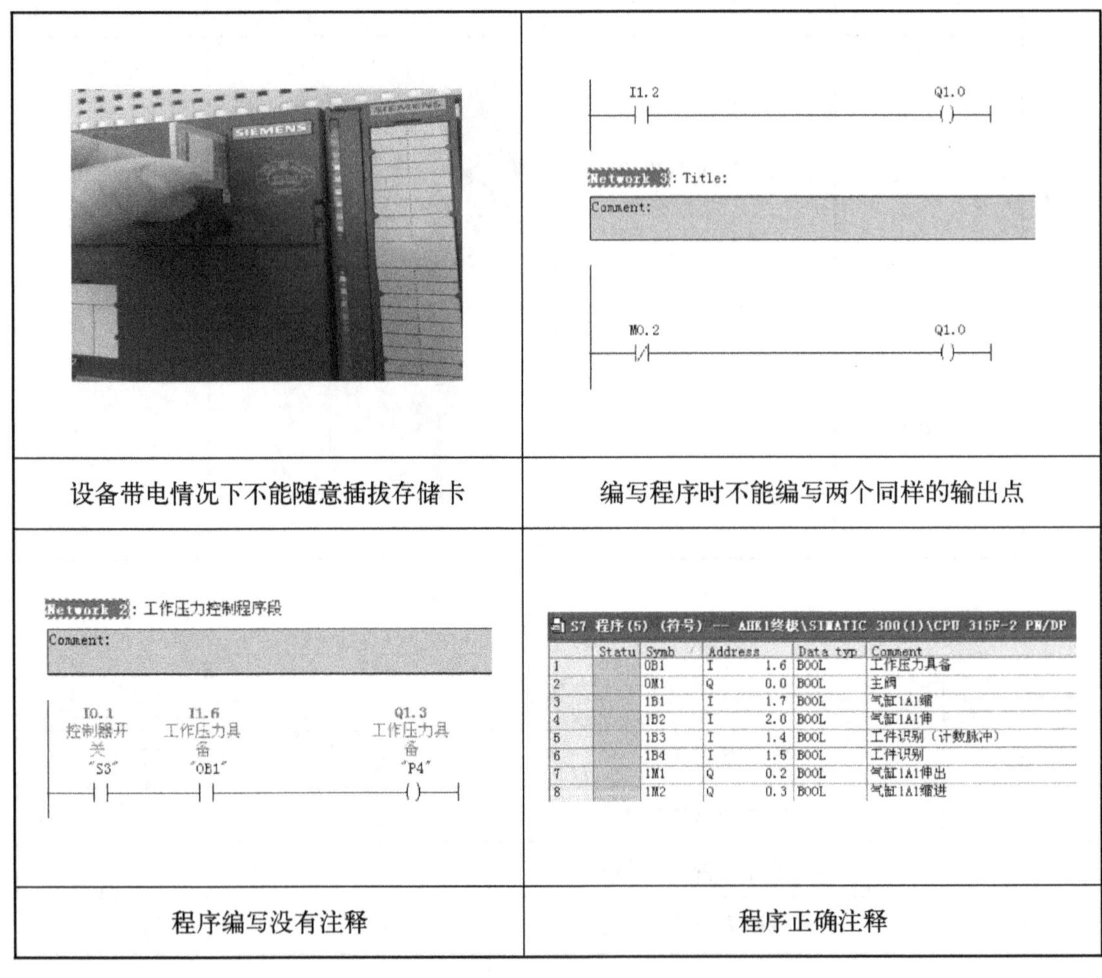

	Statu	Symb	Address	Data typ	Comment
1		OB1	I 1.6	BOOL	工作压力具备
2		OM1	Q 0.0	BOOL	主阀
3		1B1	I 1.7	BOOL	气缸1A1缩
4		1B2	I 2.0	BOOL	气缸1A1伸
5		1B3	I 1.4	BOOL	工件识别（计数脉冲）
6		1B4	I 1.5	BOOL	工件识别
7		1M1	Q 0.2	BOOL	气缸1A1伸出
8		1M2	Q 0.3	BOOL	气缸1A1缩进

设备带电情况下不能随意插拔存储卡	编写程序时不能编写两个同样的输出点
程序编写没有注释	程序正确注释

（4）5S 管理工作：整理实验台并填写使用记录，值日生做好值日。

2．现场作业记录

（1）根据电气图纸写出滑仓系统的 I/O 分配表，并对实际的接线进行 I/O 测试。实际接线与电气图纸一致并且测试无误，在“测试结果”栏中打“√”。

输入信号				输出信号			
输入地址	元件名称	作用	测试结果	输出地址	元件名称	作用	测试结果

（2）PLC 程序记录。

（3）问题与解决：记录小组工作中出现的问题，并记录问题的原因和分析的过程。

（4）现场工作完成情况记录：按决策的计划实施。注重操作规范、工作效率、纪律，按时完成任务。小组观察员及监督员发挥合理的作用，记录计划实施中小组工作出现的各种现象。

四、检查与交付

程序调试完毕并对功能进行自查后，交给培训教师评分，必要时做相关讲解或演示说明。

检查序号	检查功能点	正常与否	问题记录
1		是□　否□	
2		是□　否□	
3		是□　否□	
4		是□　否□	

续表

检查序号	检查功能点	正常与否	问题记录
5		是□　否□	
6		是□　否□	
7		是□　否□	
8		是□　否□	

五、评价

1. 小组成果分享和总结

将小组成果向同学展示，总结工作中的收获、遇到的问题和改进措施。

2. 项目任务工作评价

评分等级：0 ~ 10 分

评分等级要求：（根据 AHK 机电一体化工考证要求规定）

10 分	特别符合要求
9 分	完全符合要求
8 分、7 分	基本符合要求
6 分、5 分	有缺陷，但还符合要求
4 分、3 分	不符合要求，有较大缺陷
2 分、1 分、0 分	完全不符合要求

(1) 工作质量评价。

序号	评价内容	权重系数	评分（0 ~ 10 分）	总分	备注
1	I/O 点测试准确无误	3.0			
2	PLC 程序格式符合编程要求，注释清晰	2.0			
3	PLC 程序符合控制要求	5.0			
合计（满分 100 分）					

(2) 工作过程评价。

信息阶段

序号	评价项目	评价手段	0 ~ 10 分	权重系数	总分
1	分析工作订单	学生工作页		2.5	
2	资料收集	学生工作页		2.5	
3	技术上与组织上的衔接	谈话 \ 观察		2.5	
4	方案的评估与确定	谈话 \ 观察 \ 资料		2.5	
阶段得分（0 ~ 100 分）					

计划阶段

序号	评价项目	评价手段	0 ~ 10 分	权重系数	总分
1	分任务的确定	学生工作页		2.5	
2	工作计划的制订	学生工作页		3.0	
3	编写计划资料	学生工作页		2.5	
4	方案的评估与确定	谈话 \ 观察 \ 资料		2.0	
阶段得分（0 ~ 100 分）					

实施阶段

序号	评价项目	评价手段	0 ~ 10 分	权重系数	总分
1	工作任务的完成情况、工作效率	工作过程记录		3.0	
2	功能的完整性	学生工作页 \ 观察		2.5	
3	产品质量和技术标准	根据工作质量评价表的评估		2.0	
4	解决问题的能力	谈话 \ 观察		2.5	
阶段得分（0 ~ 100 分）					

检查阶段

序号	评价项目	评价手段	0 ~ 10 分	权重系数	总分
1	验收 / 测量记录	学生工作页 \ 观察		3.0	
2	工作结果的记录和学生的自我评估	学生工作页 \ 观察		2.0	
3	相关重要资料完整移交	资料		2.0	
4	产品移交并作说明演示	谈话 \ 观察		3.0	
阶段得分（0 ~ 100 分）					

（3）计算成绩。

序号	评价项目	阶段得分（0 ~ 100 分）	权重系数	总分
1	信息		0.2	
2	计划		0.2	
3	实施		0.3	
4	检查		0.3	
			实际工作任务得分（0 ~ 100 分）	

培训教师签字（日期）：__________

总结与提高

一、自我总结

（1）总结自己的不足之处，并记录别人给自己提的意见，以便于以后工作的顺利开展。

（2）描述本次工作的内容。

二、思考与提高

由于生产实践的需要，我们对滑仓系统的自动操作功能进行了修改，增加了一个金属传感器对工件进行金属检测分拣，请思考你的程序该如何修改。

自动操作功能流程修改如下：

自动循环工作过程：-1A1 缩进，等待 1s，-1A1 伸出，金属传感器检测一个金属工件，计数器减 1。识别到了 3 个金属工件，循环停止；缺工件或工件不对（不是金属工件），设备停止不动，等待 -1B3 上有信号。要让设备继续往下运行，必须将设备设定到“起动循环”。

项目 2 机械手系统的安装与调试

任务 1 机械手系统机械安装与调试

任务描述

机械手系统配置三自由度的运动装置，通过转动、伸缩、气动抓取等动作，在整个自动化生产线中承担着将上一单元已准备就绪的工件转移搬运到下一执行单元的任务。机械手系统的整体结构如图 1 所示。

仔细阅读机械手系统的机械结构图纸，了解其结构组成及功能，并小组讨论制订机械安装工艺流程，按照机电一体化技术标准进行安装与调试。

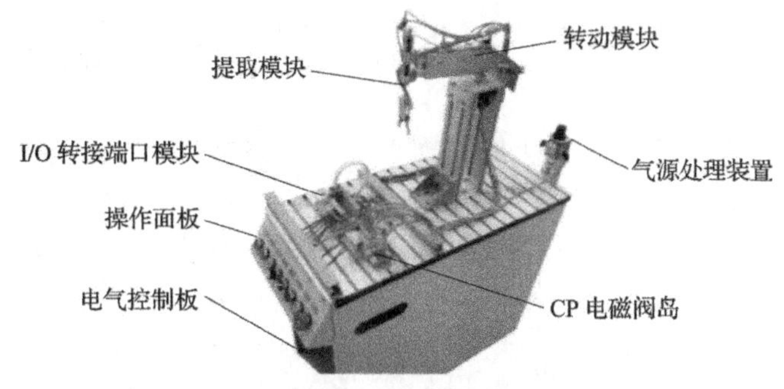

图 1 机械手系统的整体结构

任务提示

一、工作方法

- 读图后回答引导问题，可以使用的材料有教材、手册等
- 以小组讨论的形式完成工作计划
- 按照工作计划，完成机械手系统机械安装与调试。对于预料外的问题，请尽量先自行解决，如无法解决再与培训教师进行讨论
- 与培训教师讨论，进行工作总结

二、工作流程及内容

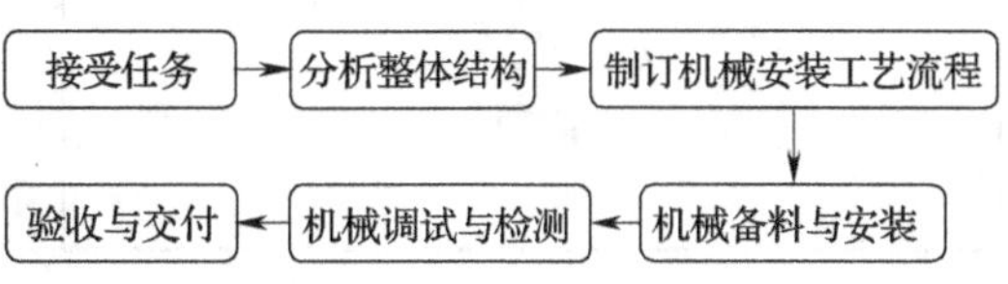

- 信息收集（1学时）
- 计划与决策（2学时）
- 机械安装与检查（5学时）
- 评价与总结（2学时）

三、知识储备

- 双作用气缸

四、注意事项与工作提示

- 穿实训鞋服，必要时戴防护眼镜
- 工具使用中和使用后要整齐摆放

五、劳动安全

- 严格遵守车间安全标志的指示
- 工件必须去毛刺，避免划伤

六、环境保护

- 参照《简明机械手册》相应章节的内容
- 切屑应放置在指定位置

七、可用材料

- 图纸
- 《简明机械手册》

工作过程

一、信息

（1）仔细阅读机械手机械结构图，明确其机械结构，了解清楚其用途，请用清晰明了的语言描述。

（2）查阅资料了解下图中的气缸，并说明该气缸的用途。

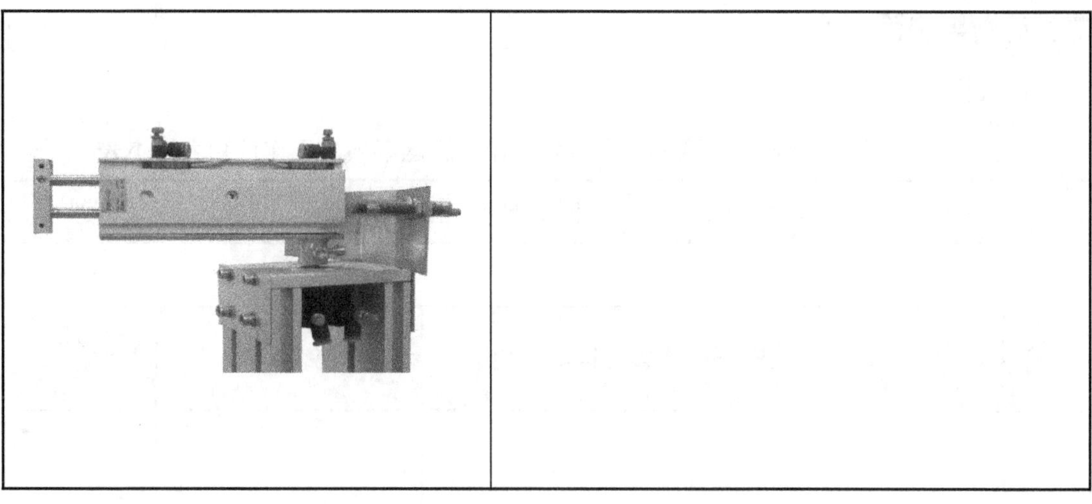

（3）写出机械位置调整的注意事项。

（4）写出传感器的位置调整的注意事项。

（5）分析机械手气爪抓夹物料时出现掉落的原因。

二、计划与决策

1．制订工作计划

小组讨论制订工作计划，明确工作内容和工作的注意事项。工作计划表见下表。

工作计划				
工作台号：			工件号：	
序号	工作步骤	设备、工具、辅具、场地	注意事项	工作时间 / 小时
1				
2				
3				
4				
5				
6				

2. 确定机械手系统机械安装的工艺流程

根据安装图纸，小组讨论、制订机械安装工艺流程，并经培训教师确认。机械手系统机械安装的工艺流程表见下表。

序号	安装主要部件	注意事项	备注
1			
2			
3			
4			
5			

3. 准备工具、材料

工具的检查是一项非常重要的工作，不仅要熟悉工具的名称、规格、用途，还要学会工具的保养。请按照下表检查工具，若无问题请打“√”，若有破损请及时告知培训教师。

序号	名称	规格	图示	检查情况
1	L 形内六角扳手			
2	扳手			
3	角尺			
4	直尺			

4. 小组工作：决策结果是否考虑到以下检查点

序号	检查点	小组自评	
1	安装工序是否按照安装规范进行	是○	否○
2	使用的工具是否满足安装规范的要求	是○	否○
3	安装零件、材料是否满足安装规范的要求	是○	否○
4	环保条件是否满足安装规范的要求	是○	否○
5	是否明确安全作业要求	是○	否○
6	小组分工是否合理	是○	否○
7	劳动保护是否达要求	是○	否○

如有其他问题，请小组长与培训教师沟通，再带领小组成员做好安装的准备工作，如材料领取、安装工作台的准备等。

三、实施

1．注意事项与工作提示

（1）请按照计划执行，不要超时。

（2）请注意小组合作、沟通，主动与同学、培训教师进行关于评分分歧、工作过程中存在的问题、技术上的问题及理论知识等方面的专业讨论。

（3）请按照安装步骤（见下表）操作，避免不规范的安装。

步骤一： （1）将 I/O 转接端口模块和 CP 电磁阀岛等安装于 35 mm 的标准导轨上。 （2）用内六角螺钉和 T 形螺母将标准 DIN 导轨安装到铝合金面板的下方位置。 （3）把气源处理装置固定在安装支架上，将安装支架固定在铝合金面板的右上角位置。 （4）在铝合金面板的中上方位置处用直角外铰链固定好垂直和水平支撑架。 注意：两垂直支撑架要相互平行，以便为后续的转动模块安装提供可靠定位。两支撑架与铝合金面板左右两边距尽量对称相等	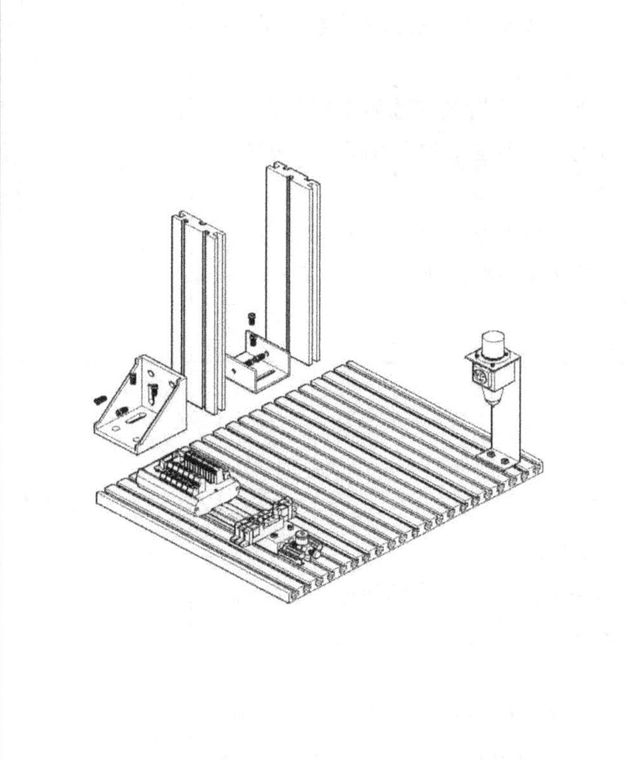
步骤二： 将摆动气缸用两连接块连接安装于两垂直支撑架的顶端。 注意：由于其摆动范围为 0° ～ 180°，所以安装时要调整好摆动范围所对应的工作区域。限位与阻尼装置要对称定位，以保证转动模块的转动行程对称	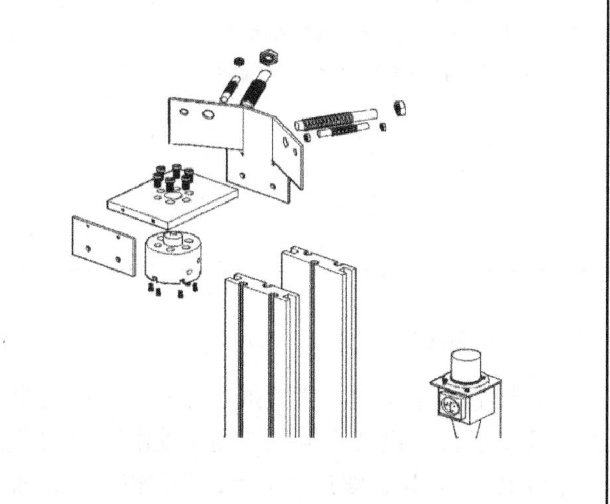

续表

<table>
<tr><td>步骤三：
（1）把两个夹具手指固定到气爪上，两夹具手指应平行安装，不出现相对摇动。
（2）将手指气缸与连接块连接固定。
（3）装入“L”形连接安装板于直线气缸的端部。
（4）将手指气缸整体安装到直线气缸的活塞杆上，并用活塞杆上的螺母锁紧。
（5）将双活塞杆气缸杆端部与“L”形连接安装板连接</td><td>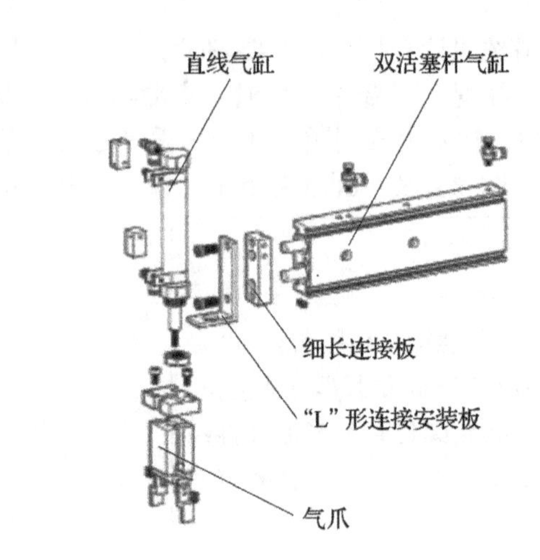
</td></tr>
<tr><td>步骤四：
将上步安装好的部件通过一个细长连接板安装于摆动气缸的输出轴上。

注意：由于提取模块和双活塞杆气缸自重的作用，摆动气缸输出轴此时会受较大的横向力矩作用。因此在安装时，尽量不要在提取模块端再加上其他的力作用，避免摆动气缸损坏</td><td>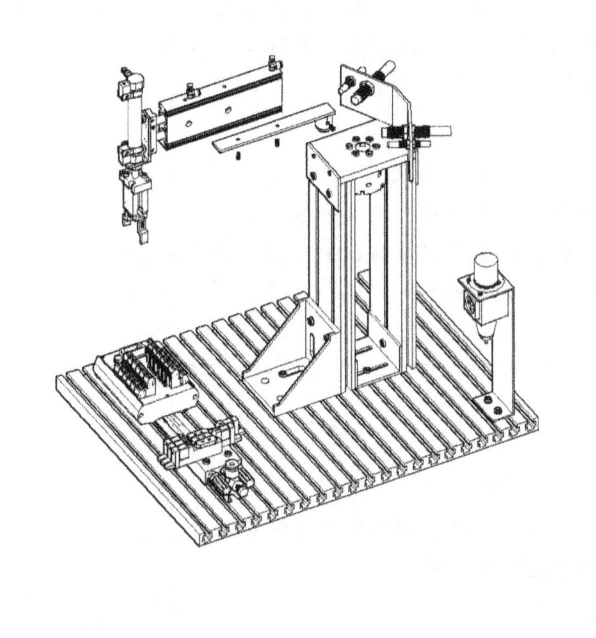</td></tr>
</table>

2. 小组工作

按计划实施安装。注重规范安装、工作效率，遵守工作纪律，按时完成任务。小组观察员及监督员要记录小组在计划实施中出现的各种现象。同时，培训教师也将记录小组的工作情况，如5S管理执行情况、学生的工作态度和工作质量等。

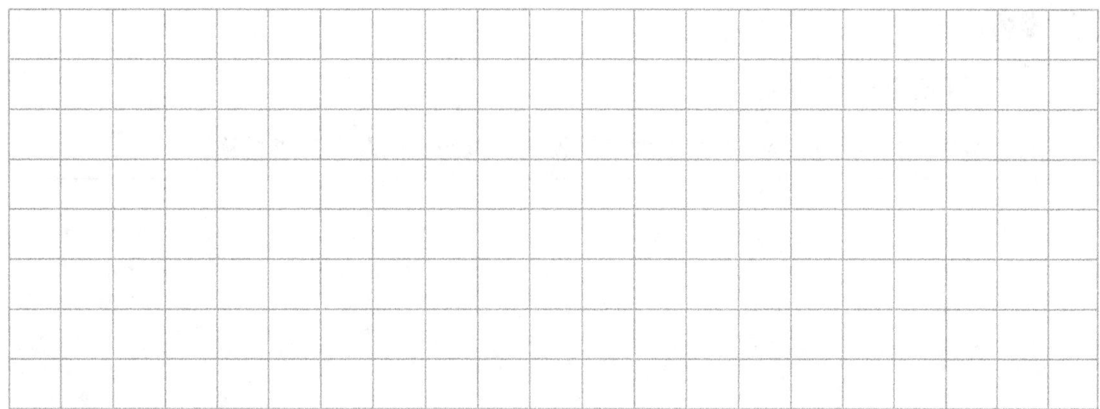

3．问题与解决

记录小组工作中出现的问题，并记录问题的原因和分析的过程。

四、检查与交付

安装完毕后请按照下表进行自查，完成后交给培训教师评分，必要时做相关讲解或演示说明。

请目测检查各检查点是否有问题存在，并记录检查结果，若无问题则交付验收。

检查序号	检查点	正常与否	问题记录
1	图纸完整、齐备	是□　否□	
2	按总装图所示安装	是□　否□	
3	所有零部件安装牢固	是□　否□	
4	零部件没有损坏	是□　否□	
5	所有零部件去毛刺	是□　否□	
6	气缸工作正常	是□　否□	
7	重要零部件做标识	是□　否□	

五、评价

1. 小组成果分享和总结

将小组成果向同学展示，总结工作中的收获、遇到的问题和改进措施。

2. 项目任务工作评价

评分等级：0 ～ 10 分
评分等级要求：（根据 AHK 机电一体化工考证要求规定）

10 分	特别符合要求
9 分	完全符合要求
8 分、7 分	基本符合要求
6 分、5 分	有缺陷，但还符合要求
4 分、3 分	不符合要求，有较大缺陷
2 分、1 分、0 分	完全不符合要求

（1）工作质量评价。

序号	评价内容	权重系数	评分（0 ～ 10 分）	总分	备注
1	机械组合按照装配图纸安装，安装牢固	1.0			
2	机械手气缸的安装精确度	2.0			
3	销连接符合专业要求（2×）	3.0			
4	机械手摆动范围	2.0			
5	传感器安装符合专业要求（2×）	1.0			
6	气缸安装符合专业要求（2×）	1.0			
合计（满分 100 分）					

（2）工作过程评价。

信息阶段

序号	评价项目	评价手段	0 ～ 10 分	权重系数	总分
1	分析工作订单	学生工作页		2.5	
2	资料收集	学生工作页		2.5	
3	技术上与组织上的衔接	谈话 \ 观察		2.5	
4	方案的评估与确定	谈话 \ 观察 \ 资料		2.5	
阶段得分（0 ～ 100 分）					

计划阶段

序号	评价项目	评价手段	0 ～ 10 分	权重系数	总分
1	分任务的确定	学生工作页		2.5	
2	工作计划的制订	学生工作页		3.0	
3	编写计划资料	学生工作页		2.5	
4	方案的评估与确定	谈话 \ 观察 \ 资料		2.0	
阶段得分（0 ～ 100 分）					

实施阶段

序号	评价项目	评价手段	0 ～ 10 分	权重系数	总分
1	工作任务的完成情况、工作效率	工作过程记录		3.0	
2	功能的完整性	学生工作页 \ 观察		2.5	
3	产品质量和技术标准	根据工作质量评价表的评估		2.0	
4	解决问题的能力	谈话 \ 观察		2.5	
阶段得分（0 ～ 100 分）					

检查阶段

序号	评价项目	评价手段	0 ～ 10 分	权重系数	总分
1	验收 / 测量记录	学生工作页 \ 观察		3.0	
2	工作结果的记录和学生的自我评估	学生工作页 \ 观察		2.0	
3	相关重要资料完整移交	资料		2.0	
4	产品移交并作说明演示	谈话 \ 观察		3.0	
阶段得分（0 ～ 100 分）					

（3）计算成绩。

序号	评价项目	阶段得分（0 ~ 100 分）	权重系数	总分
1	信息		0.2	
2	计划		0.2	
3	实施		0.3	
4	检查		0.3	
			实际工作任务得分（0 ~ 100 分）	

培训教师签字（日期）：________

总结与提高

一、自我总结

（1）总结自己的不足之处，并记录别人给自己提的意见，以便于下次工作的顺利开展。

（2）描述本次工作的内容。

二、思考与提高

（1）如何区分双作用气缸和单作用气缸？

（2）在安装磁性开关时要注意哪些事项？

项目 2　机械手系统的安装与调试 任务 2　机械手系统电气安装与调试	姓名：	班级：
	日期：	页码：

任务 2　机械手系统电气安装与调试

任务描述

小组讨论分析机械手系统的电气接线图，并制订电气安装计划，按照 VDE0100 标准进行安装与调试。

序号	任务内容	任务要求
1	分析电气原理图	读懂电气原理图
2	信息采集	完成工作页的问题
3	制订电气工作计划	小组讨论并制订合理工作计划
4	元件安装及电气接线	小组接线，分工合作
5	线路检测	使用万用表对照图纸进行线路检测
6	工具、设备、现场 5S 管理和 TPM 管理	要求学生每次课后按规定对工具、设备进行 5S 管理，对现场进行 TPM 管理

气路图如图 1 所示。

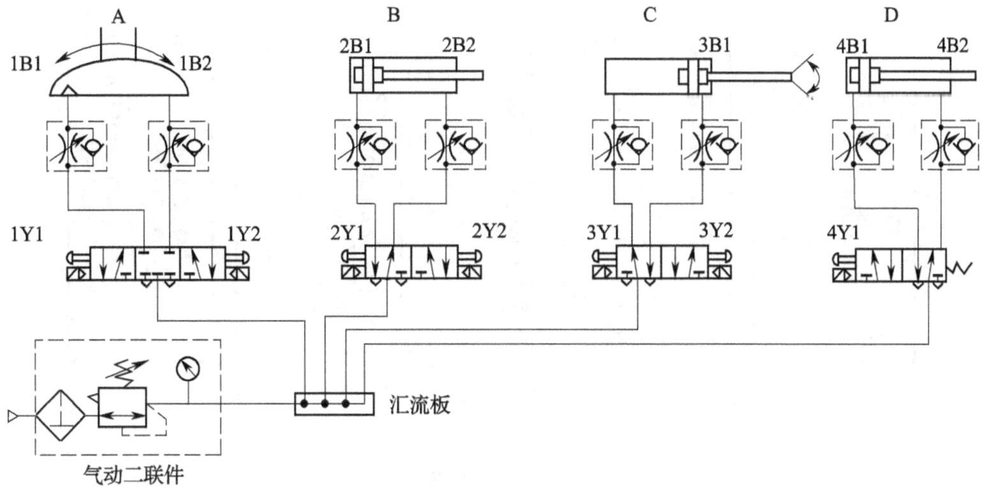

图 1　气路图

电路图如图 2 所示。

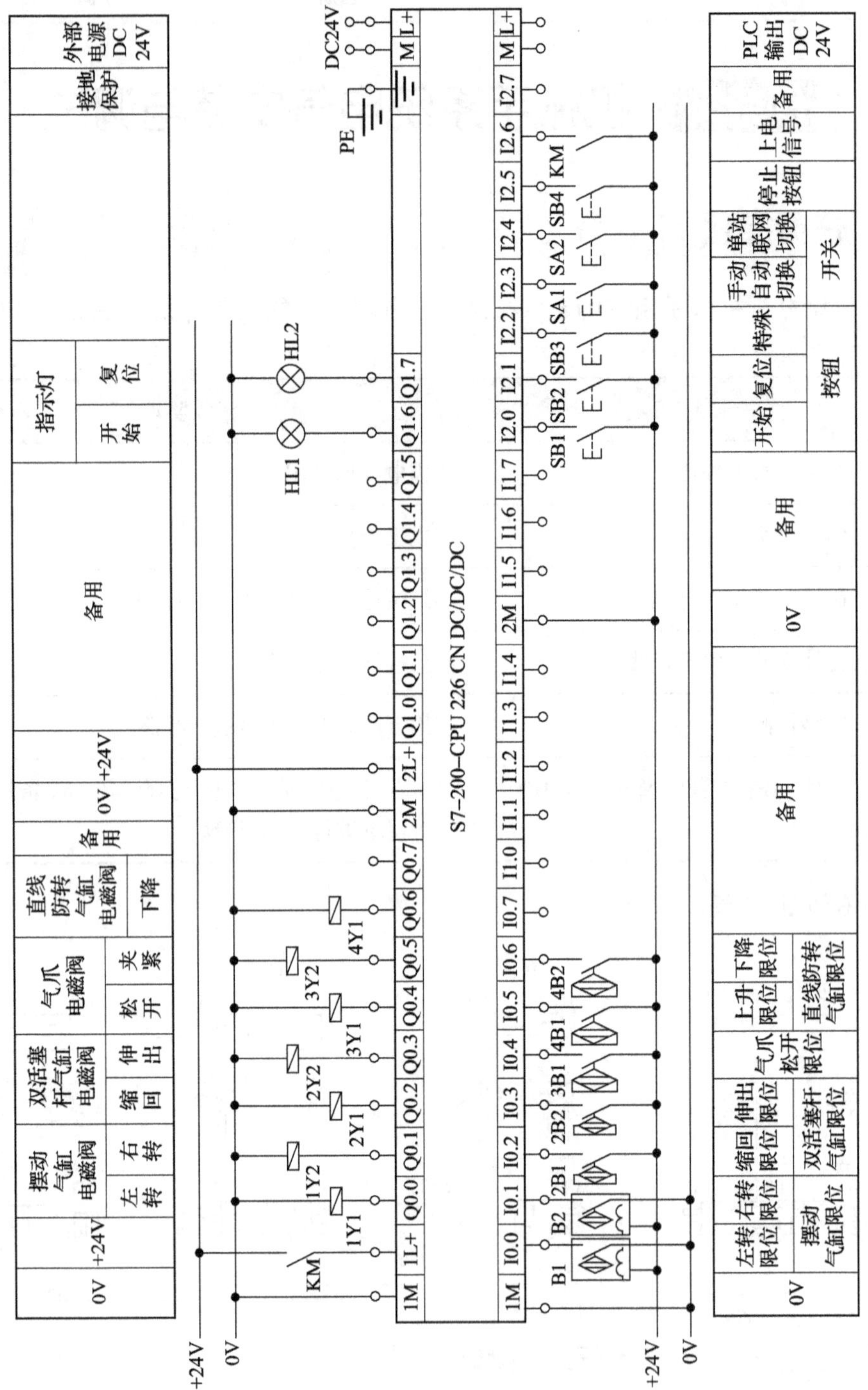

图 2　电路图

任务提示

一、工作方法

- 读图后回答引导问题，可以使用的材料有教材、手册等
- 以小组讨论的形式完成工作计划
- 按照工作计划，完成机械手系统的电气安装与调试。对于预料外的问题，请尽量先自行解决，如无法解决再与培训教师进行讨论
- 与培训教师讨论，进行工作总结

二、工作流程及内容

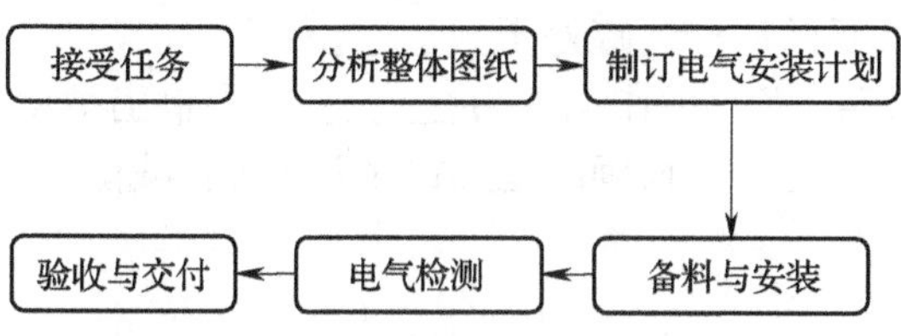

- 信息收集（2 学时）
- 计划与决策（2 学时）
- 电气安装与检查（8 学时）
- 评价与总结（2 学时）

三、知识储备

- 磁性开关的工作原理与应用
- 西门子 S7-200PLC I/O 模块的接线方法

四、注意事项与工作提示

- 穿实训鞋服，必要时戴防护眼镜
- 工具使用中和使用后要整齐摆放

五、劳动安全

- 严格遵守车间安全标志的指示
- 按照电工安装规范操作，小心触电

六、环境保护

- 废旧导线应放置在指定位置
- 未使用完的冷压端子等耗材应归还原处，并分类放置

七、可用材料

- 图纸
- 《机电一体化技术图表手册》

工作过程

一、信息

（1）根据下图，分析摆动气缸的动作。

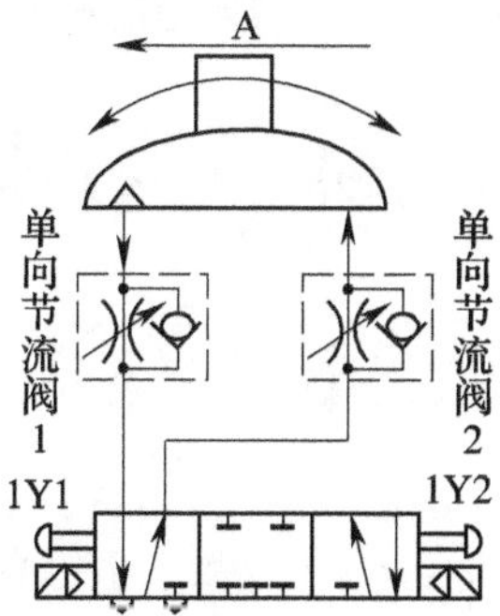

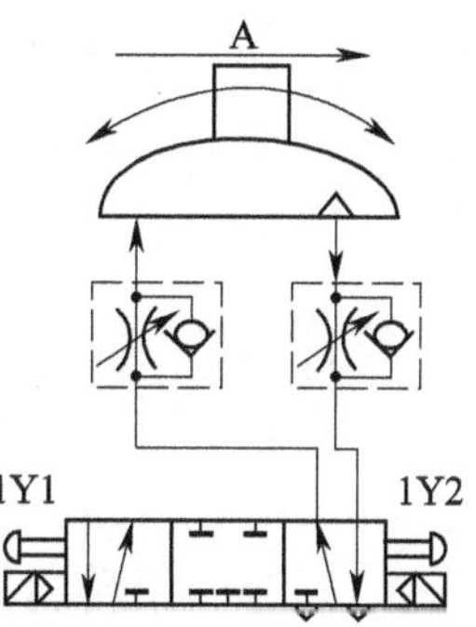

1Y1 和 1Y2 均失电，电磁阀处于中位工作，摆动气缸______。

1Y1 得电 1Y2 失电，电磁阀切换到左位工作，摆动气缸______。

1Y1 失电 1Y2 得电，电磁阀切换到右位工作，摆动气缸______。

（2）根据下图，分析摆动气缸的动作。

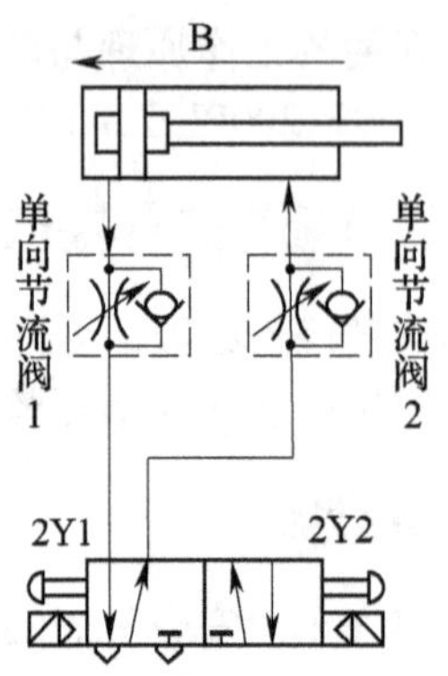

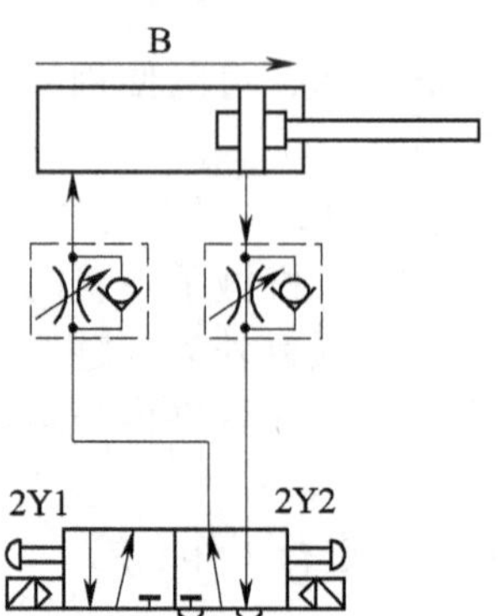

2Y1 得电 2Y2 失电，电磁阀处于左位工作，双活塞杆气缸处于______。

2Y2 得电 2Y1 失电，电磁阀处于右位工作，双活塞杆气缸处于______。

（3）机械手使用的电感式接近开关型号为 LE4-1K，工作电压为________，输出类型为______，检测距离为______，检测介质为_______。试画出电感式接近开关接线图。

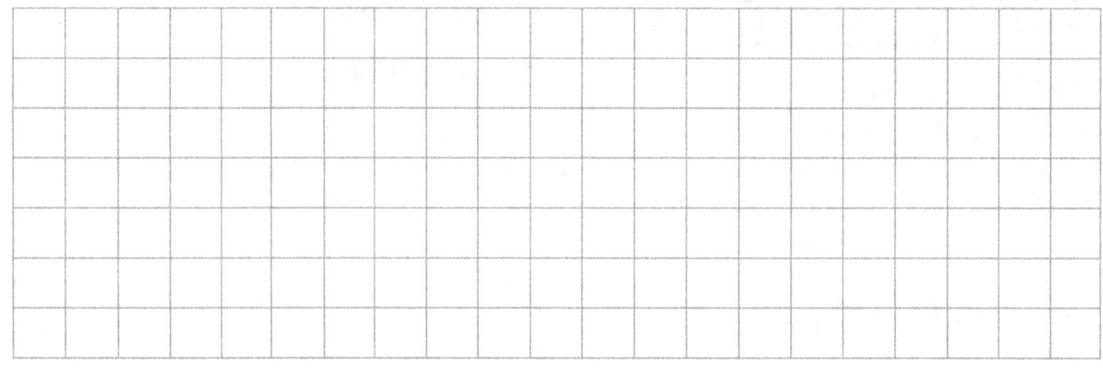

（4）NPN 型和 PNP 型传感器与 PLC 的接线有哪些注意事项？

（5）查阅资料，分析以下图中的元件，说明其名称、作用、安装方法及注意事项。

<table>
<tr><td rowspan="3"> 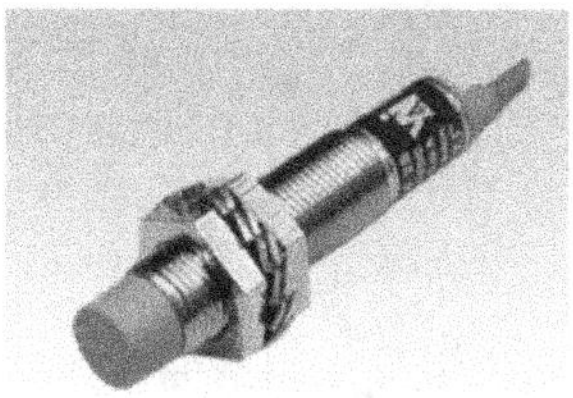</td><td>名称：</td></tr>
<tr><td>作用：</td></tr>
<tr><td>安装方法及注意事项：</td></tr>
<tr><td rowspan="3"> </td><td>名称：</td></tr>
<tr><td>作用：</td></tr>
<tr><td>安装方法及注意事项：</td></tr>
</table>

（6）查阅资料，分析 S7-200PLC I/O 模块的接线，并根据系统需求画出模块的接线原理图。

(7) 西门子 S7-200 系列小型 PLC 采用的结构是（　　）。
A．整体式　　B．模块式　　C．混合式　　D．移动式

(8) 对类型为 AC/DC/RLY 的 PLC，正确解释是（　　）。
A．交流电源输入，直流输入，继电器输出
B．交流电源输入，交流输入，晶体管输出
C．直流电源输入，交流输入，继电器输出
D．直流电源输入，直流输入，晶体管输出

(9) S7-200 CPU224 的本机 I/O 数量为（　　）。
A．24 入 /14 出　　B．14 入 /10 出　　C．8 入 /4 出　　D．32 入 /24 出

二、计划与决策

1. 制订工作计划

小组讨论制订工作计划，明确工作内容和工作的注意事项。在小组决策后，将各小组工作计划展示于展板中。工作计划表见下表。

工作计划				
工作台号：			工件号：	
序号	工作步骤	设备、工具、辅具、场地	注意事项	工作时间 / 小时
1				
2				
3				
4				
5				
6				

2. 准备工具、材料

（1）工具的检查是一项非常重要的工作，不仅要熟悉工具的名称、规格、用途，还要学会工具的保养。请按照下表检查工具，若无问题请打“√”，若有破损请及时告知培训教师。

序号	名称	规格	图示	检查情况
1	剥线钳			
2	针形端子压线钳		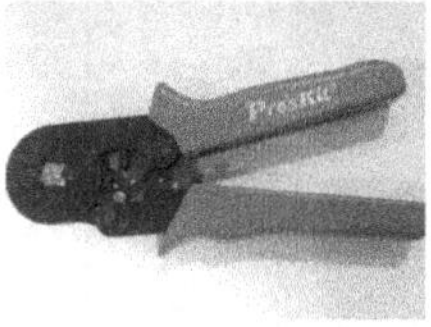	
3	斜口钳			
4	十字螺丝刀		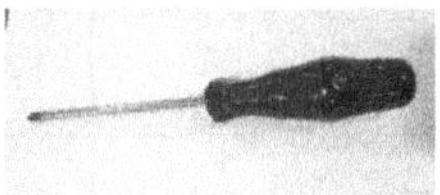	
5	一字螺丝刀			
6	万用表		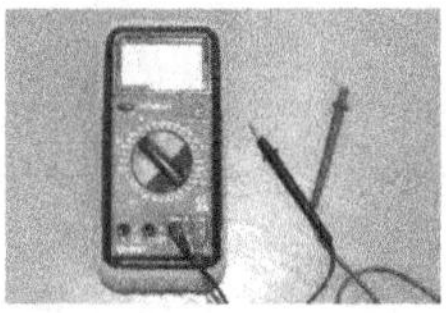	

你是否清楚常用电工工具的使用规范？若不清楚，请扫描二维码观看讲解视频。

（2）根据电气安装图纸，完成其备料清单，并做出预算。

电气元件清单表

序号	名称	型号	数量	单价 / 元	小计 / 元	作用
总计 / 元						

耗材清单表

序号	名称	型号 / 规格	数量	单价 / 元	小计 / 元
总计 / 元					

3．小组工作：决策结果是否考虑到以下检查点

序号	检查点	小组自评	
1	安装工序是否按照安装规范进行	是○	否○
2	各元件是否正常	是○	否○
3	使用的工具是否满足安装规范的要求	是○	否○
4	耗材是否满足安装规范的要求	是○	否○
5	环保条件是否满足安装规范的要求	是○	否○
6	是否明确安全作业要求	是○	否○
7	小组分工是否合理	是○	否○
8	劳动保护是否达要求	是○	否○

如有其他问题，请小组长与培训教师沟通，再带领小组成员做好安装的准备工作，如材料领取、安装工作台的准备等。

三、实施

1. 注意事项与工作提示

（1）请按照计划执行，不要超时。

（2）请注意小组合作、沟通，主动与同学、培训教师进行关于评分分歧、工作过程中存在的问题、技术上的问题及理论知识等方面的专业讨论。

（3）请按照规范操作，具体见机电安装技术规范，避免不规范的安装。

2. 小组工作

按计划实施安装。注重规范安装、工作效率，遵守工作纪律，按时完成任务。小组观察员及监督员要记录小组在计划实施中出现的各种现象。

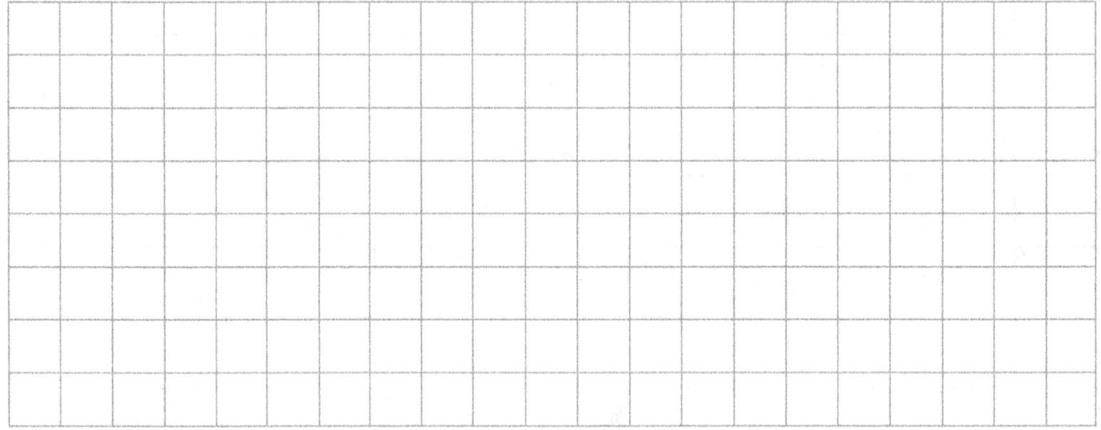

3. 问题与解决

记录小组工作中出现的电路问题，并记录问题的原因和分析的过程。

四、检查与交付

安装完毕后请按照下表进行自查，完成后交给培训教师评分，必要时做相关讲解或演示说明。

1．气路检查

请目测检查各检查点是否有问题存在，并记录检查结果，若无问题则交付验收。

检查序号	检查点	正常与否	问题记录
1	按装配图所示安装	是□　否□	
2	所有元器件安装牢固	是□　否□	
3	气动管线按专业要求布设	是□　否□	
4	元器件没有损坏	是□　否□	

2．电路检查

请目测检查各检查点是否有问题存在，并记录检查结果，若无问题则交付验收。

检查序号	检查点	正常与否	问题记录
1	设备（元件）按专业要求装配	是□　否□	
2	接地保护线连接符合专业要求	是□　否□	
3	端子固定牢固（抽检）	是□　否□	
4	按电路图布线	是□　否□	
5	电线没有损坏	是□　否□	
6	导线截面积选择符合专业要求	是□　否□	
7	电线颜色选择符合专业要求	是□　否□	
8	传感器和执行元件选择符合专业要求	是□　否□	
9	器件选择符合专业要求	是□　否□	
10	器件没有损坏	是□　否□	

五、评价

1．小组成果分享和总结

将小组成果向同学展示，总结工作中的收获、遇到的问题和改进措施。

2. 项目任务工作评价

评分等级：0 ~ 10 分

评分等级要求：（根据 AHK 机电一体化工考证要求规定）

10 分	特别符合要求
9 分	完全符合要求
8 分、7 分	基本符合要求
6 分、5 分	有缺陷，但还符合要求
4 分、3 分	不符合要求，有较大缺陷
2 分、1 分、0 分	完全不符合要求

（1）工作质量评价。

序号	评价内容	权重系数	评分（0 ~ 10 分）	总分	备注
1	电气元件布置、线路按照图纸安装	2.0			
2	各导线安装牢固，并正确安装冷压端子	2.0			
3	导线颜色按照 VDE 标准安装	1.0			
4	扎带规范安装	1.0			
5	气路正确安装，无漏气	2.0			
6	电路上电后正常	2.0			
合计（满分 100 分）					

（2）工作过程评价。

信息阶段

序号	评价项目	评价手段	0 ~ 10 分	权重系数	总分
1	分析工作订单	学生工作页		2.5	
2	资料收集	学生工作页		2.5	
3	技术上与组织上的衔接	谈话 \ 观察		2.5	
4	方案的评估与确定	谈话 \ 观察 \ 资料		2.5	
阶段得分（0 ~ 100 分）					

计划阶段

序号	评价项目	评价手段	0 ~ 10 分	权重系数	总分
1	分任务的确定	学生工作页		2.5	
2	工作计划的制订	学生工作页		3.0	
3	编写计划资料	学生工作页		2.5	
4	方案的评估与确定	谈话 \ 观察 \ 资料		2.0	
阶段得分（0 ~ 100 分）					

实施阶段

序号	评价项目	评价手段	0 ~ 10 分	权重系数	总分
1	工作任务的完成情况、工作效率	工作过程记录		3.0	
2	功能的完整性	学生工作页 \ 观察		2.5	
3	产品质量和技术标准	根据工作质量评价表的评估		2.0	
4	解决问题的能力	谈话 \ 观察		2.5	
阶段得分（0 ~ 100 分）					

检查阶段

序号	评价项目	评价手段	0 ~ 10 分	权重系数	总分
1	验收 / 测量记录	学生工作页 \ 观察		3.0	
2	工作结果的记录和学生的自我评估	学生工作页 \ 观察		2.0	
3	相关重要资料完整移交	资料		2.0	
4	产品移交并作说明演示	谈话 \ 观察		3.0	
阶段得分（0 ~ 100 分）					

（3）计算成绩。

序号	评价项目	阶段得分（0 ~ 100 分）	权重系数	总分
1	信息		0.2	
2	计划		0.2	
3	实施		0.3	
4	检查		0.3	
			实际工作任务得分（0 ~ 100 分）	

培训教师签字（日期）：________

总结与提高

一、自我总结

（1）总结自己的不足之处，并记录别人给自己提的意见，以便于下次工作的顺利开展。

（2）描述本次工作的内容。

二、思考与提高

（1）有三台电动机 M1、M2、M3，当按下起动按钮，经 20s 后 M1 自动起动，经 30s 后 M2 自动起动，经 40s 后 M3 自动起动；当按下停止按钮，经 10s 后 M3 自动停止，经 20s 后 M2 自动停止，经 30s 后 M1 自动停止。请根据上述控制要求设计 PLC 外围接线图。

（2）小车自动往返运动的控制：三相异步电动机正反转控制的主电路和继电器控制电路图见下图，其中 KM1 和 KM2 分别是控制正转运行和反转运行的交流接触器。用 KM1 和 KM2 的主触点改变进入电动机的三相电源的相序，即可改变电动机的旋转方向。图中的 FR 是热继电器，在电动机过载时，它的常闭触点断开，使 KM1 或 KM2 的线圈断电，电动机停转。按下右行起动按钮 SB2 或左行起动按钮 SB3 后，要求小车（或设备的运动部件，如机床的工作台）在左限位开关 SQ1 和右限位开关 SQ2 之间不停地循环往返，直到按下停止按钮 SB1。

请根据上述控制要求设计 PLC 外围接线图。

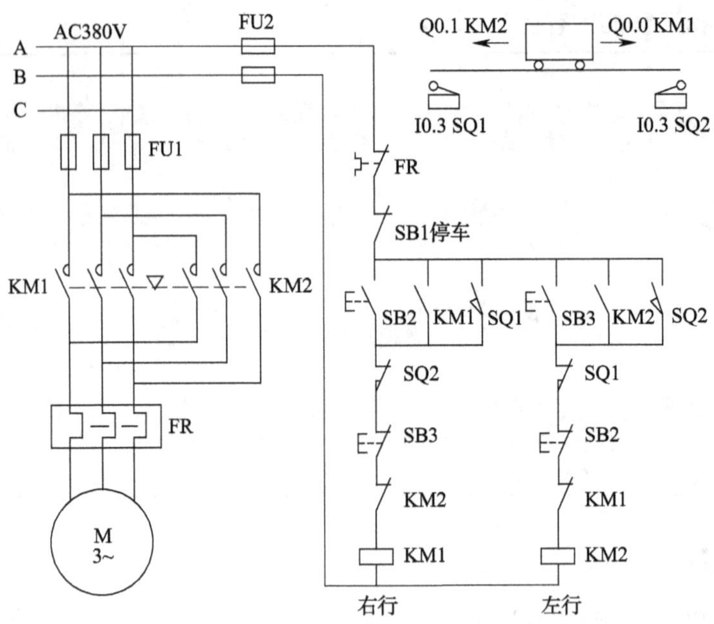
A
B
C
AC380V
FU2
FU1
KM1
KM2
FR
M
3~
Q0.1 KM2
Q0.0 KM1
I0.3 SQ1
I0.3 SQ2
FR
SB1停车
SB2
KM1
SQ1
SB3
KM2
SQ2
SQ2
SB3
KM2
KM1
SQ1
SB2
KM1
KM2
右行
左行

项目 2　机械手系统的安装与调试 任务 3　机械手系统 PLC 程序编写与调试	姓名：	班级：
	日期：	页码：

任务 3　机械手系统 PLC 程序编写与调试

任务描述

读懂功能说明，根据控制功能流程图，下载与调试 PLC 梯形图程序实现功能，若出现问题小组讨论并解决问题，进行检修。请按照标准进行安装与调试。

序号	任务内容	任务要求
1	分析工作任务	读懂功能说明
2	信息采集	完成工作页的问题
3	实施记录	小组分工合作完成 I/O 测试，控制功能流程图及 PLC 程序编写
4	自查与验收	按照功能检查表检查功能，完成调试
5	工具、设备、现场 5S 管理和 TPM 管理	要求学生每次课后按规定对工具、设备进行 5S 管理，对现场进行 TPM 管理

机械手系统功能说明：

（1）系统上电时，“复位指示灯”闪烁，提示系统需复位。

（2）按下“复位”按钮后，搬运单元各执行机构进行复位操作，回到初始位置后“开始指示灯”闪烁。

（3）按下“开始”按钮，设备开始运行。机械手等待搬运物料，按下“特殊”按钮，机械手按工艺要求将物料从上料检测单元搬至加工检测单元指定位置，完成搬运任务后返回原位继续等待搬运任务。

（4）按下“停止”按钮，机械手在完成当前物料搬运任务回到原位后停止，“停止指示灯”亮。

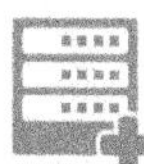

任务提示

一、工作方法

- 信息收集，回答引导问题，可以查阅本书的“知识库”，也可通过网络等工具了解相关知识
- 以小组讨论的形式完成工作计划
- 按照工作计划，完成机械手系统的 PLC 程序编写与调试。对于碰到的问题，请尽量先自行解决，如无法解决再与培训教师进行讨论
- 与培训教师讨论，进行工作总结

二、工作流程及内容

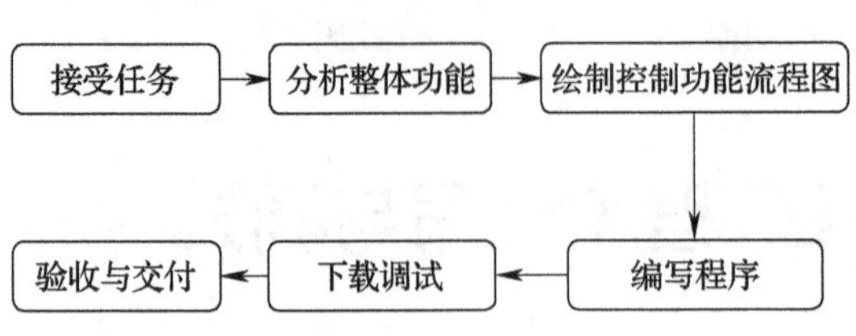

- 信息收集（4 学时）
- 计划与决策（2 学时）
- PLC 程序编写与调试（14 学时）
- 评价与总结（2 学时）

三、知识储备

- S7-200PLC 的项目设计流程
- S7-200PLC 的状态寄存器的使用

四、注意事项与工作提示

- 穿实训鞋服，必要时戴防护眼镜
- 工具使用中和使用后要整齐摆放

五、劳动安全

- 严格遵守车间安全标志的指示
- 按照电工安装规范操作，避免触电

六、环境保护

- 废旧导线应放置在指定位置

七、可用材料

- 西门子 S7-200PLC 编程手册
- 《机电一体化图表手册》

工作过程

一、信息

（1）绘制机械手系统的控制功能流程图。

（2）根据 S7-200PLC 的基本组成，写出各单元的作用。

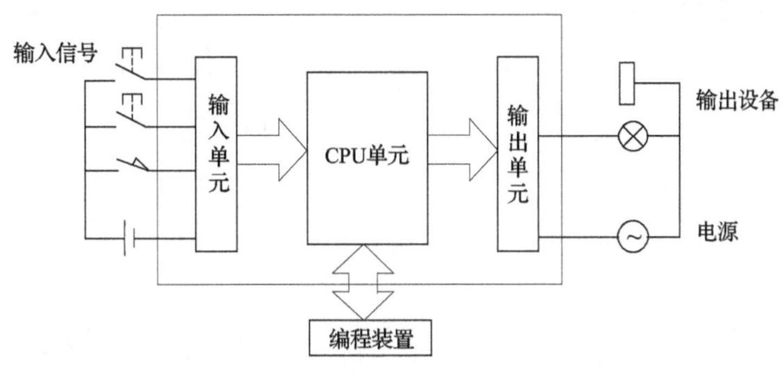

（3）写出西门子 S7-200 系列 PLC 的控制器中 CPU224 AC/DC/RLY 表示的含义。

（4）PLC 的工作方式是（　　）。

A．等待工作方式　　B．中断工作方式

C．扫描工作方式　　D．循环扫描工作方式

（5）在基本逻辑指令中，P 指令为（　　）。

A．脉冲上升沿微分输出指令　　B．脉冲下降沿微分输出指令

C．脉冲上升沿微分输入指令　　D．脉冲上升沿积分输入指令

（6）梯形图的顺序执行的原则是（　　）。

A．从左到右，从上到下　　B．从上到下

C．从左到右，从下到上

（7）对于复杂的顺控程序，工程人员常采用的表示方法是（　　）。

A．梯形图　　B．顺序功能图　　C．逻辑功能图　　D．指令表

（8）写出以下程序的含义。

二、计划与决策

1．制订工作计划

小组讨论制订工作计划，明确工作内容和工作的注意事项。工作计划表见下表。

工作计划				
工作台号：			工件号：	
序号	工作步骤	设备、工具、辅具、场地	注意事项	工作时间/小时
1				
2				
3				
4				
5				
6				

2. 准备工具、材料

请按照下表检查工具和材料，若无问题请打“√”，若有破损请及时告知培训教师。

序号	名称	品牌 / 型号	图示	检查情况
1	下载线（PC/PPI 电缆）			
2	万用表			

3. 小组工作：决策结果是否考虑到以下检查点

序号	检查点	小组自评	
1	PLC 是否正常	是○	否○
2	配件是否满足要求	是○	否○
3	环保条件是否满足要求	是○	否○
4	是否明确安全作业要求	是○	否○
5	小组分工是否合理	是○	否○
6	劳动保护是否达要求	是○	否○

如有其他问题，请小组长与培训教师沟通，再带领小组成员做好安装的准备工作，如材料领取、安装工作台的准备等。

三、实施

1. 注意事项与工作提示

（1）请按照计划执行，不要超时。主要实施内容有：小组讨论工作站的 I/O 分配表与控制工艺流程图；个人完成 I/O 分配表并测试 I/O 点，绘制控制工艺流程图，编写 PLC 程序。小组合作完成工作站程序的下载与调试。

（2）请注意小组合作、沟通。主动与同学、培训教师进行关于评分分歧、工作过程中存在的问题、技术上的问题及理论知识等方面的专业讨论。

（3）请按照标准操作，注意 S7-200PLC 程序编写标准，避免不规范的程序编写。

（4）调试 PLC 程序，若发现控制不符合要求，应及时修改 PLC 控制程序，直至符合搬运单元的控制要求为止。

（5）5S 管理工作：整理实验台并填写使用记录，值日生做好值日。

2. 现场作业记录

（1）根据电气图纸写出机械手系统的 I/O 分配表，并对实际的接线进行 I/O 测试。实际接线与电气图纸一致并且测试无误，在下表的“测试结果”栏中打“√”。

输入信号				输出信号			
输入地址	元件名称	作用	测试结果	输出地址	元件名称	作用	测试结果

（2）PLC 程序记录。

(3) 问题与解决：记录小组工作中出现的程序调试问题，并记录问题的原因和分析的过程。

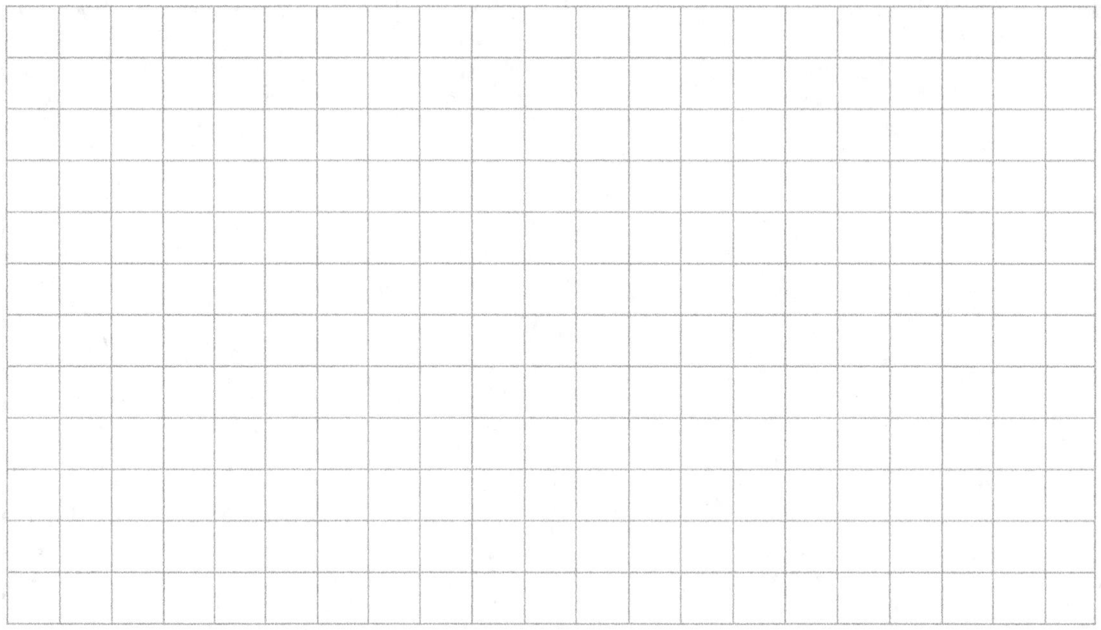

(4) 现场工作完成情况记录：按决策的计划实施。注重操作规范、工作效率、纪律，按时完成任务。小组观察员及监督员要记录小组在计划实施中出现的各种现象。

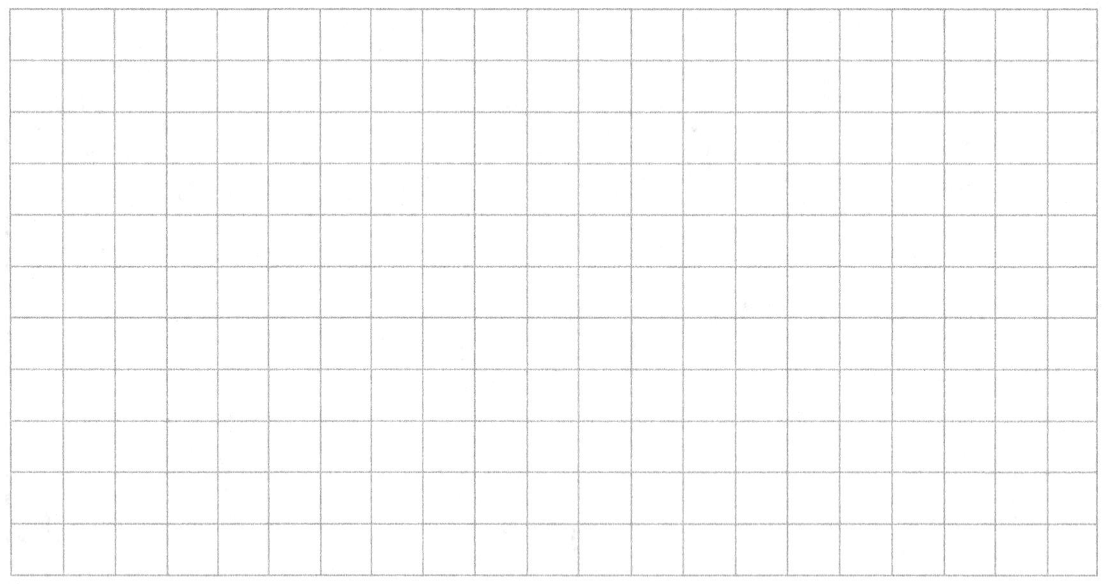

四、检查与交付

程序调试完毕后对功能进行自查，完成后交给培训教师评分，必要时做相关讲解或演示说明。

检查序号	检查功能点	正常与否	问题记录
1		是□ 否□	
2		是□ 否□	
3		是□ 否□	
4		是□ 否□	
5		是□ 否□	
6		是□ 否□	
7		是□ 否□	
8		是□ 否□	

五、评价

1．小组成果分享和总结

将小组成果向同学展示，总结工作中的收获、遇到的问题和改进措施。

2．项目任务工作评价

评分等级：0 ~ 10 分

评分等级要求：（根据 AHK 机电一体化工考证要求规定）

10 分	特别符合要求
9 分	完全符合要求
8 分、7 分	基本符合要求
6 分、5 分	有缺陷，但还符合要求
4 分、3 分	不符合要求，有较大缺陷
2 分、1 分、0 分	完全不符合要求

（1）工作质量评价。

序号	评价内容	权重系数	评分（0 ~ 10 分）	总分	备注
1	I/O 点测试准确无误	3.0			
2	PLC 程序格式符合编程要求，注释清晰	2.0			
3	PLC 程序符合控制要求	5.0			
合计（满分 100 分）					

（2）工作过程评价。

信息阶段

序号	评价项目	评价手段	0 ~ 10 分	权重系数	总分
1	分析工作订单	学生工作页		2.5	
2	资料收集	学生工作页		2.5	
3	技术上与组织上的衔接	谈话 \ 观察		2.5	
4	方案的评估与确定	谈话 \ 观察 \ 资料		2.5	
阶段得分（0 ~ 100 分）					

计划阶段

序号	评价项目	评价手段	0 ~ 10 分	权重系数	总分
1	分任务的确定	学生工作页		2.5	
2	工作计划的制订	学生工作页		3.0	
3	编写计划资料	学生工作页		2.5	
4	方案的评估与确定	谈话 \ 观察 \ 资料		2.0	
阶段得分（0 ~ 100 分）					

实施阶段

序号	评价项目	评价手段	0 ~ 10 分	权重系数	总分
1	工作任务的完成情况、工作效率	工作过程记录		3.0	
2	功能的完整性	学生工作页 \ 观察		2.5	
3	产品质量和技术标准	根据工作质量评价表的评估		2.0	
4	解决问题的能力	谈话 \ 观察		2.5	
阶段得分（0 ~ 100 分）					

检查阶段

序号	评价项目	评价手段	0 ~ 10 分	权重系数	总分
1	验收 / 测量记录	学生工作页 \ 观察		3.0	
2	工作结果的记录和学生的自我评估	学生工作页 \ 观察		2.0	
3	相关重要资料完整移交	资料		2.0	
4	产品移交并作说明演示	谈话 \ 观察		3.0	
阶段得分（0 ~ 100 分）					

（3）计算成绩。

序号	评价项目	阶段得分（0 ~ 100 分）	权重系数	总分
1	信息		0.2	
2	计划		0.2	
3	实施		0.3	
4	检查		0.3	
			实际工作任务得分（0 ~ 100 分）	

培训教师签字（日期）：____________

总结与提高

一、自我总结

（1）总结自己的不足之处，并记录别人给自己提的意见，以便于下次工作的顺利开展。

（2）描述本次工作的内容。

二、思考与提高

（1）有三台电动机 M1、M2、M3，当按下起动按钮，经 20s 后 M1 自动起动，经 30s 后 M2 自动起动，经 40s 后 M3 自动起动；当按下停止按钮，经 10s 后 M3 自动停止，经 20s 后 M2 自动停止，经 30s 后 M1 自动停止。根据功能要求及 PLC 外围接线图，编写出梯形图。

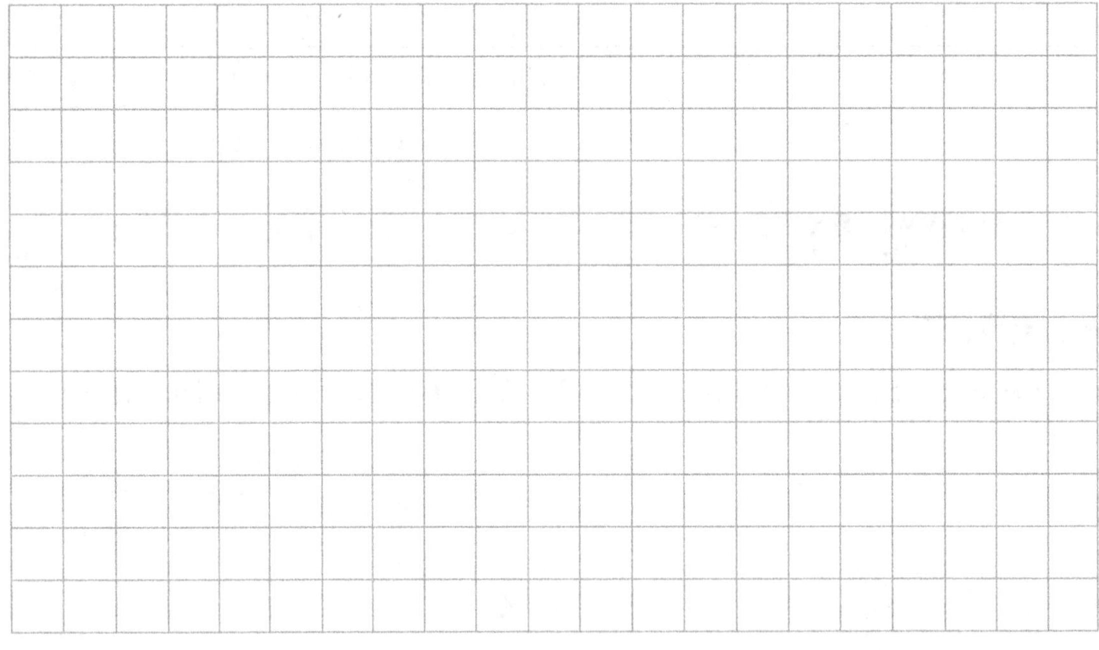

（2）小车自动往返运动的控制：三相异步电动机正反转控制的主电路和继电器控制电路图见下图，其中 KM1 和 KM2 分别是控制正转运行和反转运行的交流接触器。用 KM1 和 KM2 的主触点改变进入电动机的三相电源的相序，即可改变电动机的旋转方向。图中的 FR 是热继电器，在电动机过载时，它的常闭触点断开，使 KM1 或 KM2 的线圈断电，电动机停转。按下右行起动按钮 SB2 或左行起动按钮 SB3 后，要求小车（或设备的运动部件，如机床的工作台）在左限位开关 SQl 和右限位开关 SQ2 之间不停地循环往返，直到按下停止按钮 SB1。

根据功能要求及 PLC 外围接线图，编写出梯形图。

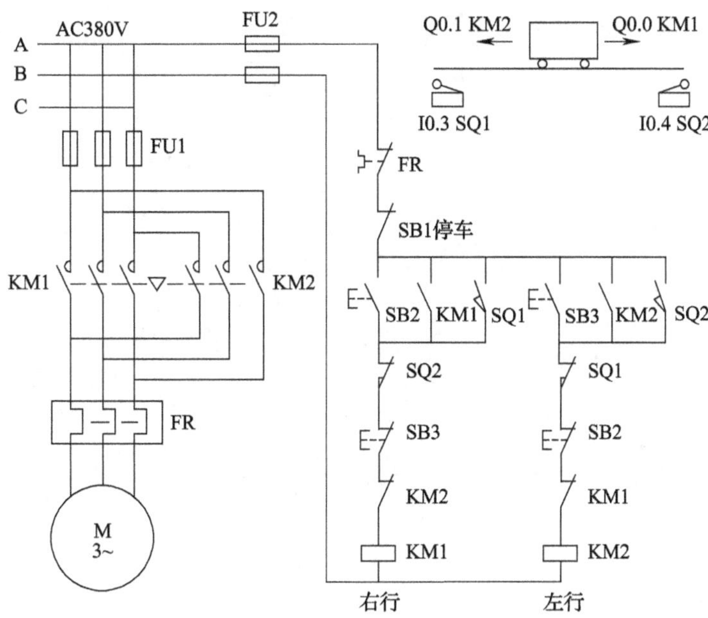

项目 3 电机驱动分拣系统的安装与调试

任务 1 电机驱动分拣系统机械安装与调试

任务描述

仔细阅读电机驱动分拣系统的机构装配图纸，说明其结构组成及功能，并小组讨论制订机械安装工艺流程，按照机电一体化技术标准进行安装与调试。机械结构三维图如图 1 和图 2 所示。

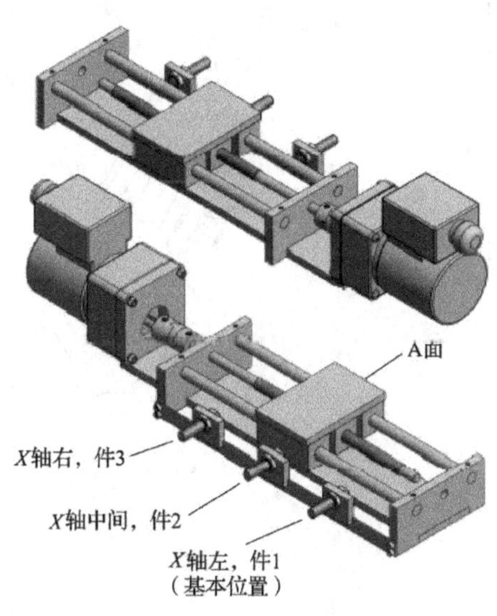

图 1　电机驱动滑台结构三维图

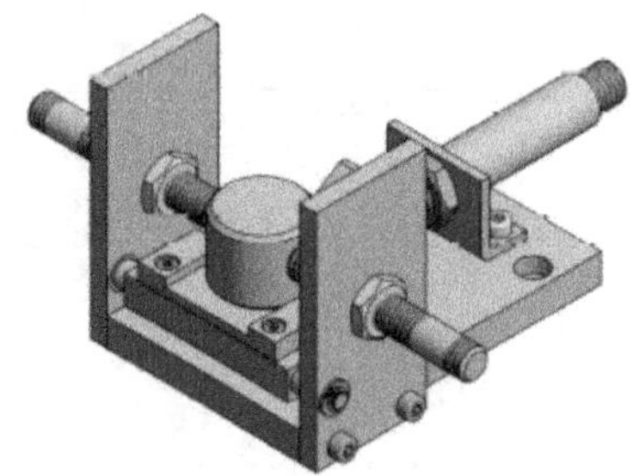

图 2　电机分拣系统摆动机构三维图

安装要求：

（1）根据图 3 安装电机驱动滑台机构，滑台的工作高度为 60 mm，滑台的承载能力至少为 4 kg，滑台的移动行程至少为 180 mm，滑台两头的自由活动行程至少为 30 mm，联轴器装有罩盖；为了便于检测滑台位置，传感器座的位置必须是可变的。

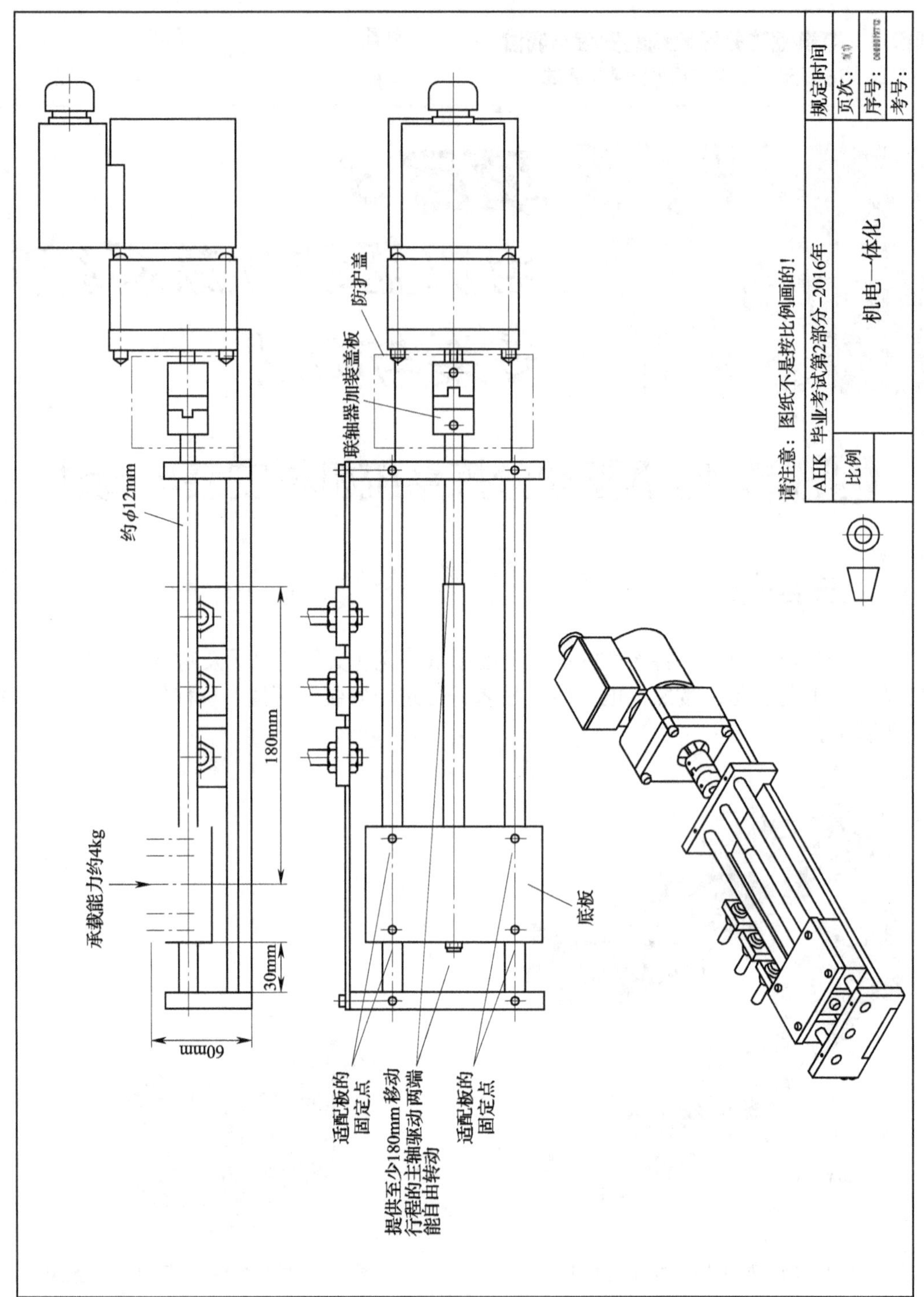

图 3　电机驱动滑台机构装配图

（2）摆动机构安装在滑台上，如图 4 所示。

（3）给系统加装一插件机，实现送料功能。根据图 5 所示插件机装配图进行安装。

（4）根据图 6 所示总装配图，调整各机构位置，完成电机驱动分拣系统的总体安装。

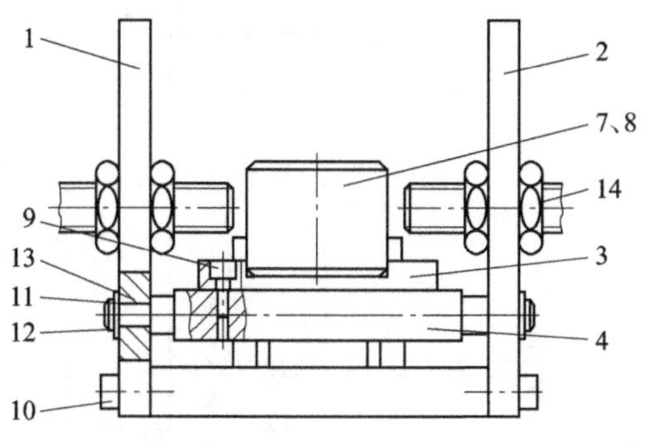

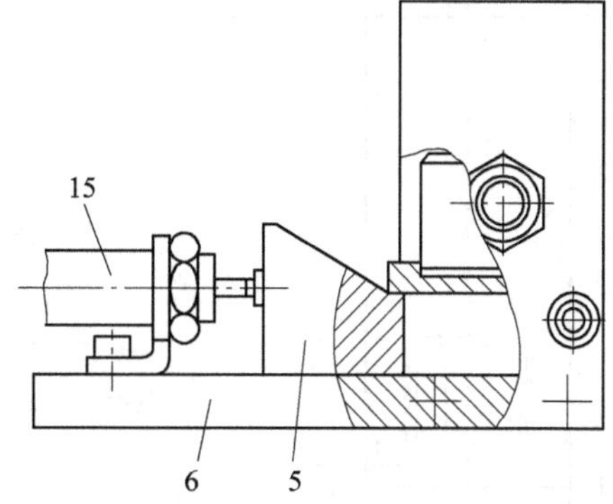

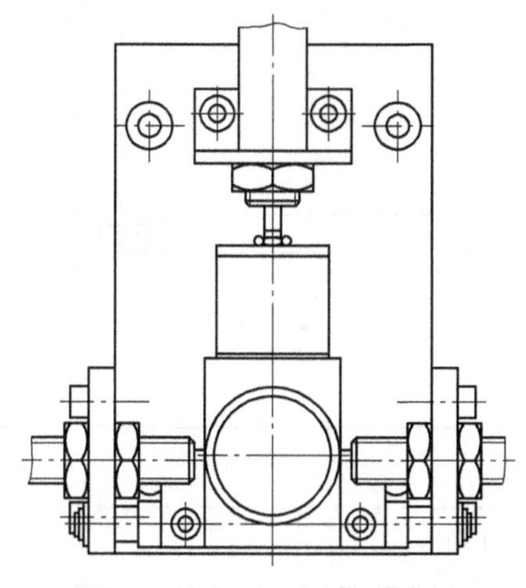

件号	件数	名称	标准	材料	半成品
15	1	气缸，含固定件，按准备订单所述			
14	2	接近开关（电容式，感应式）			
13	2	滑动轴承，比如 GFM-0506-06	ISO 3547-1		
12	2	卡环 5 × 0.6	DIN 471		
11	2	垫圈 5	ISO 7091	200 HV	
10	4	圆柱头螺钉 M4 × 12	ISO 4762	8.8	
9	2	圆柱头螺钉 M3 × 8	ISO 4762	8.8	
8	2	分选块		塑料	圆料 29 × 23
7	3	分选块		11SMn30+C	圆钢 29 × 23 EN 10278
6	1	适配板		S235JRC+C	扁钢 70 × 10 × 110 EN 10278
5	1	闸板		PTFE/ 特氟龙	25 × 28 × 27
4	1	转轴		S235JRC+C	方钢 10 × 87.5 EN 10059
3	1	摆动机构		铝，99.5	扁材 50 × 6 × 41 EN 754-2
2	1	摆动机构左变座		铝，99.5	扁材 40 × 6 × 80 EN 754-2
1	1	摆动机构右变座		铝，99.5	扁材 40 × 6 × 80 EN 754-2
件号	件数	名称	标准	材料	半成品

图 4　摆动机构装配图

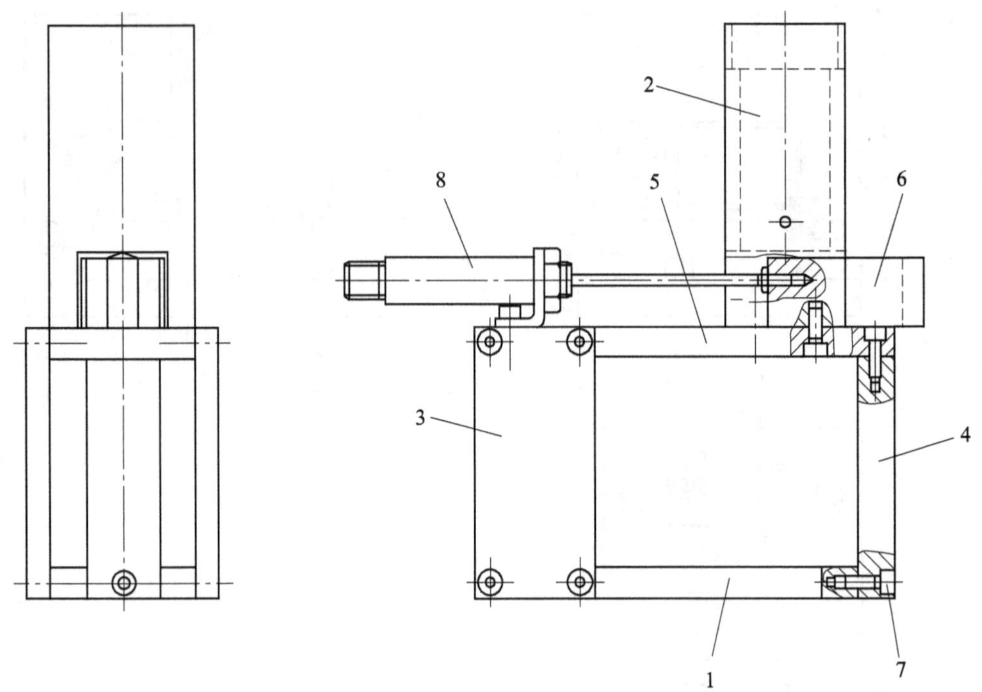

8	1	气缸，含固定件，按准备订单要求			
7	13	圆柱头螺钉 M4×12	ISO 4762	8.8	
6	1	闸板		PVC	28×23×52
5	1	上底板		S235JRC+C	扁钢 50×10×140 EN 10278
4	1	前撑板		S235JRC+C	扁钢 25×12×79 EN 10278
3	2	后撑板		S235JRC+C	扁钢 40×8×89 EN 10278
2	1	料盒		S235JRC+C	扁钢 40×50×100 EN 10278
1	1	下底板		S235JRC+C	扁钢 50×10×128 EN 10278
件号	件数	名称	标准	材料	半成品

图 5　插件机装配图

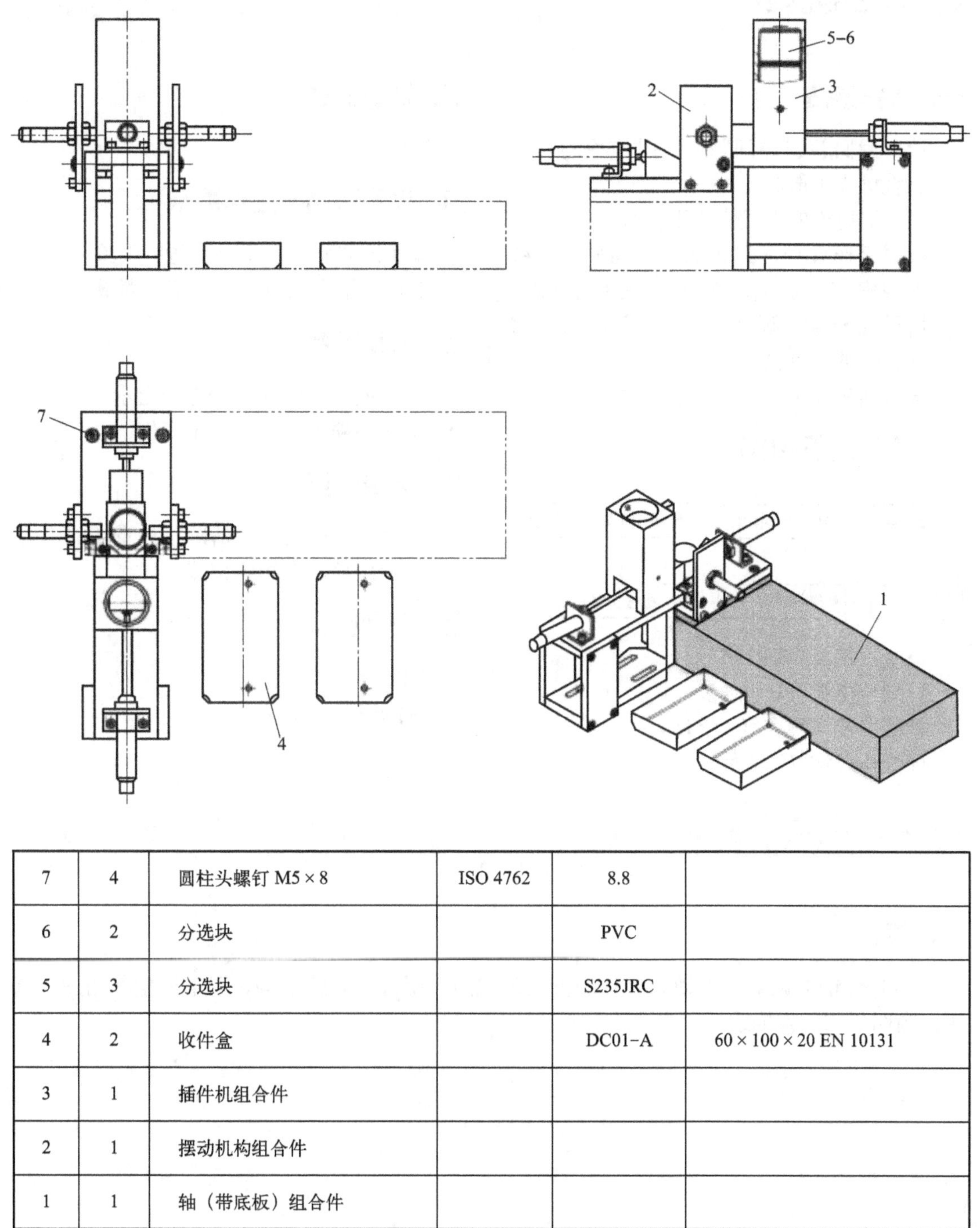

7	4	圆柱头螺钉 M5 × 8	ISO 4762	8.8	
6	2	分选块		PVC	
5	3	分选块		S235JRC	
4	2	收件盒		DC01–A	60 × 100 × 20 EN 10131
3	1	插件机组合件			
2	1	摆动机构组合件			
1	1	轴（带底板）组合件			
件号	件数	名称	标准	材料	半成品

图 6 总装配图

任务提示

一、工作方法

- 读图后回答引导问题，可以使用的材料有教材、手册等
- 以小组讨论的形式完成工作计划
- 按照工作计划，完成电机驱动分拣系统机械安装与调试。对于预料外的问题，请尽量先自行解决，如无法解决再与培训教师进行讨论
- 与培训教师讨论，进行工作总结

二、工作流程及内容

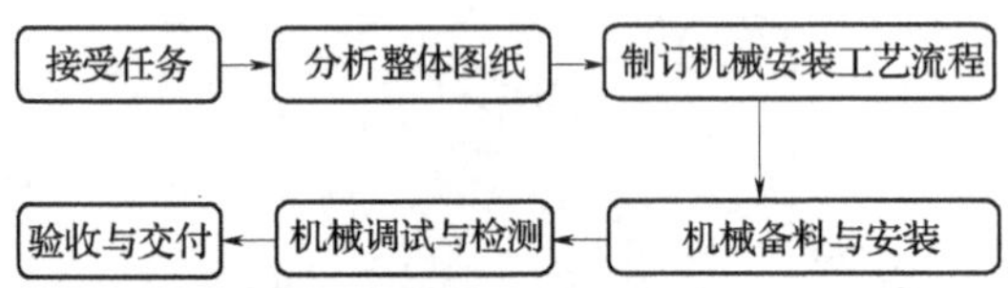

- 信息收集（1 学时）
- 计划与决策（1 学时）
- 机械安装与检查（4 学时）
- 评价与总结（2 学时）

三、知识储备

- 定位销

四、注意事项与工作提示

- 穿实训鞋服，必要时戴防护眼镜
- 工具使用中和使用后要整齐摆放

五、劳动安全

- 严格遵守车间安全标志的指示
- 工件必须去毛刺，避免划伤

六、环境保护

- 参照《简明机械手册》相应章节的内容
- 切屑应放置在指定位置

七、可用材料

- 图纸
- 《简明机械手册》

工作过程

一、信息

（1）仔细阅读电机驱动分拣系统机构装配图，明确其系统结构，了解清楚其用途，请用清晰明了的语言描述。

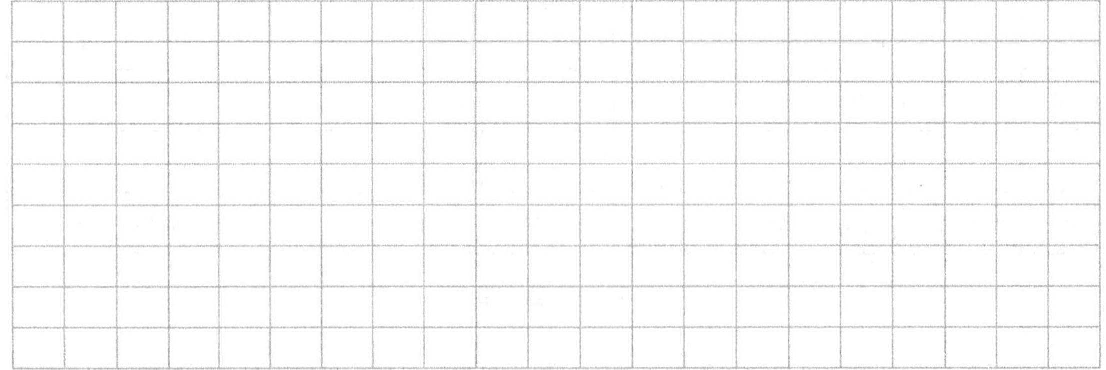

（2）装配的三个要素是：____。
（3）直线导轨的安装要注意：____。
（4）联轴器安装完毕后我们要检查：____。

二、计划与决策

1．制订工作计划

小组讨论制订工作计划，明确工作内容和工作的注意事项。工作计划表见下表。

工作计划				
工作台号：			工件号：	
序号	工作步骤	设备、工具、辅具、场地	注意事项	工作时间 / 小时
1				
2				
3				
4				
5				
6				

2. 确定电机驱动分拣系统机械安装的工艺流程

根据安装图纸，小组讨论、制订机械安装工艺流程，并经培训教师确认。电机驱动分拣系统机械安装的工艺流程表见下表。

序号	安装主要部件	注意事项	备注
1			
2			
3			
4			
5			

3. 准备工具、材料

工具的检查是一项非常重要的工作，不仅要熟悉工具的名称、规格、用途，还要学会工具的保养。请按照下表检查工具，若无问题请打“√”，若有破损请及时告知培训教师。

序号	名称	规格	图示	检查情况
1	L 形内六角扳手			
2	扳手			
3	角尺			
4	直尺			

4．小组工作：决策结果是否考虑到以下检查点

序号	检查点	小组自评	
1	安装工序是否按照安装规范进行	是○	否○
2	使用的工具是否满足安装规范的要求	是○	否○
3	安装零件、材料是否满足安装规范的要求	是○	否○
4	环保条件是否满足安装规范的要求	是○	否○
5	是否明确安全作业要求	是○	否○
6	小组分工是否合理	是○	否○
7	劳动保护是否达要求	是○	否○

如有其他问题，请小组长与培训教师沟通，再带领小组成员做好安装的准备工作，如材料领取、安装工作台的准备等。

三、实施

1．注意事项与工作提示

（1）请按照计划执行，不要超时。

（2）请注意小组合作、沟通。主动与同学、培训教师进行关于评分分歧、工作过程中存在的问题，技术上的问题及理论知识等方面的专业讨论。

（3）请按照标准操作，避免不规范的安装。

2．小组工作

按计划实施安装。注重规范安装、工作效率，遵守工作纪律，按时完成任务。小组观察员及监督员要记录小组在计划实施中出现的各种现象。同时，培训教师也将记录小组的工作情况，如5S管理执行情况、学生的工作态度和工作质量等。

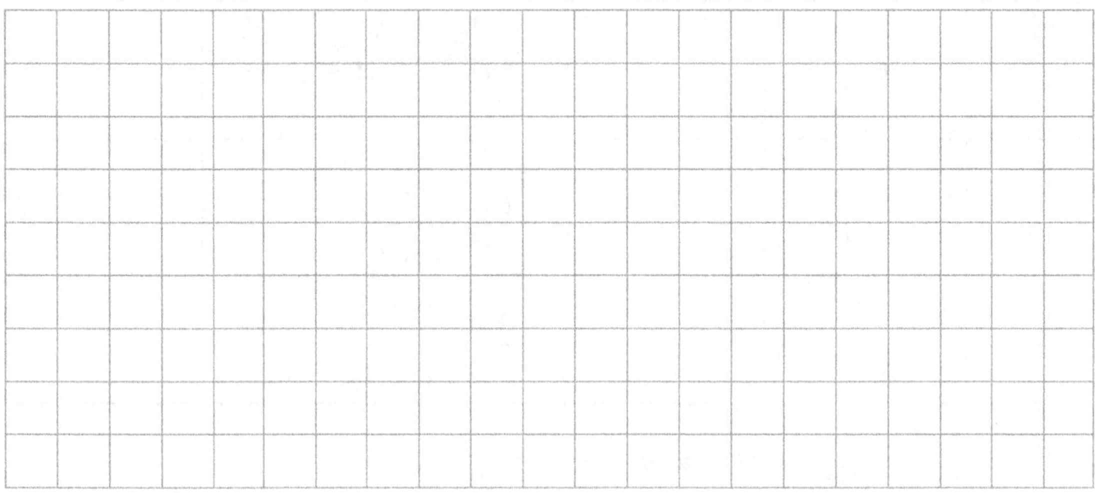

3．问题与解决

记录小组工作中出现的问题，并记录问题的原因和分析的过程。

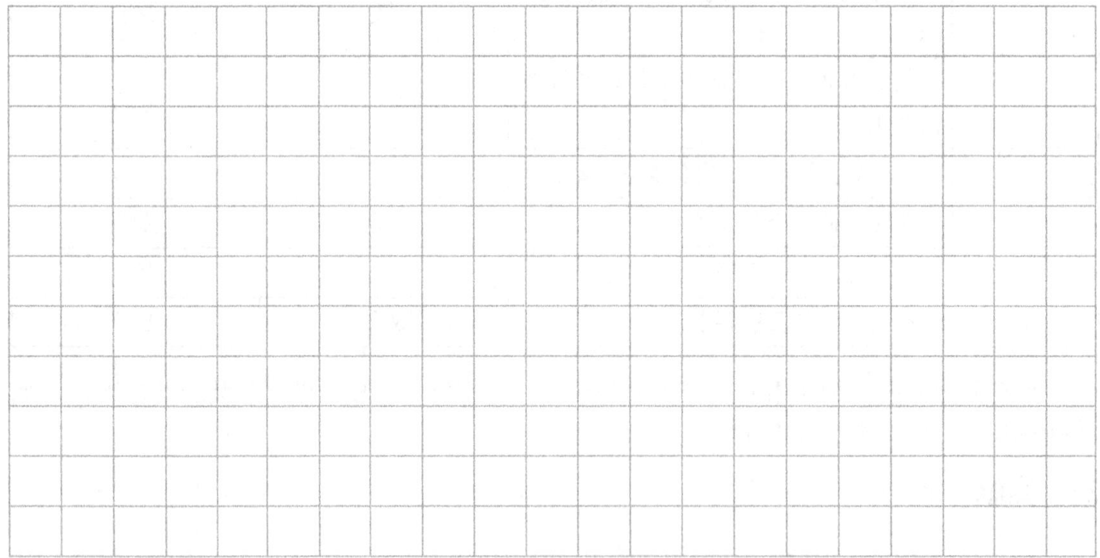

四、检查与交付

安装完毕后请按照下表进行自查，完成后交给培训教师评分，必要时做相关讲解或演示说明。

请目测检查各检查点是否有问题存在，并记录检查结果，若无问题则交付验收。

检查序号	检查点	正常与否	问题记录
1	图纸完整、齐备	是□　否□	
2	按总装图所示安装	是□　否□	
3	所有零部件安装牢固	是□　否□	
4	零部件没有损坏	是□　否□	
5	所有零部件去毛刺	是□　否□	
6	气缸工作正常	是□　否□	
7	重要零部件做标识	是□　否□	

五、评价

1. 小组成果分享和总结

将小组成果向同学展示，总结工作中的收获、遇到的问题和改进措施。

2. 项目任务工作评价表

评分等级：0 ~ 10 分

评分等级要求：（根据 AHK 机电一体化工考证要求规定）

10 分	特别符合要求
9 分	完全符合要求
8 分、7 分	基本符合要求
6 分、5 分	有缺陷，但还符合要求
4 分、3 分	不符合要求，有较大缺陷
2 分、1 分、0 分	完全不符合要求

（1）工作质量评价。

序号	评价内容	权重系数	评分（0 ~ 10 分）	总分	备注
1	图纸完整、齐备	1.0			
2	机械组合按装配图纸安装，安装牢固	2.0			
3	销连接符合专业要求（2×）	3.0			
4	固定板和滑道（尺寸 35 与 40）表面平整度、垂直度	2.0			
5	固定板尺寸 12 沉孔符合专业要求（2×）	1.0			
6	固定板尺寸 9 沉孔符合专业要求（2×）	1.0			
合计（满分 100 分）					

（2）工作过程评价。

信息阶段

序号	评价项目	评价手段	0 ~ 10 分	权重系数	总分
1	分析工作订单	学生工作页		2.5	
2	资料收集	学生工作页		2.5	
3	技术上与组织上的衔接	谈话 \ 观察		2.5	
4	方案的评估与确定	谈话 \ 观察 \ 资料		2.5	
阶段得分（0 ~ 100 分）					

计划阶段

序号	评价项目	评价手段	0 ~ 10 分	权重系数	总分
1	分任务的确定	学生工作页		2.5	
2	工作计划的制订	学生工作页		3.0	
3	编写计划资料	学生工作页		2.5	
4	方案的评估与确定	谈话 \ 观察 \ 资料		2.0	
阶段得分（0 ~ 100 分）					

实施阶段

序号	评价项目	评价手段	0 ~ 10 分	权重系数	总分
1	工作任务的完成情况、工作效率	工作过程记录		3.0	
2	功能的完整性	学生工作页 \ 观察		2.5	
3	产品质量和技术标准	根据工作质量评价表的评估		2.0	
4	解决问题的能力	谈话 \ 观察		2.5	
阶段得分（0 ~ 100 分）					

检查阶段

序号	评价项目	评价手段	0 ~ 10 分	权重系数	总分
1	验收 / 测量记录	学生工作页 \ 观察		3.0	
2	工作结果的记录和学生的自我评估	学生工作页 \ 观察		2.0	
3	相关重要资料完整移交	资料		2.0	
4	产品移交并作说明演示	谈话 \ 观察		3.0	
阶段得分（0 ~ 100 分）					

（3）计算成绩。

序号	评价项目	阶段得分（0 ~ 100 分）	权重系数	总分
1	信息		0.2	
2	计划		0.2	
3	实施		0.3	
4	检查		0.3	
			实际工作任务得分（0 ~ 100 分）	

培训教师签字（日期）：＿＿＿＿＿＿

总结与提高

一、自我总结

（1）总结自己的不足之处，并记录别人给自己提的意见，以便于下次工作的顺利开展。

（2）描述本次工作的内容。

二、思考与提高

（1）在安装联轴器时要注意哪些事项？

（2）下面哪一种加工方法是装配的主要做法？（　　）

A．校准　　B．检查

C．连接　　D．检验

E．筛选

(3) 联轴器不能用来（　　）。
A．缓冲扭矩冲击
B．建立或中断扭矩流
C．缓冲扭矩振动
D．以力传递形式或形状配合形式连接两根轴
E．改变转向
(4) 选择公差应当遵循什么原则？（　　）
A．应当选得尽可能小
B．应当选得大到加工时不会产生废品
C．应当选得大到不需要用检具做质量检查
D．应当选得大到不必作检查
E．在不影响工件用途 / 质量的前提下尽可能选大

项目 3　电机驱动分拣系统的安装与调试 任务 2　电机驱动分拣系统电气安装与调试	姓名：	班级：
	日期：	页码：

任务 2　电机驱动分拣系统电气安装与调试

任务描述

小组讨论分析电机驱动分拣系统的电气接线图（见本任务后的电机驱动分拣系统电气安装图纸），并制订电气安装计划，按照 VDE0100 标准进行安装与调试。

序号	任务内容	任务要求
1	分析电气原理图	读懂电气原理图
2	信息采集	完成工作页的问题
3	制订电气工作计划	小组讨论并制订合理工作计划
4	元件安装及电气接线	小组接线，分工合作
5	线路检测	使用万用表对照图纸进行线路检测
6	工具、设备、现场 5S 管理和 TPM 管理	要求学生每次课后按规定对工具、设备进行 5S 管理，对现场进行 TPM 管理

任务提示

一、工作方法

- 读图后回答引导问题，可以使用的材料有教材、手册等
- 以小组讨论的形式完成工作计划
- 按照工作计划，完成电机驱动分拣系统的电气安装与调试。对于预料外的问题，请尽量先自行解决，如无法解决再与培训教师进行讨论
- 与培训教师讨论，进行工作总结

二、工作流程及内容

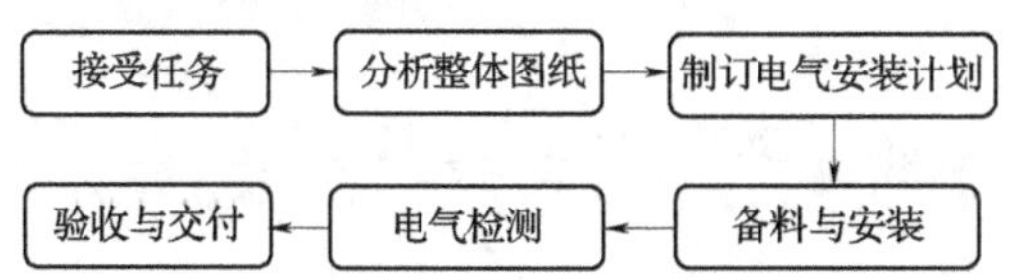

- 信息收集（4 学时）
- 计划与决策（2 学时）
- 电气安装与检查（24 学时）
- 评价与总结（2 学时）

三、知识储备

- 德国 VDE 电气接线标准
- 针形端子的安装方法
- 气压继电器（传感器）的应用
- 磁性开关的工作原理与应用
- 西门子电机保护断路器的工作原理及应用
- 皮尔磁安全继电器的工作原理及应用
- 执行元件 / 传感器分配器的使用方法
- 重载连接头的使用方法

- 西门子 S7-300PLC I/O 模块的接线方法
- 三相交流异步电动机的电源接线与相序测试

四、注意事项与工作提示

- 穿实训鞋服，必要时戴防护眼镜
- 工具使用中和使用后要整齐摆放

五、劳动安全

- 严格遵守车间安全标志的指示
- 按照电工安装规范操作，避免触电

六、环境保护

- 废旧导线应放置在指定位置
- 未使用完的冷压端子等耗材应归还原处，并分类放置

七、可用材料

- 图纸
- 《机电一体化图表手册》、《电气工程学》

工作过程

一、信息

（1）根据电机驱动分拣系统的任务要求，写出技术难点（结合自身情况）。

（2）分析电机驱动分拣系统电气安装图纸中的主电路图，说明 Q2、Q3、Q5 和 Q6 的作用。

（3）主电路图中的 Q4 图形符号表示的是什么元件？它的作用是什么？它的辅助触点在系统中起到什么作用？

（4）根据实物，查阅资料手册说明主电路图中 F2 是什么元件？ F2 上标明的 10mA 是指什么电流？

（5）下面关于图示电机保护断路器的说法哪一个是正确的？（　　）

A．此元件原则上可以用于设备保护和电机保护

B．此开关有短路电流脱扣机构但无过载脱扣

C．此开关有可设定的短路电流脱扣机构和设定好的过载脱扣机构

D．此开关是设计成用于最大 1021A 的过载电流

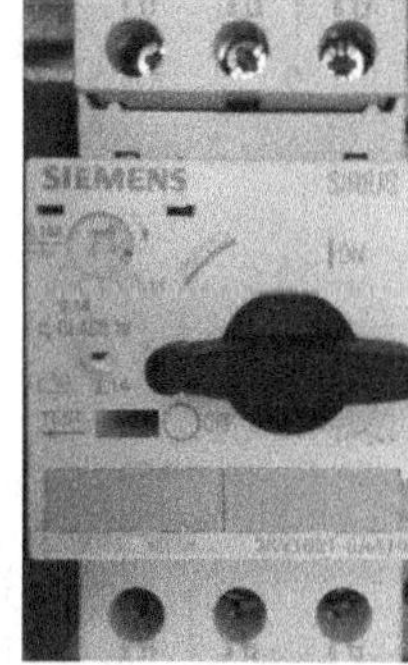

（6）在一个急停安全继电器的英文说明书中有一段文字如下：

If the EMERGENCY STOP button is deactivated, the LED “A1/A2” is lit. the actuation of the START button energizes the internal relays K1 and K2. The three safety outputs (13-14, 23-24 and 33-34) and the transistor output Y43-Y44 are switched. In this state of operation, both LEDs “A1/A2” and “K1/K2” are lit. The actuation of the EMERGENCY STOP button (s) instantaneously opens the output contacts and the two LEDs will go out.

针对上面的英文描述，下列哪个说法是正确的？（　　）

A．按了急停按钮，LED A1 和 A2 亮

B．按了 START 按键，只有 13-14、23-24 和 33-34 这三个输出触点切换

C．按了急停按钮，输出触点立即打开，LED 熄灭

D．按了急停按钮，输出触点立即打开，LED 灯亮

(7) 依据 VDE 标准，安装三相异步电动机的电源线的注意事项有哪些？

(8) 回顾滑仓系统的安装与调试中用到的器件，写出下列图片所示的器件的名称及安装方法，可查阅相关资料。

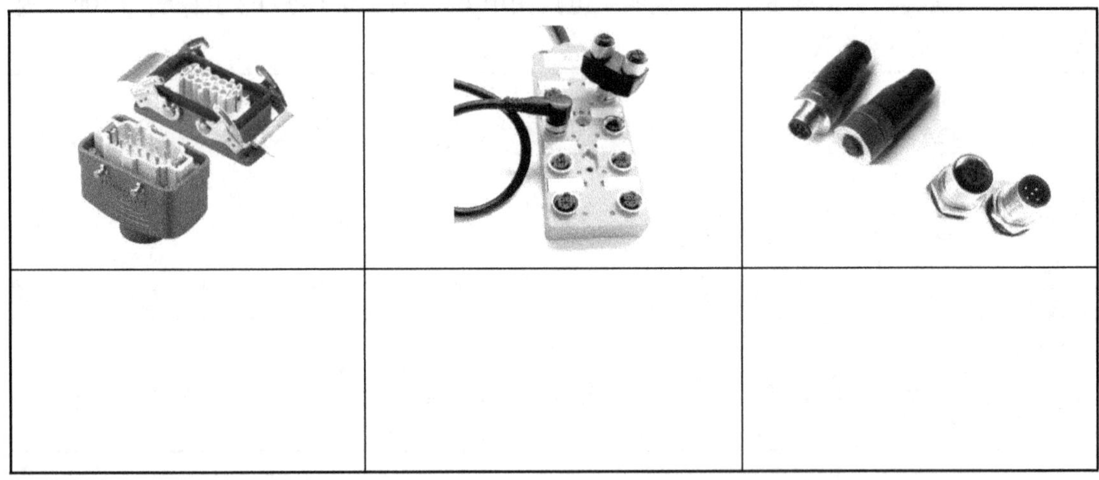

(9) 分析 S7-300PLC I/O 模块的接线图纸，并根据系统需求画出 S7-300PLC I/O 模块的接线原理图。

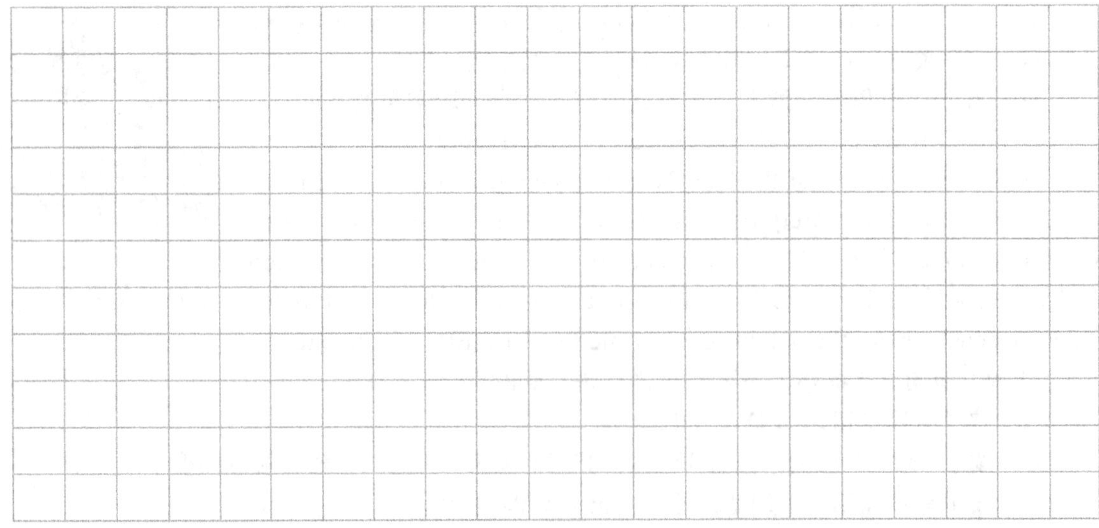

（10）根据电气图纸画出相应的电气回路。

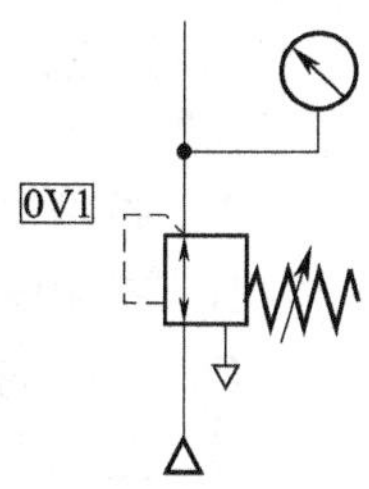

（11）导线的截面积以 mm^2 为单位。导线的截面积越大，允许通过的安全电流就越大。查阅手册说明导线的截面积如何选择，并结合电机驱动分拣系统的接线图进行说明。

计算区域：

完成以上工作后，请与培训教师沟通。根据教学过程安排，在全班进行成果展示与相关知识讲解。

（12）查阅 VDE0100 标准，判断下列说法是正确还是错误，正确的打“√”，错误的打“×”。

A．敷设导线时，相线 L、零线 N 和保护零线 PE 应采用不同颜色的导线。（　　）

B．三相电源相线的导线颜色是黑色。（　　）

C．零线的导线颜色是蓝色。（　　）

D．三相电源相线的导线颜色是蓝色。（　　）

（13）查阅电气安全操作规范，判断下列说法是正确还是错误，正确的打“√”，错误的打“×”。

A．上电后，对于绝缘的导线可用手触碰。（　　）

B．发生火警时，应立即切断电源，可用泡沫灭火器灭火。（　　）

C．万用表的使用我们要注意测量电压时，应将数字万用表与被测电路并联。测电流时应与被测电路串联，测直流量时不必考虑正、负极性。（　　）

二、计划与决策

1．制订工作计划

小组讨论制订工作计划，明确工作内容和工作的注意事项。在小组决策后，将各小组工作计划展示于展板中。工作计划表见下表。

<table>
<tr><th colspan="5">工作计划</th></tr>
<tr><td colspan="3">工作台号：</td><td colspan="2">工件号：</td></tr>
<tr><td>序号</td><td>工作步骤</td><td>设备、工具、辅具、场地</td><td>注意事项</td><td>工作时间 / 小时</td></tr>
<tr><td>1</td><td></td><td></td><td></td><td></td></tr>
<tr><td>2</td><td></td><td></td><td></td><td></td></tr>
<tr><td>3</td><td></td><td></td><td></td><td></td></tr>
</table>

续表

序号	工作步骤	设备、工具、辅具、场地	注意事项	工作时间 / 小时
4				
5				
6				

2. 准备工具、材料

(1) 工具的检查是一项非常重要的工作，不仅要熟悉工具的名称、规格、用途，还要学会工具的保养。请按照下表检查工具，若无问题请打“√”；若有破损请及时告知培训教师。

序号	名称	规格	图示	检查情况
1	剥线钳		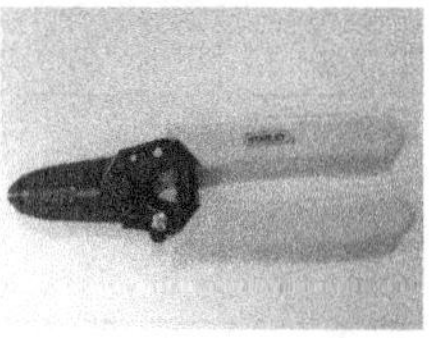	
2	针形端子压线钳			
3	斜口钳		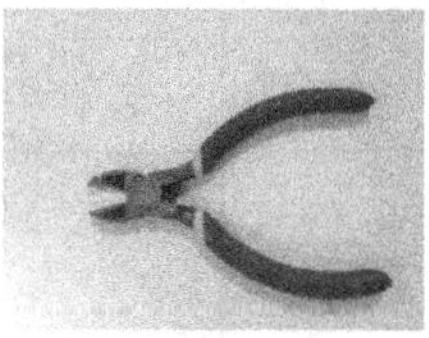	

续表

序号	名称	规格	图示	检查情况
4	十字螺丝刀			
5	一字螺丝刀			
6	万用表			

你是否清楚常用电工工具的使用规范？若不清楚，请扫描二维码观看讲解视频。

（2）根据电气安装图纸，完成其备料清单，并做出预算。

电气元件清单表

序号	名称	型号	数量	单价 / 元	小计 / 元	作用

续表

序号	名称	型号	数量	单价 / 元	小计 / 元	作用
总计 / 元						

耗材清单表

序号	名称	型号 / 规格	数量	单价 / 元	小计 / 元

续表

序号	名称	型号 / 规格	数量	单价 / 元	小计 / 元
总计 / 元					

3. 小组工作：决策结果是否考虑到以下检查点

序号	检查点	小组自评	
1	安装工序是否按照安装规范进行	是○	否○
2	各元件是否正常	是○	否○
3	使用的工具是否满足安装规范的要求	是○	否○
4	耗材是否满足安装规范的要求	是○	否○
5	环保条件是否满足安装规范的要求	是○	否○
6	是否明确安全作业要求	是○	否○
7	小组分工是否合理	是○	否○
8	劳动保护是否达要求	是○	否○

如有其他问题，请小组长与培训教师沟通，再带领小组成员做好安装的准备工作，如材料领取、安装工作台的准备等。

三、实施

1. 注意事项与工作提示

(1) 请按照计划执行，不要超时。

(2) 请注意小组合作、沟通。主动与同学、培训教师进行关于评分分歧、工作过程中存在的问题，技术上的问题及理论知识等方面的专业讨论。

(3) 请按照安装规范（见下表）操作，避免不规范的安装。

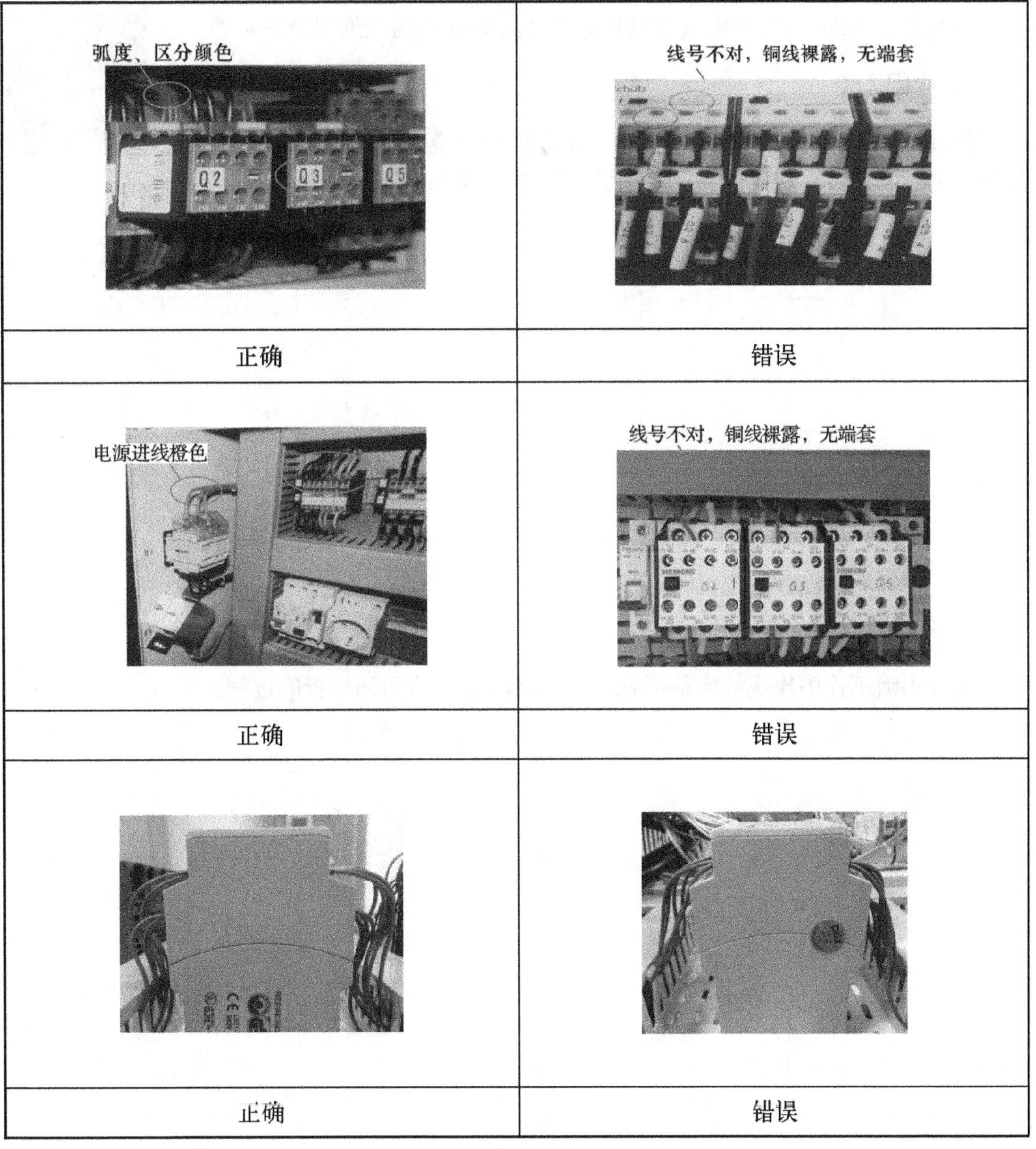

正确	错误
正确	错误
正确	错误

续表

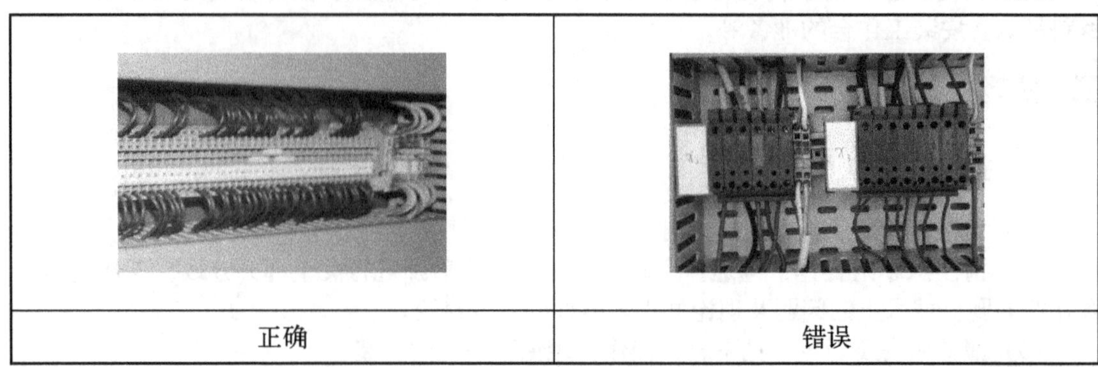

正确	错误

(4) 基于 VDE 标准的电气安装规范讲解视频请扫描二维码进行观看。

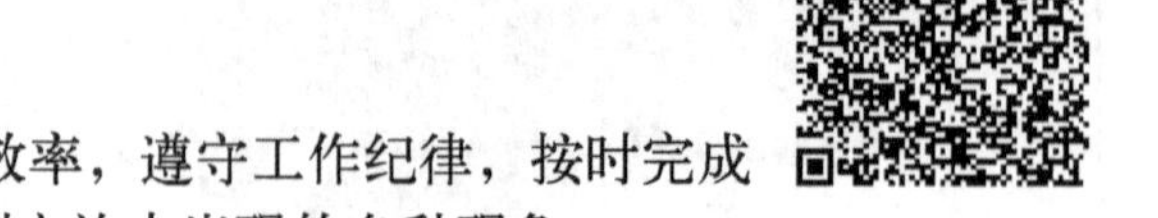

2. 小组工作

按计划实施安装。注重规范安装、工作效率，遵守工作纪律，按时完成任务。小组观察员及监督员要记录小组在计划实施中出现的各种现象。

3. 问题与解决

记录小组工作中出现的电路问题，并记录问题的原因和分析的过程。

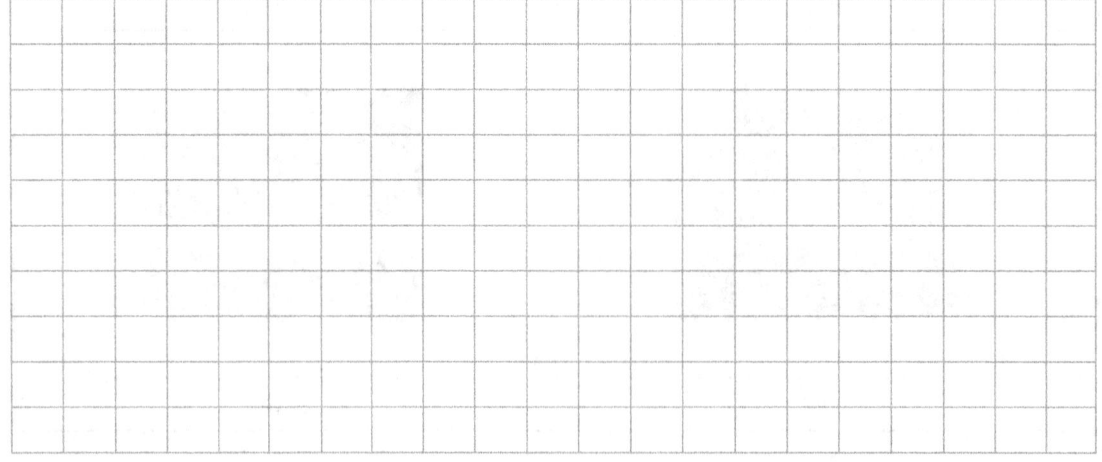

四、检查与交付

安装完毕后请按照下表进行自查，完成后交给培训教师评分，必要时做相关讲解或演示说明。

1. 气路检查

请目测检查各检查点是否有问题存在，并记录检查结果，若无问题则交付验收。

检查序号	检查点	正常与否	问题记录
1	按装配图所示安装	是□　否□	
2	所有元器件安装牢固	是□　否□	
3	气动管线按专业要求布设	是□　否□	
4	元器件没有损坏	是□　否□	

2. 电路检查

请目测检查各检查点是否有问题存在，并记录检查结果，若无问题则交付验收。

检查序号	检查点	正常与否	问题记录
1	设备（元件）按专业要求装配	是□　否□	
2	接地保护线连接符合专业要求	是□　否□	
3	端子固定牢固（抽检）	是□　否□	
4	按电路图布线	是□　否□	
5	电线没有损坏	是□　否□	
6	导线截面积选择符合专业要求	是□　否□	
7	电线颜色选择符合专业要求	是□　否□	
8	传感器和执行元件选择符合专业要求	是□　否□	
9	器件选择符合专业要求	是□　否□	
10	器件没有损坏	是□　否□	

3. 测量电阻

在对机电系统进行调试之前需要对电阻进行测量，请记录测量结果。测量结果要符合DIN/VD-0100-600 规定。

注意：电子元器件可能在作绝缘测量之前要拆下接线。若是超低压保护，则要在做绝缘测量之前拆下到接地保护线的跨接。

检查序号	测量	测点	测量值	DIN/VDE 规定值
1	接地保护线的导通性	维修服务插座 -X11		
2	接地保护线的导通性	到机械组合件		
3	绝缘电阻 400 V/230 V	-X2：L1 对 PE -X2：L2 对 PE -X2：L3 对 PE -X2：N 对 PE		
4	绝缘电阻 DC 24 V- 超低压保护	-X1：1 到 PE -X1：6 到 PE		

4. 测量电压与相位

在对机电系统进行调试之前需要进行一些测量，请记录测量结果。
注意：请首先检查是否所有的过电流保护装置都断电了。

检查序号	测量	测点	测量值
1	电源电压 （总开关 -Q1“开”）	-X2：L1 对 L2	
		-X2：L2 对 L3	
		-X2：L1 对 L3	
		-X2：L1 对 N	
2	24 V 控制电压 （断路器 -F3、-F4“开”）	-X1：1 对 6	
3	急停开关 -A1 正常	触点是否正常工作	
4	电源相位检测	-X13（L1、L2、L3）	

5. 漏电保护器试验

借助测试键试验漏电保护器是否脱扣，并记录试验结果。
漏电保护器脱扣：是□　否□

五、评价

1. 小组成果分享和总结

将小组成果向同学展示，总结工作中的收获、遇到的问题和改进措施。

2. 项目任务工作评价表

评分等级：0 ~ 10 分

评分等级要求：（根据 AHK 机电一体化工考证要求规定）

10 分	特别符合要求
9 分	完全符合要求
8 分、7 分	基本符合要求
6 分、5 分	有缺陷，但还符合要求
4 分、3 分	不符合要求，有较大缺陷
2 分、1 分、0 分	完全不符合要求

（1）工作质量评价。

序号	评价内容	权重系数	评分（0 ~ 10 分）	总分	备注
1	电气元件布置、线路按照图纸安装	2.0			
2	各导线安装牢固，并正确安装冷压端子	2.0			
3	导线颜色按照 VDE 标准	1.0			
4	扎带按规范安装	1.0			
5	气路正确安装无漏气	2.0			
6	电路上电后正常	2.0			
合计（满分 100 分）					

（2）工作过程评价。

信息阶段

序号	评价项目	评价手段	0 ~ 10 分	权重系数	总分
1	分析工作订单	学生工作页		2.5	
2	资料收集	学生工作页		2.5	
3	技术上与组织上的衔接	谈话 \ 观察		2.5	
4	方案的评估与确定	谈话 \ 观察 \ 资料		2.5	
阶段得分（0 ~ 100 分）					

计划阶段

序号	评价项目	评价手段	0 ~ 10 分	权重系数	总分
1	分任务的确定	学生工作页		2.5	
2	工作计划的制订	学生工作页		3.0	
3	编写计划资料	学生工作页		2.5	
4	方案的评估与确定	谈话 \ 观察 \ 资料		2.0	
阶段得分（0 ~ 100 分）					

实施阶段

序号	评价项目	评价手段	0 ~ 10 分	权重系数	总分
1	工作任务的完成情况、工作效率	工作过程记录		3.0	
2	功能的完整性	学生工作页 \ 观察		2.5	
3	产品质量和技术标准	根据工作质量评价表的评估		2.0	
4	解决问题的能力	谈话 \ 观察		2.5	
阶段得分（0 ~ 100 分）					

检查阶段

序号	评价项目	评价手段	0 ~ 10 分	权重系数	总分
1	验收 / 测量记录	学生工作页 \ 观察		3.0	
2	工作结果的记录和学生的自我评估	学生工作页 \ 观察		2.0	
3	相关重要资料完整移交	资料		2.0	
4	产品移交并作说明演示	谈话 \ 观察		3.0	
阶段得分（0 ~ 100 分）					

（3）计算成绩。

序号	评价项目	阶段得分（0 ~ 100 分）	权重系数	总分
1	信息		0.2	
2	计划		0.2	
3	实施		0.3	
4	检查		0.3	
			实际工作任务得分（0 ~ 100 分）	

培训教师签字（日期）：____________

总结与提高

一、自我总结

（1）总结自己的不足之处，并记录别人给自己提的意见，以便于下次工作的顺利开展。

（2）描述本次工作的内容。

二、思考与提高

（1）完善网孔板的安装图

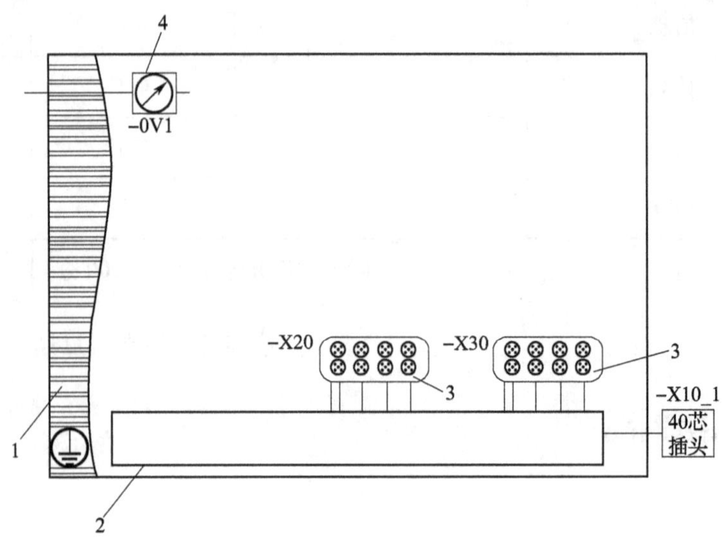

（2）给设备补加“金属识别”指示灯 -P32 和“塑料识别”指示灯（信号灯柱上），该如何安装？

电机驱动分拣系统电气安装图纸：

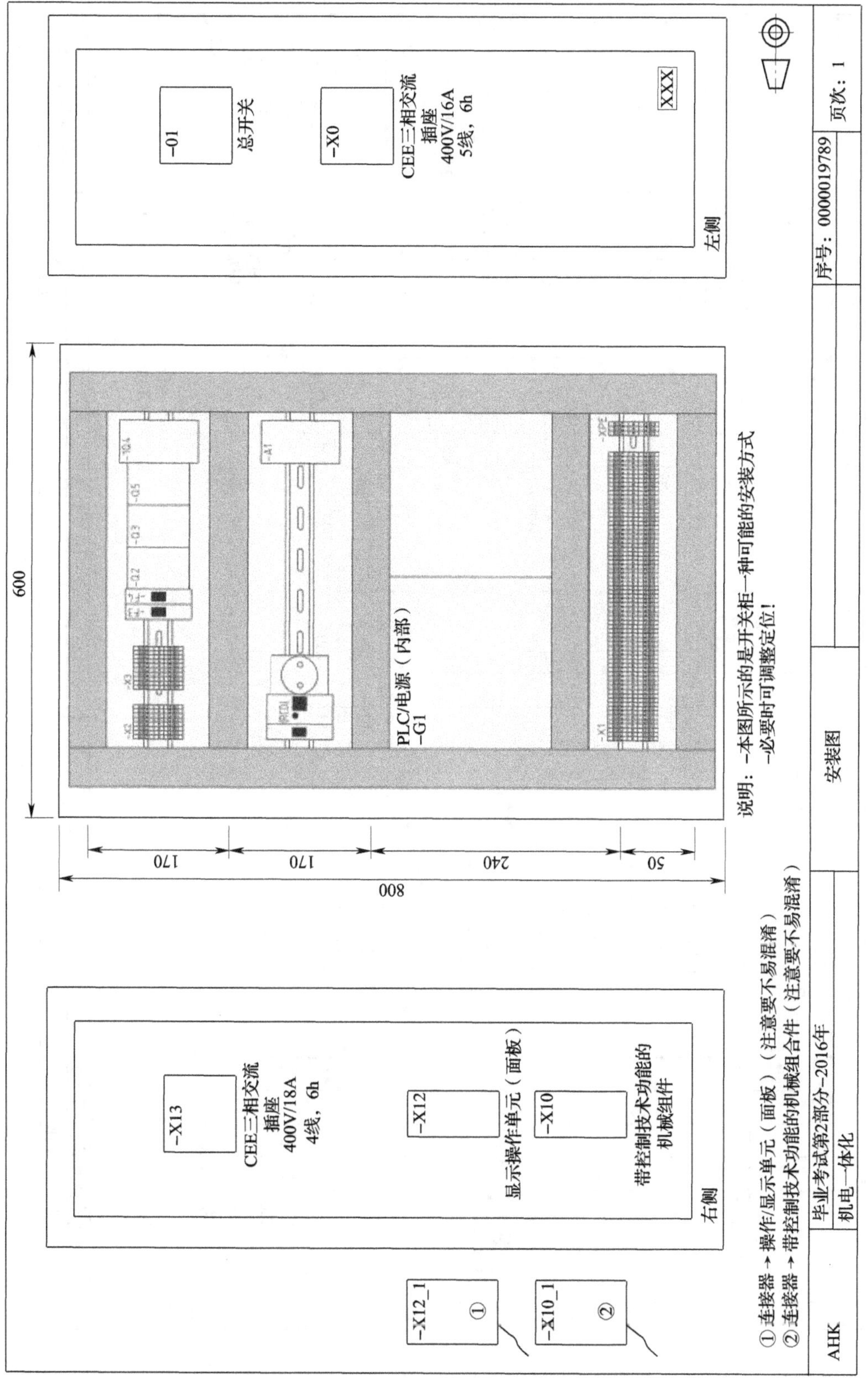

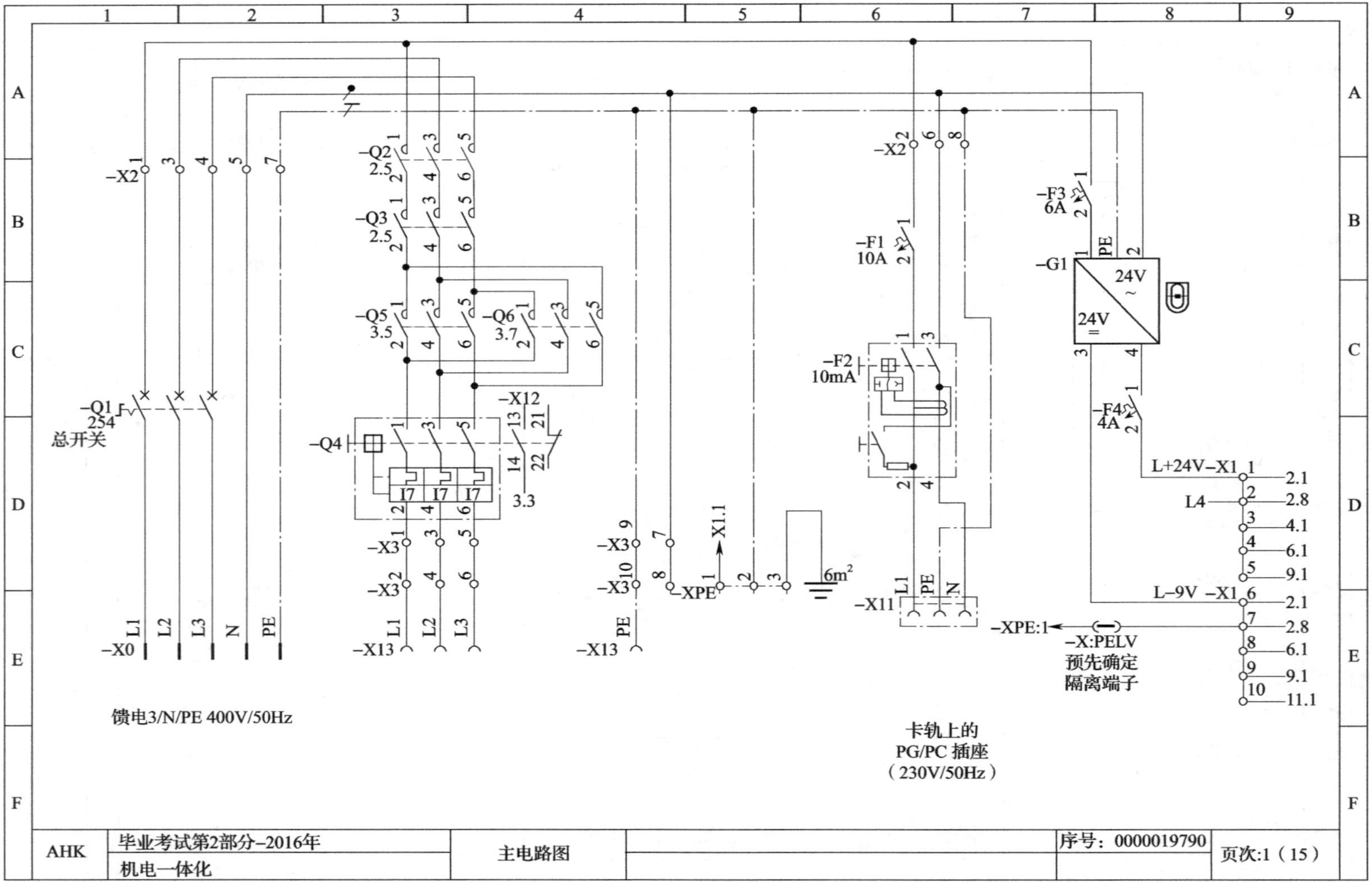
1
2
3
4
5
6
7
8
9
A
B
C
D
E
F
-X2
-Q1
254
总开关
-X0
L1
L2
L3
N
PE
馈电3/N/PE 400V/50Hz
-Q2
2.5
-Q3
2.5
-Q5
3.5
-Q6
3.7
-Q4
-X12
I7
3.3
-X3
-X13
-XPE
X1.1
6m²
-F1
10A
-F2
10mA
-X11
卡轨上的
PG/PC 插座
（230V/50Hz）
-F3
6A
-G1
24V
~
24V
=
-F4
4A
L+24V-X1
L4
L-9V -X1
2.1
2.8
4.1
6.1
9.1
11.1
-XPE:1
-X:PELV
预先确定
隔离端子
AHK
毕业考试第2部分-2016年
机电一体化
主电路图
序号：0000019790
页次:1（15）

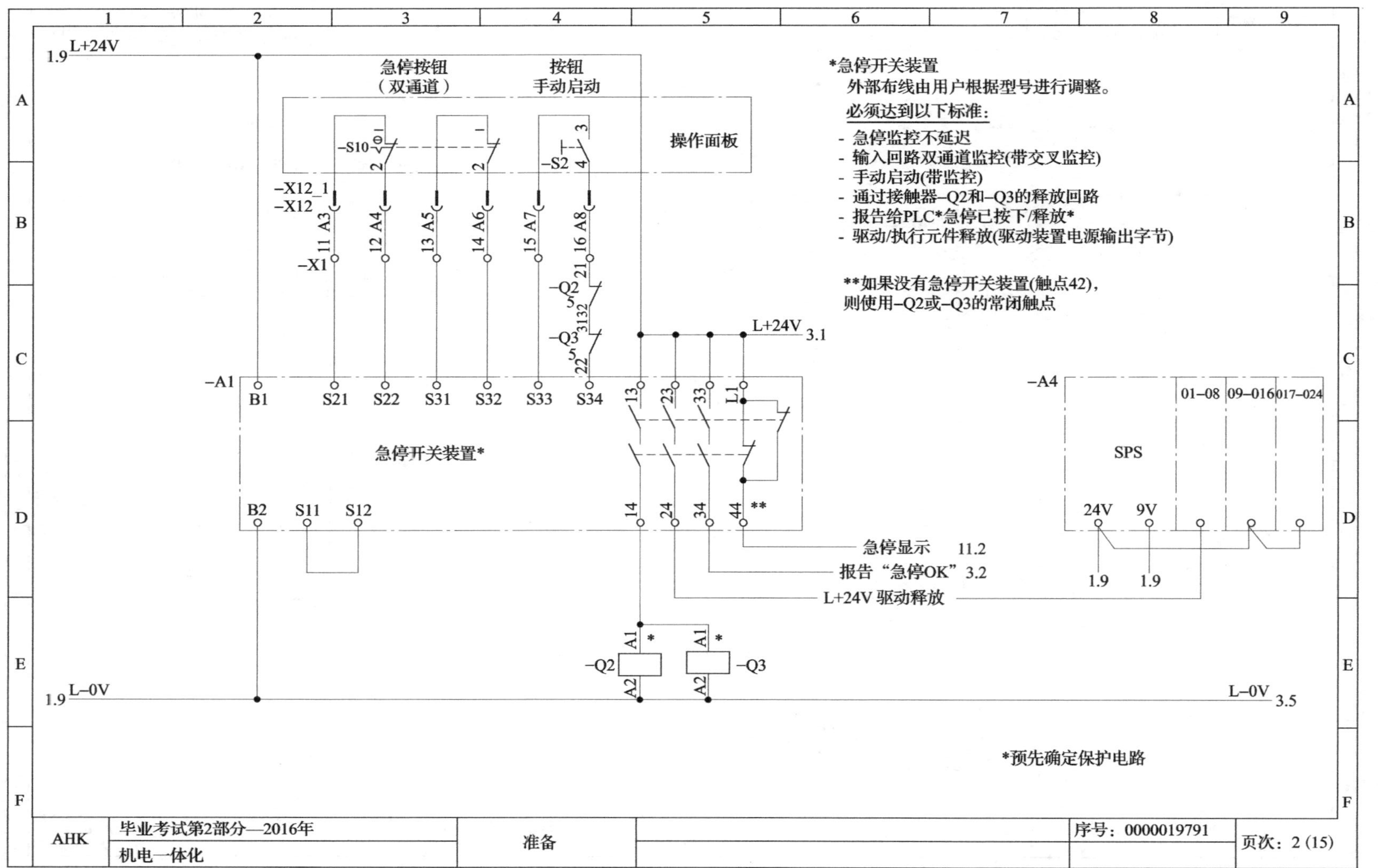

*急停开关装置
外部布线由用户根据型号进行调整。
必须达到以下标准：
- 急停监控不延迟
- 输入回路双通道监控(带交叉监控)
- 手动启动(带监控)
- 通过接触器–Q2和–Q3的释放回路
- 报告给PLC*急停已按下/释放*
- 驱动/执行元件释放(驱动装置电源输出字节)
**如果没有急停开关装置(触点42)，
则使用–Q2或–Q3的常闭触点
急停按钮
（双通道）
按钮
手动启动
操作面板
急停开关装置*
SPS
–A1
–A4
–S10
–S2
–X1
–X12
–X12_1
–Q2
–Q3
L+24V
L–0V
急停显示　11.2
报告“急停OK”　3.2
L+24V 驱动释放
*预先确定保护电路
AHK
毕业考试第2部分—2016年
机电一体化
准备
序号：0000019791
页次：2 (15)

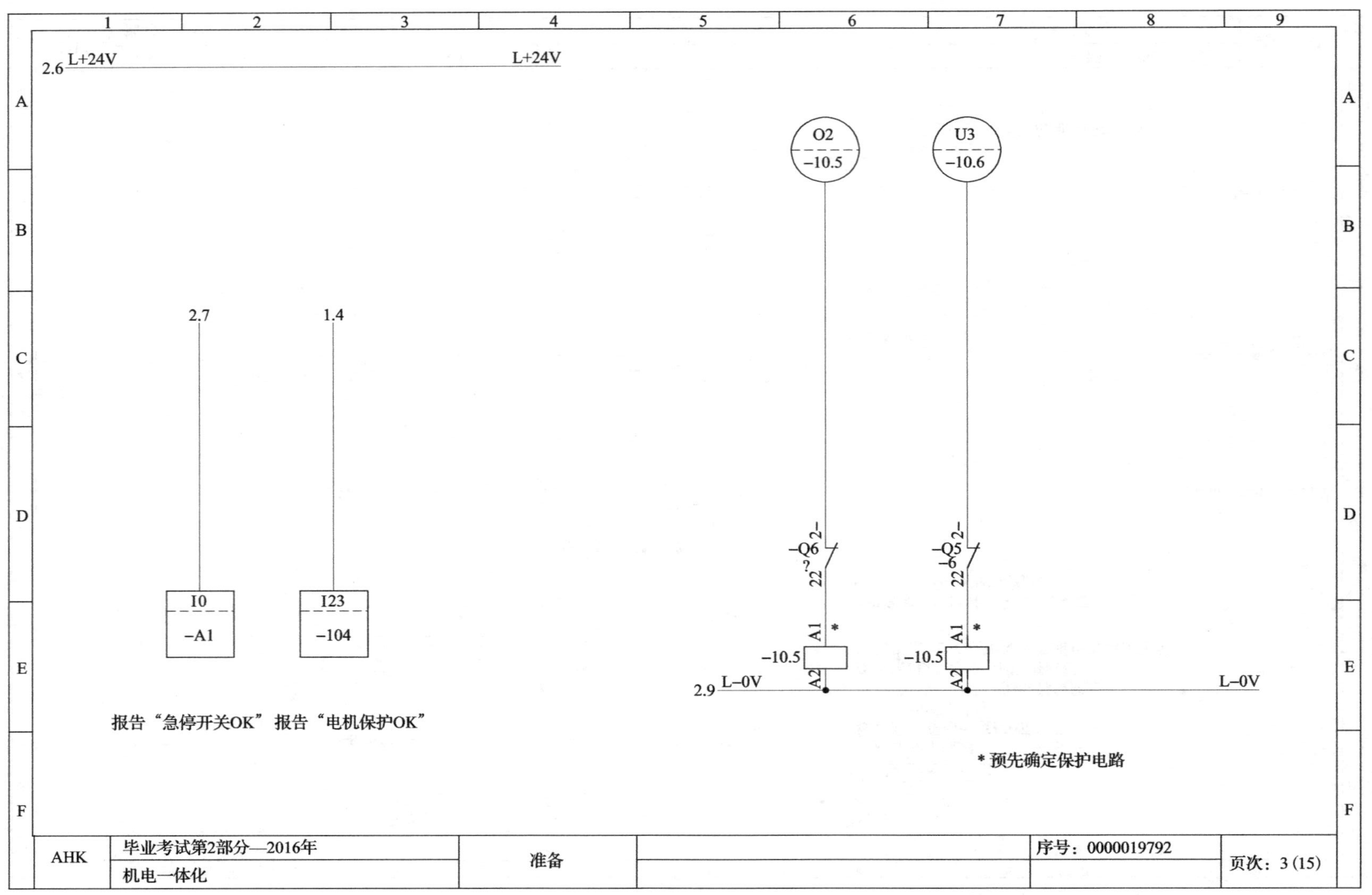

1
2
3
4
5
6
7
8
9
A
B
C
D
E
F
2.6 L+24V
L+24V
O2
-10.5
U3
-10.6
2.7
1.4
-Q6
21
22
-Q5
21
22
I0
-A1
I23
-104
A1
A2
-10.5
*
2.9 L-0V
L-0V
报告“急停开关OK” 报告“电机保护OK”
* 预先确定保护电路
AHK
毕业考试第2部分—2016年
机电一体化
准备
序号：0000019792
页次：3 (15)

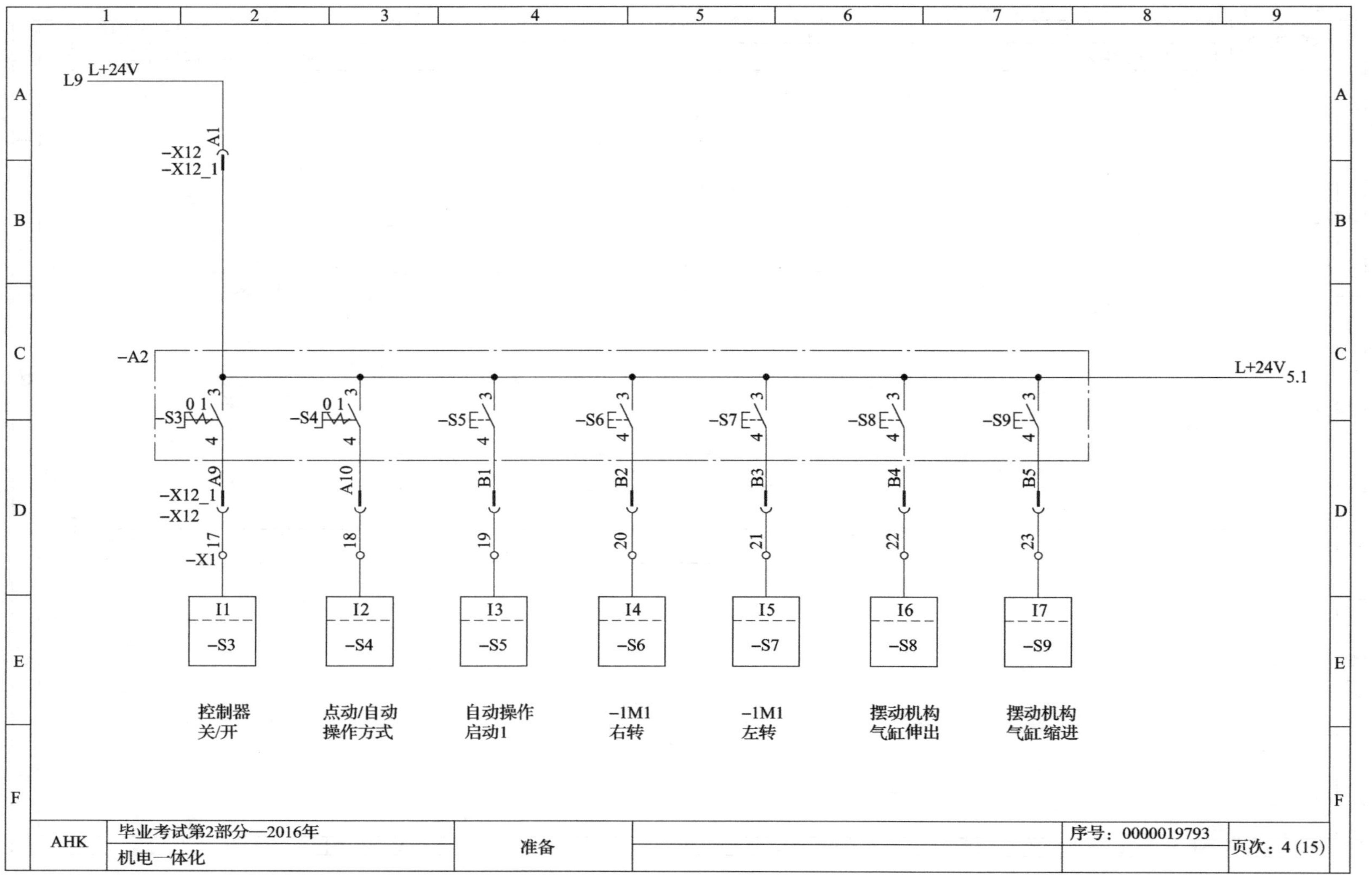

L9
L+24V
-X12
-X12_1
A1
-A2
L+24V 5.1
-S3
-S4
-S5
-S6
-S7
-S8
-S9
0 1
3
4
A9
A10
B1
B2
B3
B4
B5
-X1
17
18
19
20
21
22
23
I1
I2
I3
I4
I5
I6
I7
控制器
关/开
点动/自动
操作方式
自动操作
启动1
-1M1
右转
-1M1
左转
摆动机构
气缸伸出
摆动机构
气缸缩进
AHK
毕业考试第2部分—2016年
机电一体化
准备
序号：0000019793
页次：4 (15)

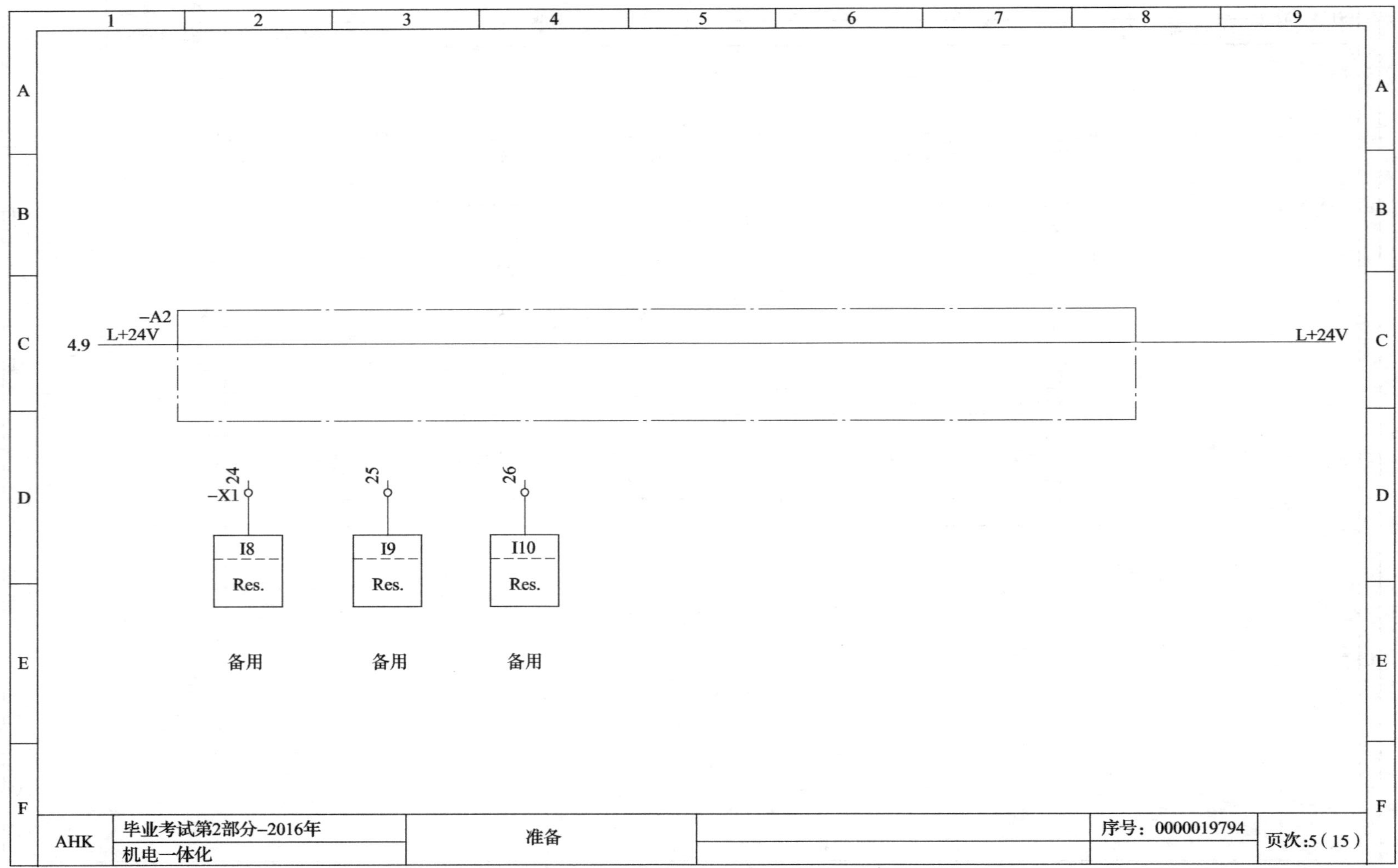
1
2
3
4
5
6
7
8
9
A
B
C
D
E
F
-A2
4.9 L+24V
L+24V
-X1
24
I8
Res.
备用
25
I9
Res.
备用
26
I10
Res.
备用
AHK
毕业考试第2部分-2016年
机电一体化
准备
序号：0000019794
页次:5（15）

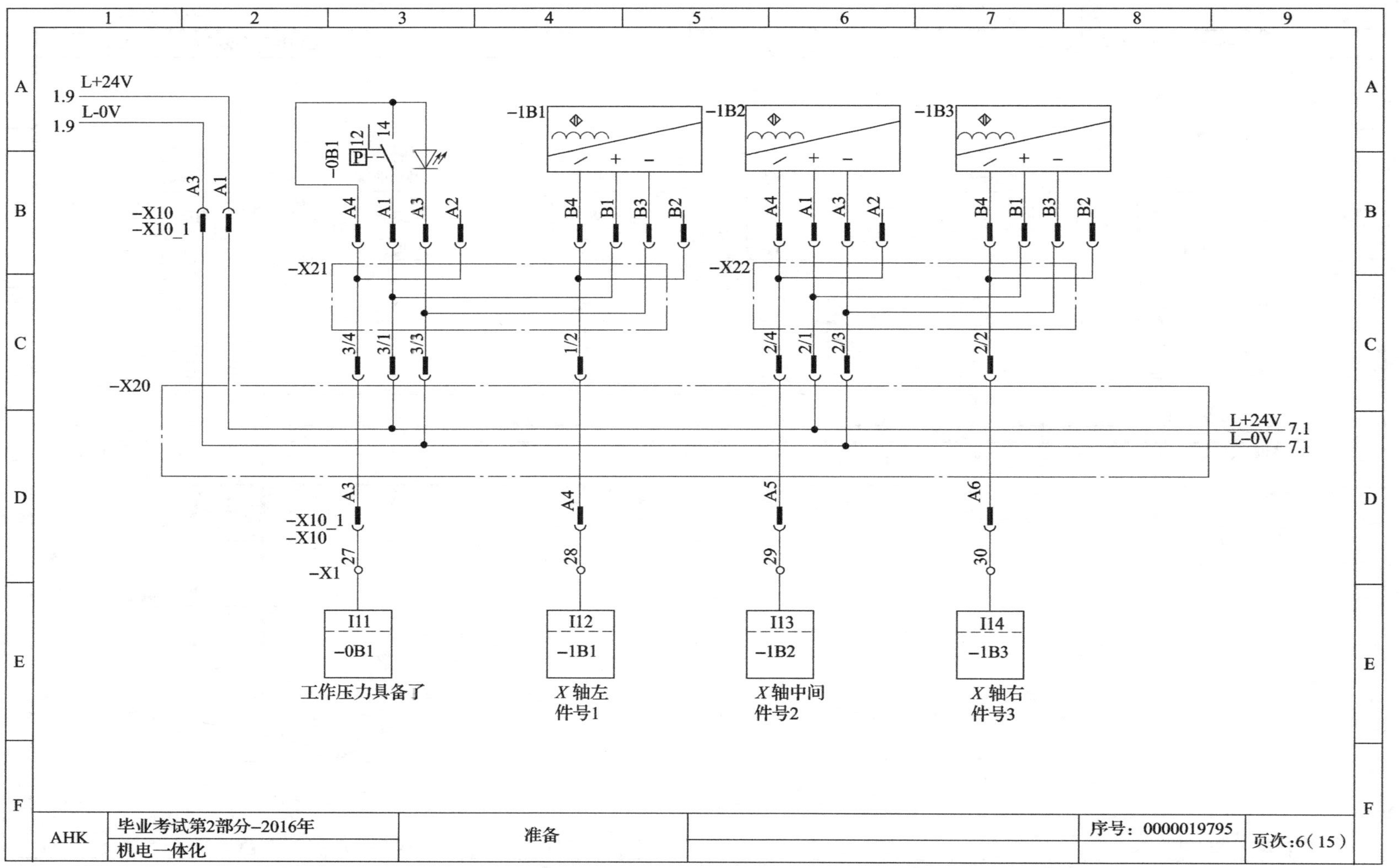
L+24V
L-0V
1.9
-X10
-X10_1
-0B1
-1B1
-1B2
-1B3
-X21
-X22
-X20
L+24V 7.1
L-0V 7.1
-X1
I11
-0B1
工作压力具备了
I12
-1B1
X 轴左
件号1
I13
-1B2
X 轴中间
件号2
I14
-1B3
X 轴右
件号3
AHK
毕业考试第2部分-2016年
机电一体化
准备
序号：0000019795
页次:6(15)

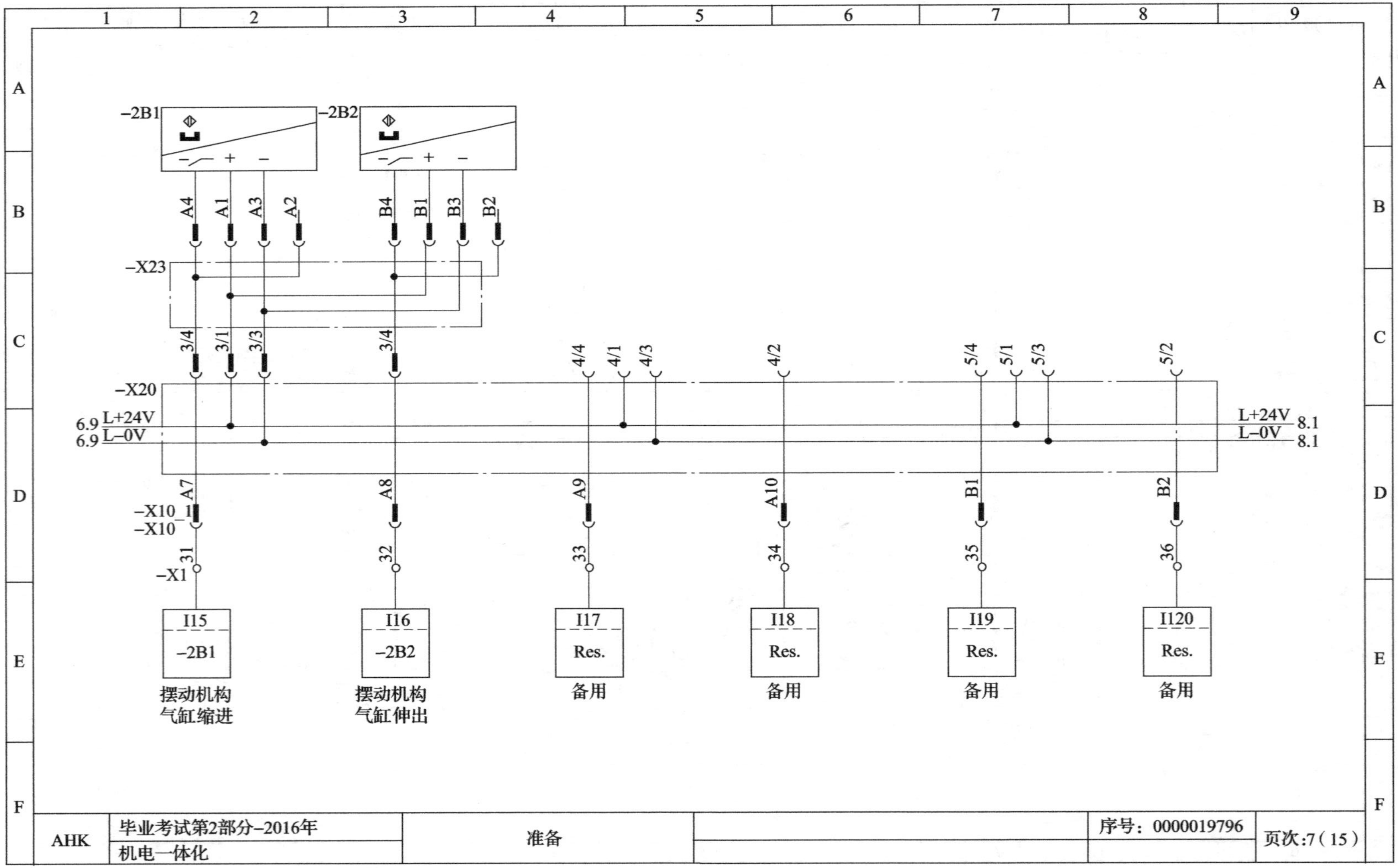
1
2
3
4
5
6
7
8
9
A
B
C
D
E
F
−2B1
−2B2
A4
A1
A3
A2
B4
B1
B3
B2
−X23
3/4
3/1
3/3
3/4
4/4
4/1
4/3
4/2
5/4
5/1
5/3
5/2
−X20
6.9 L+24V
6.9 L−0V
L+24V 8.1
L−0V 8.1
A7
A8
A9
A10
B1
B2
−X10_1
−X10
31
32
33
34
35
36
−X1
I15
−2B1
I16
−2B2
I17
Res.
I18
Res.
I19
Res.
I120
Res.
摆动机构
气缸缩进
摆动机构
气缸伸出
备用
备用
备用
备用
AHK
毕业考试第2部分−2016年
机电一体化
准备
序号：0000019796
页次:7（15）

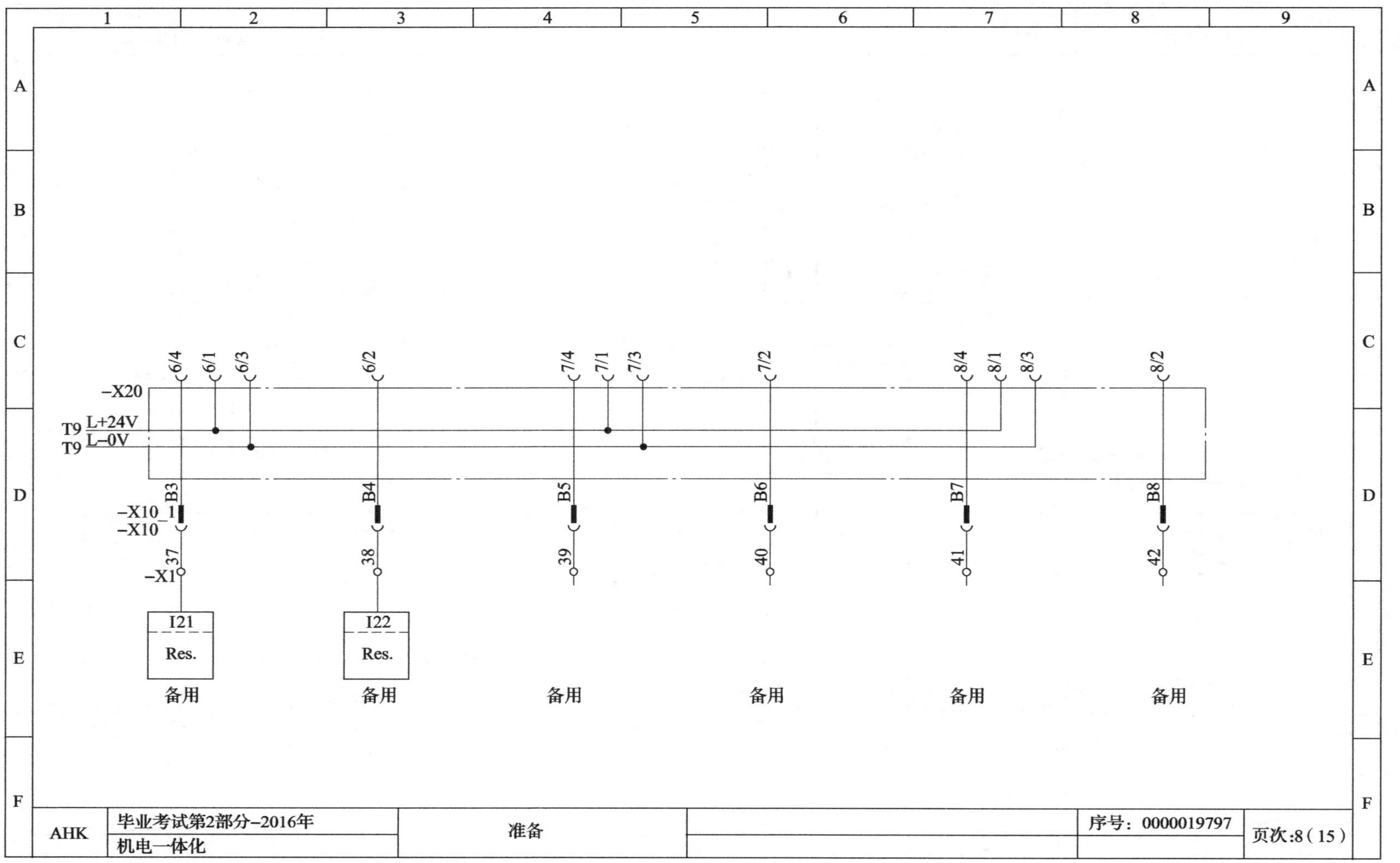
1
2
3
4
5
6
7
8
9
A
B
C
D
E
F
-X20
T9 L+24V
T9 L-0V
6/4
6/1
6/3
6/2
7/4
7/1
7/3
7/2
8/4
8/1
8/3
8/2
B3
B4
B5
B6
B7
B8
-X10_1
-X10
37
38
39
40
41
42
-X1
I21
Res.
I22
Res.
备用
备用
备用
备用
备用
备用
AHK
毕业考试第2部分-2016年
机电一体化
准备
序号：0000019797
页次:8(15)

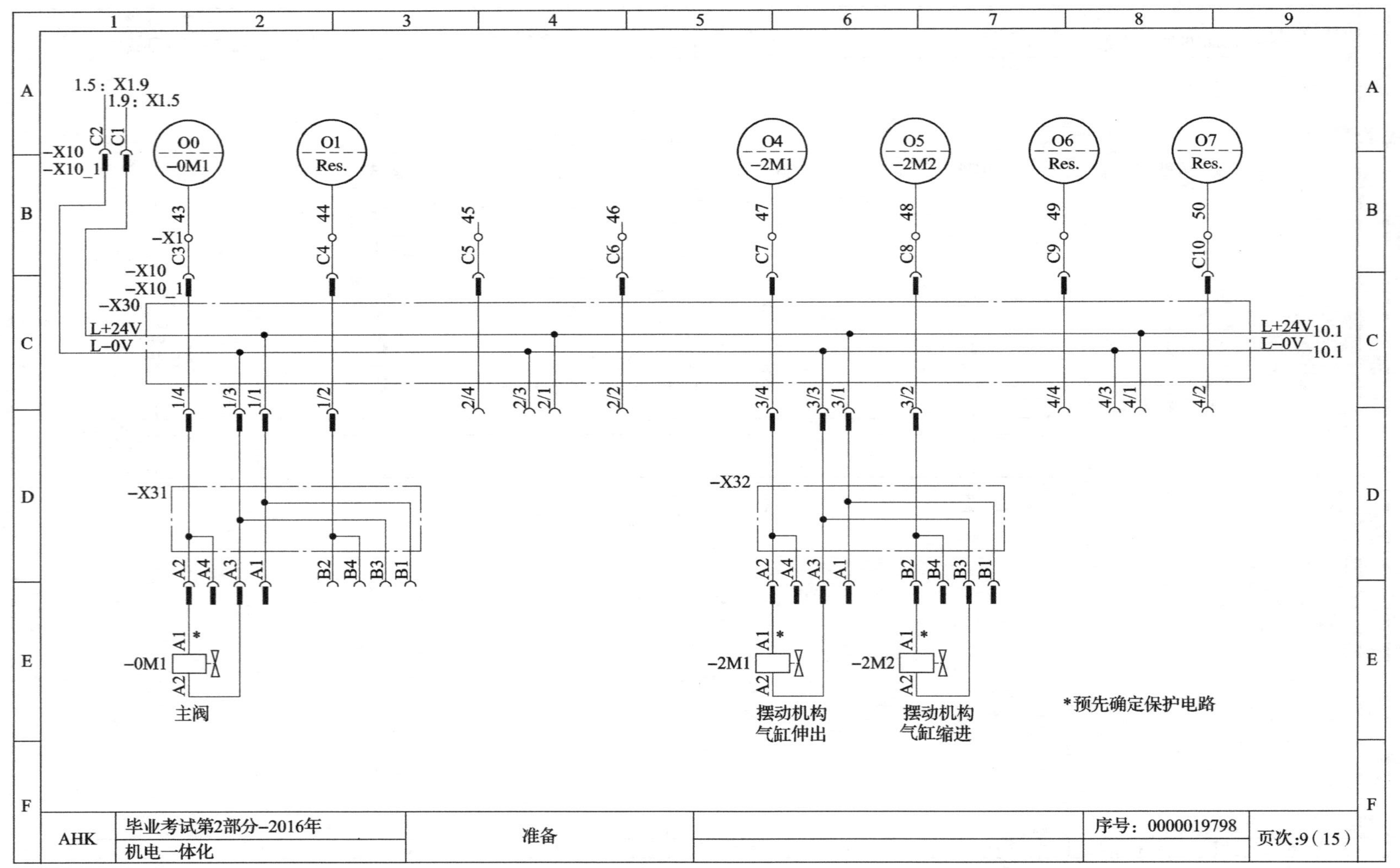
1
2
3
4
5
6
7
8
9
A
B
C
D
E
F
1.5 : X1.9
1.9 : X1.5
C2
C1
-X10
-X10_1
O0
-0M1
O1
Res.
O4
-2M1
O5
-2M2
O6
Res.
O7
Res.
43
44
45
46
47
48
49
50
-X1
C3
C4
C5
C6
C7
C8
C9
C10
-X10
-X10_1
-X30
L+24V
L-0V
L+24V 10.1
L-0V 10.1
1/4
1/3
1/1
1/2
2/4
2/3
2/1
2/2
3/4
3/3
3/1
3/2
4/4
4/3
4/1
4/2
-X31
-X32
A2
A4
A3
A1
B2
B4
B3
B1
A1
A2
-0M1
主阀
-2M1
摆动机构
气缸伸出
-2M2
摆动机构
气缸缩进
*预先确定保护电路
AHK
毕业考试第2部分-2016年
机电一体化
准备
序号：0000019798
页次:9（15）

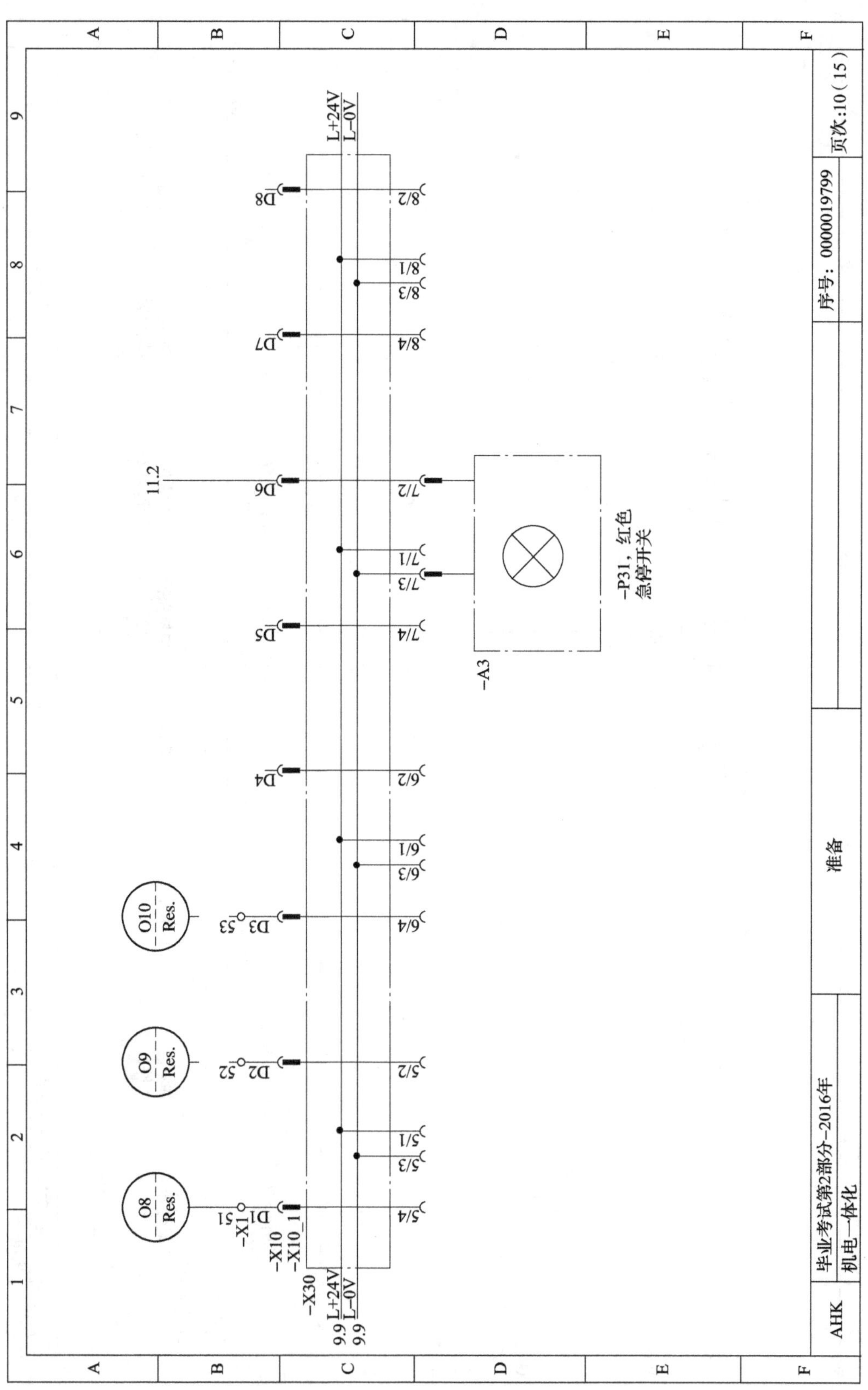
L+24V
L–0V
–X30
–X10
–X10_1
–X1
–P31，红色
急停开关
–A3
11.2
毕业考试第2部分–2016年
机电一体化
AHK
准备
序号：0000019799
页次:10（15）

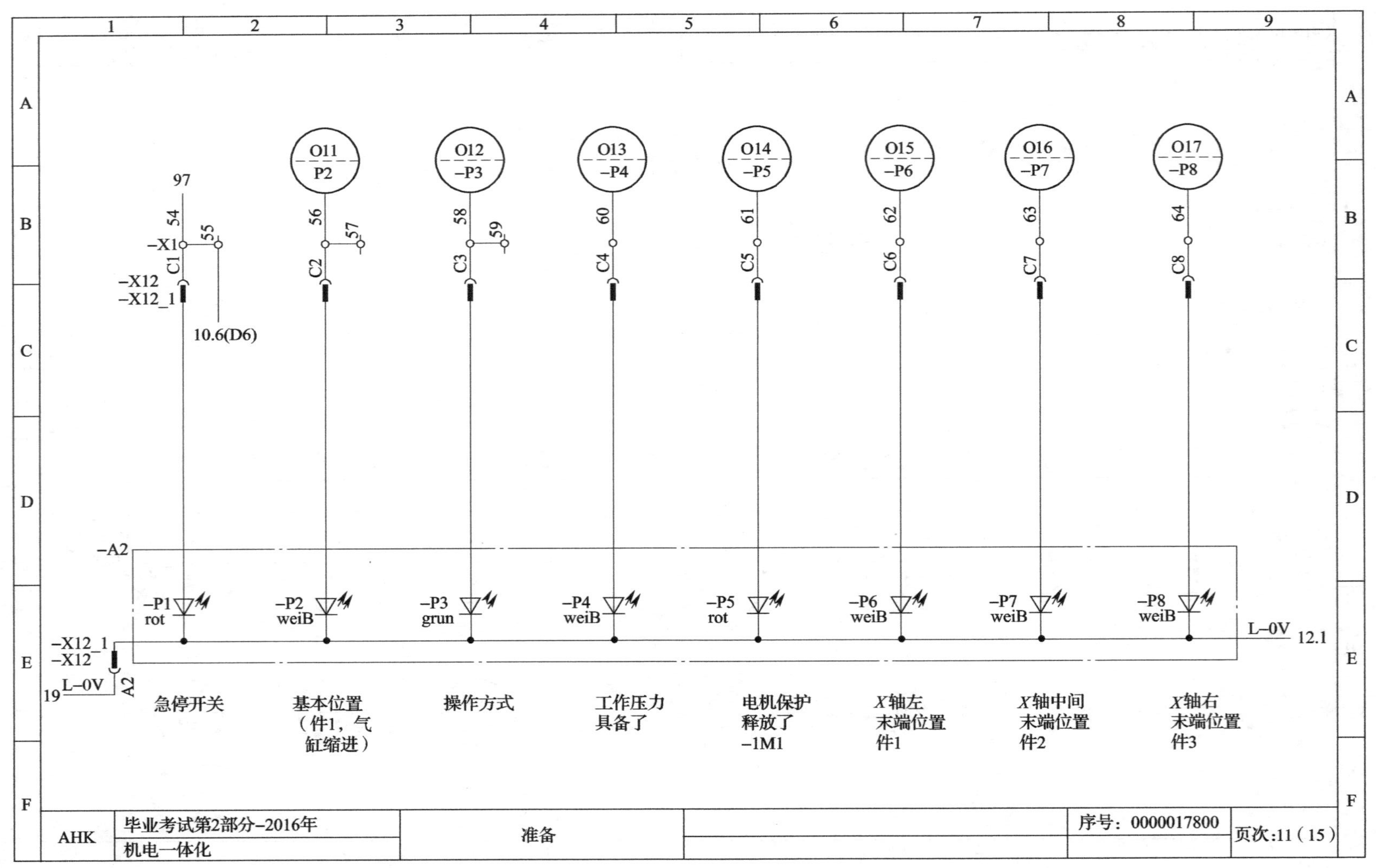
O11 P2
O12 -P3
O13 -P4
O14 -P5
O15 -P6
O16 -P7
O17 -P8
97
-X1
-X12
-X12_1
10.6(D6)
-A2
-P1 rot
-P2 weiB
-P3 grun
-P4 weiB
-P5 rot
-P6 weiB
-P7 weiB
-P8 weiB
L–0V 12.1
19 L–0V
急停开关
基本位置（件1，气缸缩进）
操作方式
工作压力具备了
电机保护释放了 –1M1
X轴左末端位置件1
X轴中间末端位置件2
X轴右末端位置件3
AHK
毕业考试第2部分–2016年
机电一体化
准备
序号：0000017800
页次:11（15）

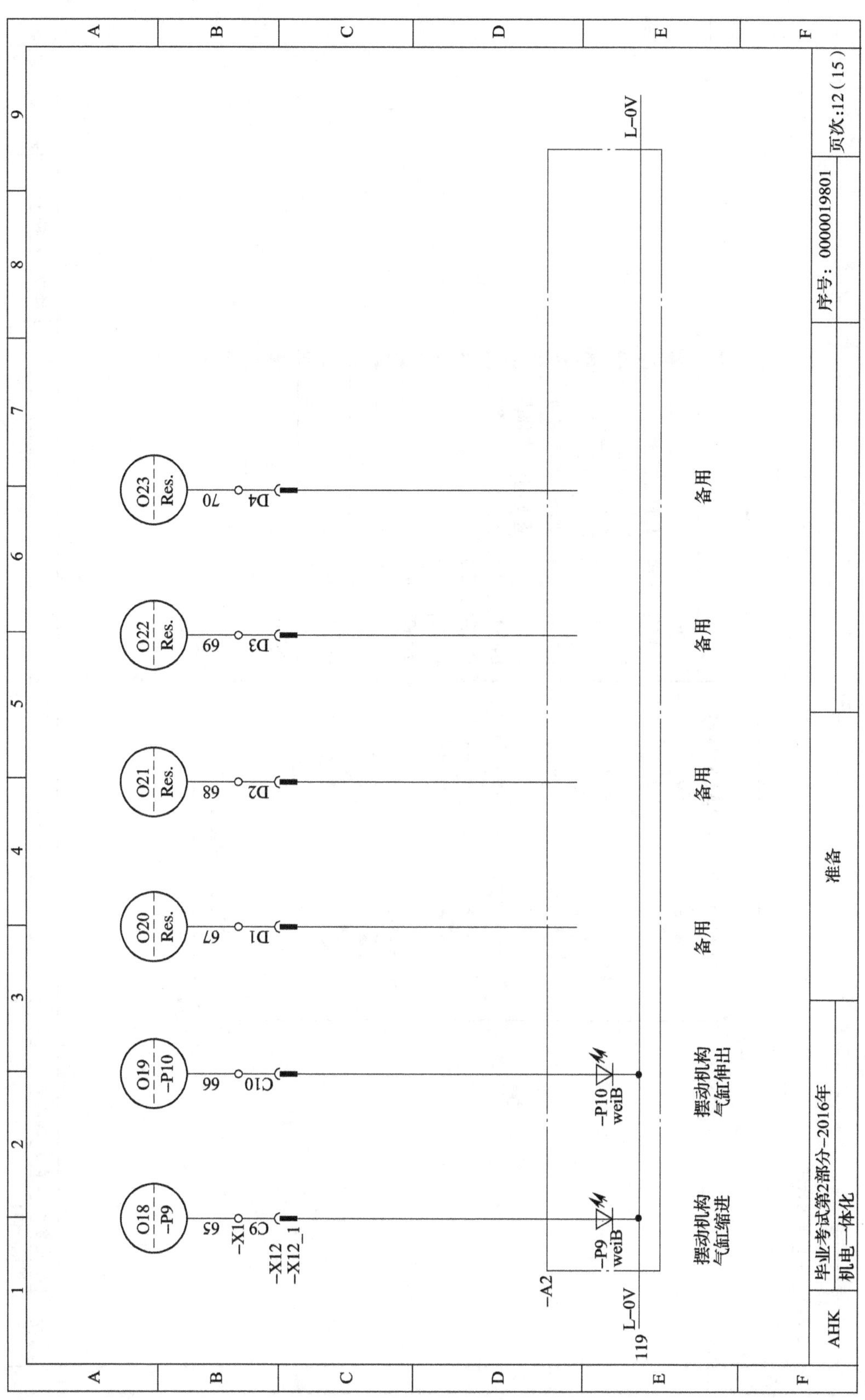
O18
-P9
O19
-P10
O20
Res.
O21
Res.
O22
Res.
O23
Res.
65
66
67
68
69
70
-X1
C9
C10
D1
D2
D3
D4
-X12
-X12_1
-A2
-P9
weiB
-P10
weiB
L-0V
119
摆动机构
气缸缩进
摆动机构
气缸伸出
备用
备用
备用
备用
AHK
毕业考试第2部分-2016年
机电一体化
准备
序号：0000019801
页次:12（15）

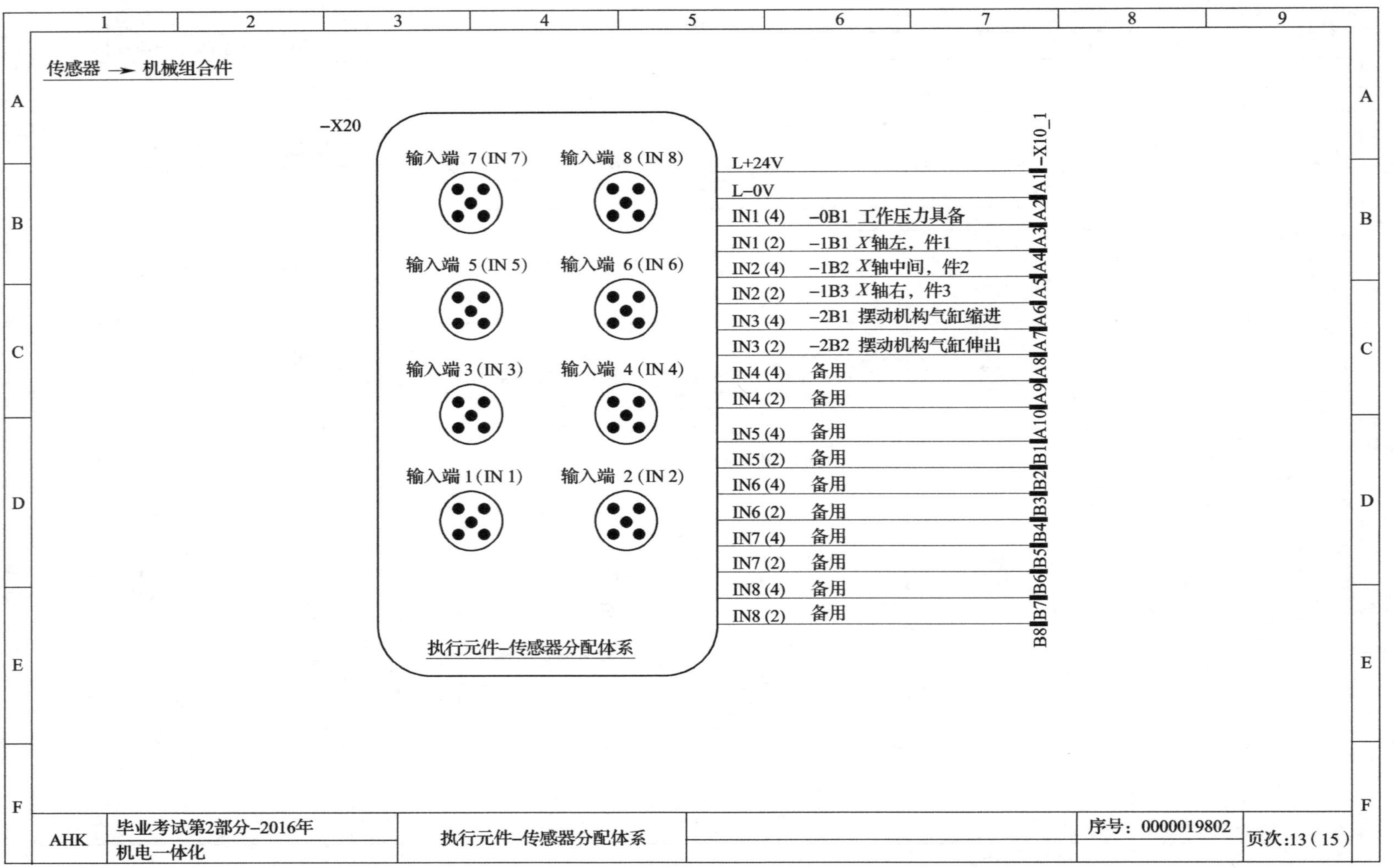
传感器 → 机械组合件
-X20
输入端 7 (IN 7)
输入端 8 (IN 8)
输入端 5 (IN 5)
输入端 6 (IN 6)
输入端 3 (IN 3)
输入端 4 (IN 4)
输入端 1 (IN 1)
输入端 2 (IN 2)
执行元件-传感器分配体系
L+24V
L-0V
IN1 (4) -0B1 工作压力具备
IN1 (2) -1B1 X轴左，件1
IN2 (4) -1B2 X轴中间，件2
IN2 (2) -1B3 X轴右，件3
IN3 (4) -2B1 摆动机构气缸缩进
IN3 (2) -2B2 摆动机构气缸伸出
IN4 (4) 备用
IN4 (2) 备用
IN5 (4) 备用
IN5 (2) 备用
IN6 (4) 备用
IN6 (2) 备用
IN7 (4) 备用
IN7 (2) 备用
IN8 (4) 备用
IN8 (2) 备用
-X10_1 A1 A2 A3 A4 A5 A6 A7 A8 A9 A10 B1 B2 B3 B4 B5 B6 B7 B8
AHK
毕业考试第2部分-2016年
机电一体化
执行元件-传感器分配体系
序号：0000019802
页次:13 (15)

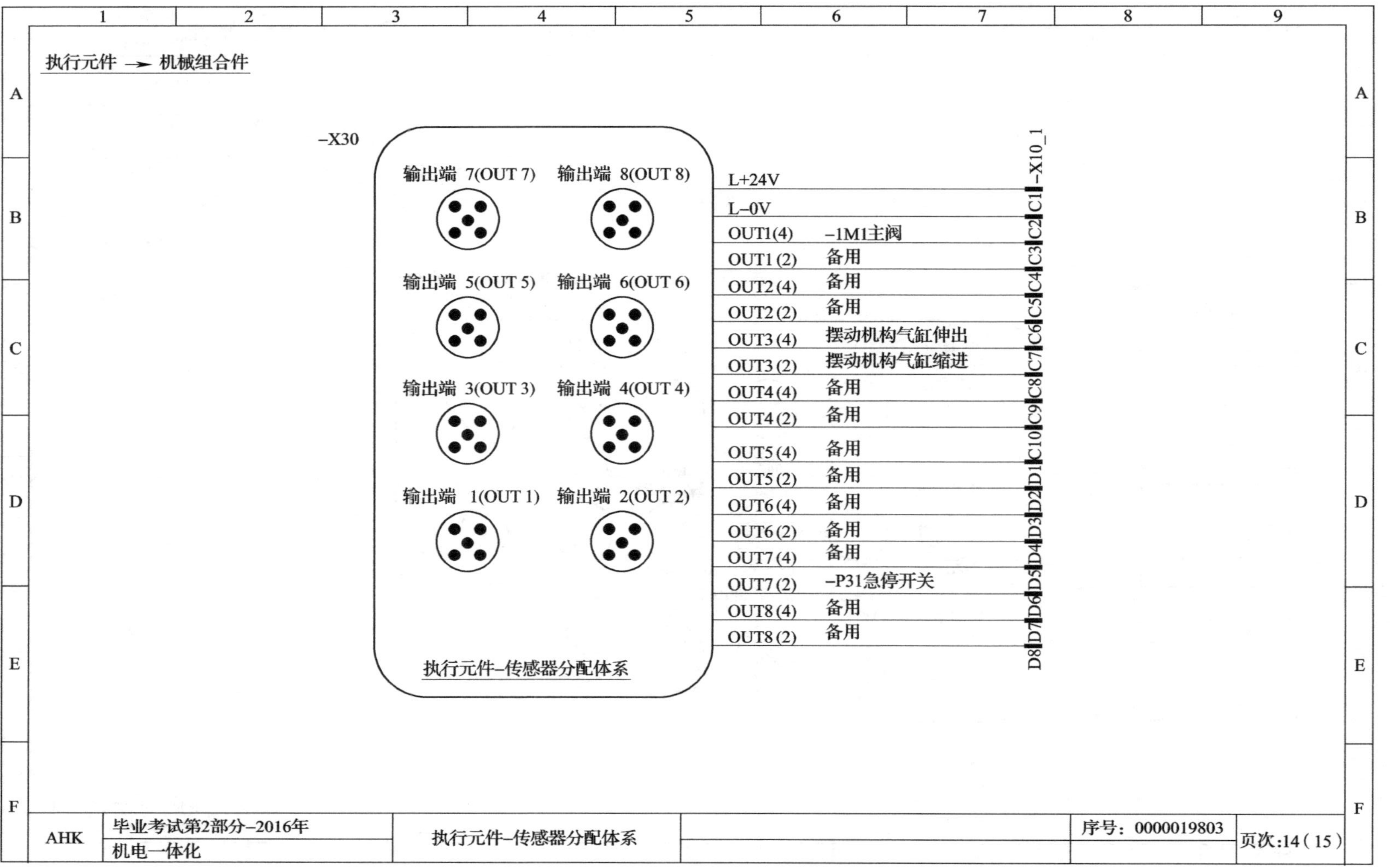
执行元件 → 机械组合件
-X30
输出端 7(OUT 7)
输出端 8(OUT 8)
输出端 5(OUT 5)
输出端 6(OUT 6)
输出端 3(OUT 3)
输出端 4(OUT 4)
输出端 1(OUT 1)
输出端 2(OUT 2)
执行元件–传感器分配体系
L+24V
L–0V
OUT1(4) -1M1主阀
OUT1(2) 备用
OUT2(4) 备用
OUT2(2) 备用
OUT3(4) 摆动机构气缸伸出
OUT3(2) 摆动机构气缸缩进
OUT4(4) 备用
OUT4(2) 备用
OUT5(4) 备用
OUT5(2) 备用
OUT6(4) 备用
OUT6(2) 备用
OUT7(4) 备用
OUT7(2) -P31急停开关
OUT8(4) 备用
OUT8(2) 备用
-X10_1
C1 C2 C3 C4 C5 C6 C7 C8 C9 C10 D1 D2 D3 D4 D5 D6 D7 D8
AHK
毕业考试第2部分–2016年
机电一体化
执行元件–传感器分配体系
序号：0000019803
页次:14(15)

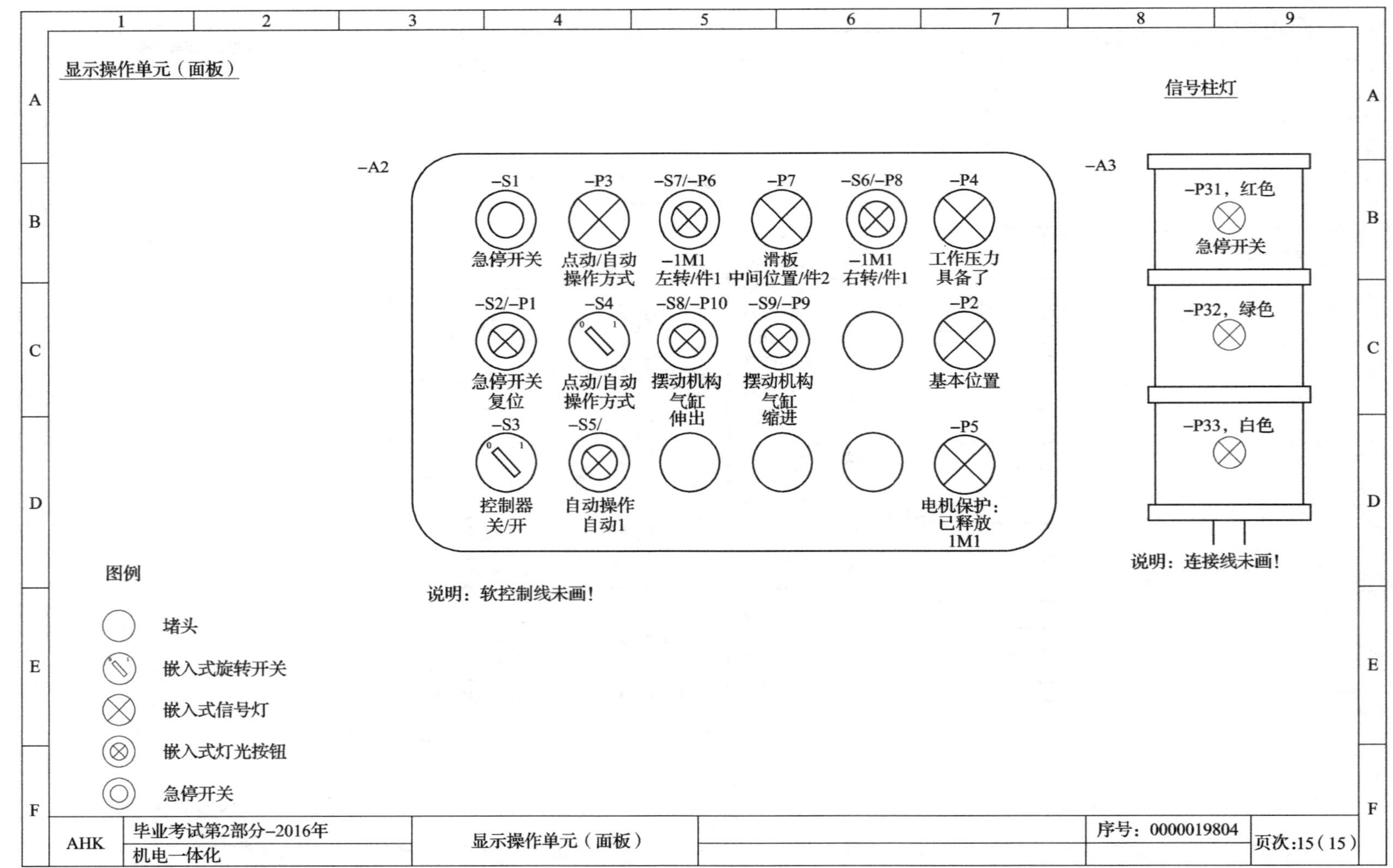
显示操作单元（面板）
信号柱灯
-A2
-S1
急停开关
-P3
点动/自动
操作方式
-S7/-P6
-1M1
左转/件1
-P7
滑板
中间位置/件2
-S6/-P8
-1M1
右转/件1
-P4
工作压力
具备了
-S2/-P1
急停开关
复位
-S4
点动/自动
操作方式
-S8/-P10
摆动机构
气缸
伸出
-S9/-P9
摆动机构
气缸
缩进
-P2
基本位置
-S3
控制器
关/开
-S5/
自动操作
自动1
-P5
电机保护：
已释放
1M1
说明：软控制线未画！
-A3
-P31，红色
急停开关
-P32，绿色
-P33，白色
说明：连接线未画！
图例
堵头
嵌入式旋转开关
嵌入式信号灯
嵌入式灯光按钮
急停开关
AHK
毕业考试第2部分–2016年
机电一体化
显示操作单元（面板）
序号：0000019804
页次:15（15）

<table>
<tr><td>项目 3　电机驱动分拣系统的安装与调试
任务 3　电机驱动分拣系统 PLC 程序编写与调试</td><td>姓名：</td><td>班级：</td></tr>
<tr><td></td><td>日期：</td><td>页码：</td></tr>
</table>

任务 3　电机驱动分拣系统 PLC 程序编写与调试

任务描述

读懂功能说明，根据控制功能流程图，下载与调试 PLC 梯形图程序实现功能，若出现错误小组讨论并解决问题，进行检修。请按照标准进行安装与调试。

序号	任务内容	任务要求
1	分析工作任务	读懂功能说明
2	信息采集	完成工作页的问题
3	实施记录	小组分工合作完成 I/O 测试，控制功能流程图及 PLC 程序编写
4	自查与验收	按照功能检查表检查功能，完成调试
5	工具、设备、现场 5S 管理和 TPM 管理	要求学生每次课后按规定对工具、设备进行 5S 管理，对现场进行 TPM 管理

功能说明：

（1）系统使用主开关 –Q1 接通。在急停开关无故障、有电机保护、操作元件（–S3、–S4、–S5、–S6、–S7、–S8、–S9、–S10、–S11 和 –S12）处于基本位置的情况下，主阀 –0M1 受控动作，如果不满足条件，主阀 –0M1 不受控动作，GRAFCET 流程控制图如图 1 所示。信号灯 –P1 和 –P31 受控制器控制而常亮。

（2）使用转换开关 –S3 将接通控制器和所有功能指示的信号灯。接通后显示设备瞬时状态。如果压力开关 –0B1 显示一个至少 5Pa 的额定压力，那么将通过信号灯 –P4 显示，设备控制器因此得到释放。

（3）只有当控制器“接通”时，点动 / 自动工作的工作状态才能激活。使用开关 –S4 可以在点动工作和自动工作之间选择。如果开关 –S4 在位置“0”，那么设备点动工作并且信号灯 –P3 常亮。如果开关 –S4 在位置“1”，那么设备自动工作并且信号灯 –P3 使用一个 1 Hz 的频率闪烁。脉冲控制 GRAFCET 流程控制图如图 2 所示。

（4）点动操作的工作过程（–S4=0）：

• 在按动按键 –S6 和 –S7 之后，滑板可以向右或向左（具体根据所用限位开关情况而定）移动。点动操作 GRAFCET 流程控制图如图 3 所示。

• 滑板的末端位置分别经由信号灯 –P6 和 –P8 指示出来。当一个方向的末端位置未到达时，相应的指示灯闪烁。中间位置则由 –P7 指示。滑板具备功能的条件是插件机处于基本位置（–3B1=1），同时按下 –S6 和 –S7，会导致电机停机（锁止中间继电器 =1）。解除锁止，不需要操作 –S6 和 –S7。

• 操作按钮 –S8 或 –S9，气缸 –2A1 可以缩进或伸出，信号灯 –P9 和 –P10 分别指示气缸的末端位置，此时，按钮 -S8 或 -S9 不能控制气缸缩进或伸出。

• 操作按钮 -S11 或 -S12，气缸 -3A1 可以缩进或伸出，信号灯 -S11 或 -S12 分别指示气缸的末端位置，此时，按钮 -S11 或 -S12 不能控制气缸缩进或伸出。

（5）自动操作功能过程（-S4=1）：要求对手动放在摆动机构上的工件（金属或塑料）进行检测，接着将其放在相应的存放位置处。设备必须处于基本位置才能起动自动操作。

通过双手操作一次循环的持续时间，进行起动和监控：

检测摆动机构上的工件，滑板向右，停止情况根据工件材料的情况而定，2s 后向上翻转，2s 后向下翻转，2s 后滑板回到基本位置。

双手操作的功能：

操作 -S5 或 -S10，设置“START 起动 =1”，不操作 -S5 或 -S10 或释放 -1Q4，复位“START 起动 =0”

（6）在设备开通的情况下操作急停（-S3=1）的状态：

• 信号灯 -P1、-P13“开”是受控制器控制的；
• 主阀 -0M1“关”；
• 所有阀门和滑板“关”；
• 信号灯指示瞬时值；
• 设备重新起动（所有操作元件处于基本位置，见“1”）。

（7）在设备开通的情况下用 -S3 关（-S3=0）的状态：

• 主阀 -0M1“开”；
• 所有阀门和滑板“关”；
• 所有信号灯“关”；
• 设备重新起动（所有操作元件处于基本位置，见“1”）。

系统的末端位置识别和基本位置信号灯控制 GRAFCET 流程控制图如图 4 所示。

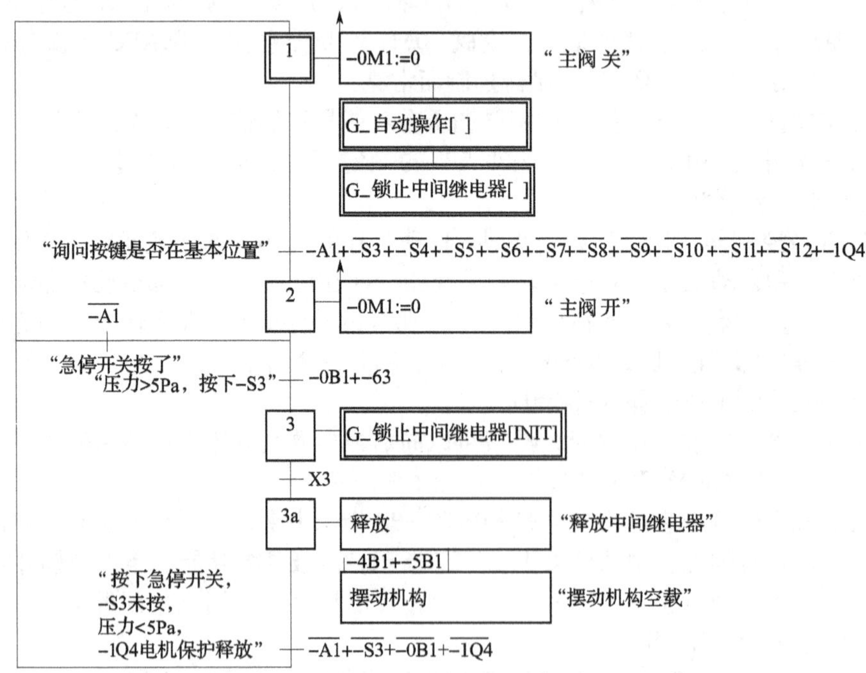

图 1　主阀控制 GRAFCET 流程控制图

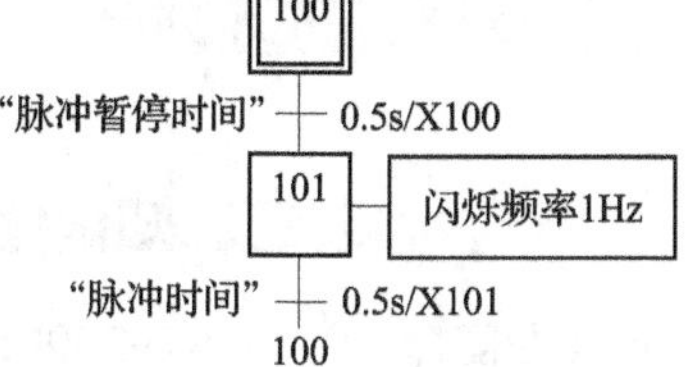

图 2　脉冲控制 GRAFCET 流程控制图

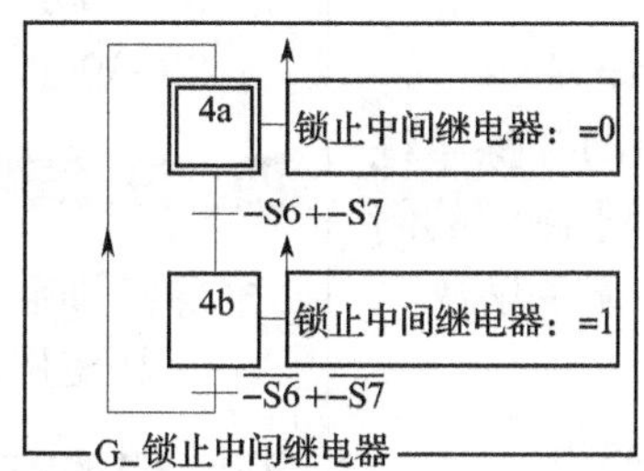

图 3　点动操作 GRAFCET 流程控制图

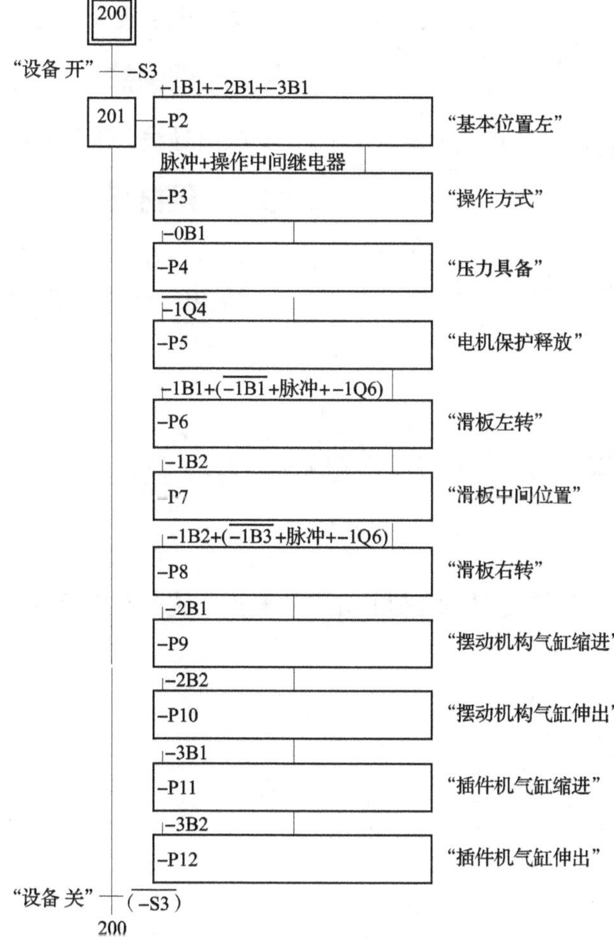

图 4　系统的末端位置识别和基本位置信号灯控制 GRAFCET 流程控制图

任务提示

一、工作方法

- 信息收集，回答引导问题，可以查阅本书的“知识库”，也可通过网络等工具了解相关知识
- 以小组讨论的形式完成工作计划
- 按照工作计划，完成电机驱动分拣系统的 PLC 程序编写与调试。对于碰到的问题，请尽量先自行解决，如无法解决再与培训教师进行讨论
- 与培训教师讨论，进行工作总结

二、工作流程及内容

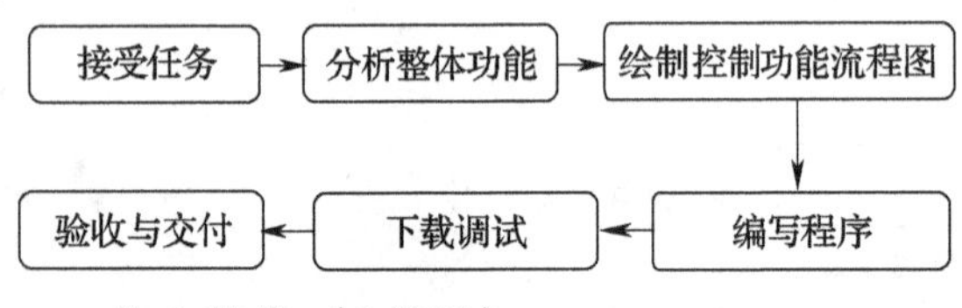

- 信息收集（4 学时）
- 计划与决策（2 学时）
- PLC 程序编写与调试（14 学时）
- 评价与总结（2 学时）

三、知识储备

- S7-300PLC 的硬件组成
- S7-300PLC 的项目设计流程
- S7-300PLC 的硬件组态
- S7-300PLC 的 I/O 基本指令应用

四、注意事项与工作提示

- 穿实训鞋服，必要时戴防护眼镜
- 工具使用中和使用后要整齐摆放

五、劳动安全

- 严格遵守车间安全标志的指示
- 按照电工安装规范操作，避免触电

六、环境保护

- 废旧导线应放置在指定位置

七、可用材料

- 西门子 S7-300 PLC 编程手册
- 《机电一体化图表手册》

工作过程

一、信息

（1）仔细阅读本任务的要求，绘制电机驱动分拣系统的动作控制流程图。

（2）写出 S7-300PLC 中定时器的种类和指令格式。

____

____

（3）要实现灯的闪亮，可以用到 S7-300CPU 的时钟存储器。要使用该功能，在硬件配置时需要设置 CPU 的属性，如下图所示，其中有一个选项为 Clock memory，选中选择框就可激活该功能。在 Memory Byte 区域输入想为该项功能设置的 MB 的地址，如需要使用 MB5，则直接输入____________。

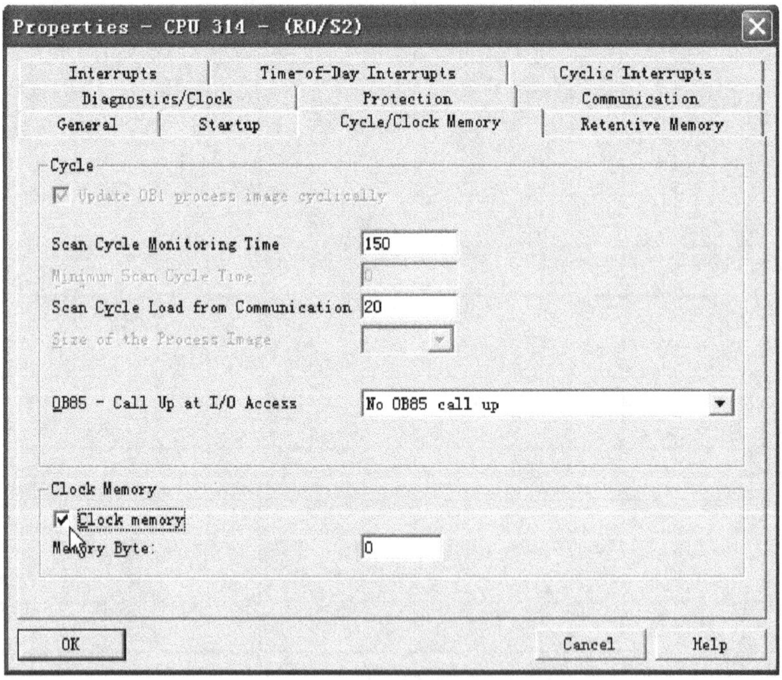

查手册中 Clock memory 的各位的周期及频率表可得到，M10.1 的变化周期为________s，M10.5 的变化周期为________。

（4）为了满足项目要求，结合接线图，分析要进行组态的硬件有____。

（5）S7-300 程序块中的 OB 表示________，FB 表示________，FC 表示________。

二、计划与决策

1．制订工作计划

小组讨论制订工作计划，明确工作内容和工作的注意事项。工作计划表见下表。

<table>
<tr><th colspan="5">工作计划</th></tr>
<tr><td colspan="3">工作台号：</td><td colspan="2">工件号：</td></tr>
<tr><td>序号</td><td>工作步骤</td><td>设备、工具、辅具、场地</td><td>注意事项</td><td>工作时间 / 小时</td></tr>
<tr><td>1</td><td></td><td></td><td></td><td></td></tr>
<tr><td>2</td><td></td><td></td><td></td><td></td></tr>
<tr><td>3</td><td></td><td></td><td></td><td></td></tr>
<tr><td>4</td><td></td><td></td><td></td><td></td></tr>
<tr><td>5</td><td></td><td></td><td></td><td></td></tr>
<tr><td>6</td><td></td><td></td><td></td><td></td></tr>
</table>

2. 准备工具、材料

请按照下表检查工具和材料，若无问题请打“√”，若有破损请及时告知培训教师。

序号	名称	品牌 / 型号	图示	检查情况
1	S7-300PLC MMC 存储卡	西门子 512K 6ES7953-8LJ30-0AA0		
2	下载线	6ES7972-0CB20-0XA0		
3	万用表		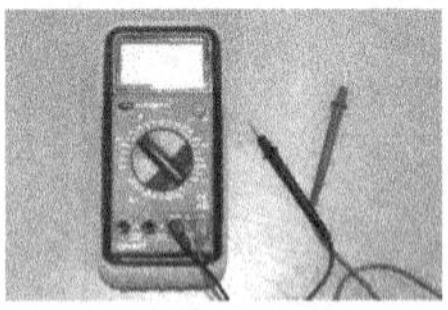	

3. 小组工作：决策结果是否考虑到以下检查点

序号	检查点	小组自评	
1	PLC 是否正常	是○	否○
2	配件是否满足要求	是○	否○
3	环保条件是否满足要求	是○	否○
4	是否明确安全作业要求	是○	否○
5	小组分工是否合理	是○	否○
6	劳动保护是否达要求	是○	否○

如有其他问题，请小组长与培训教师沟通，再带领小组成员做好安装的准备工作，如材料领取、安装工作台的准备等。

三、实施

1．注意事项与工作提示

（1）请按照计划执行，不要超时。主要实施内容有：小组讨论工作站的 I/O 分配表与控制工艺流程图；个人完成 I/O 分配表并测试 I/O 点，绘制控制工艺流程图，编写 PLC 程序。小组合作完成工作站程序的下载与调试。

（2）请注意小组合作、沟通。主动与同学、培训教师进行关于评分分歧、工作过程中存在的问题、技术上的问题及理论知识等方面的专业讨论。

（3）请按照规范要求（见下表）操作，注意 S7-300PLC 程序编写标准，避免不规范的程序编写。

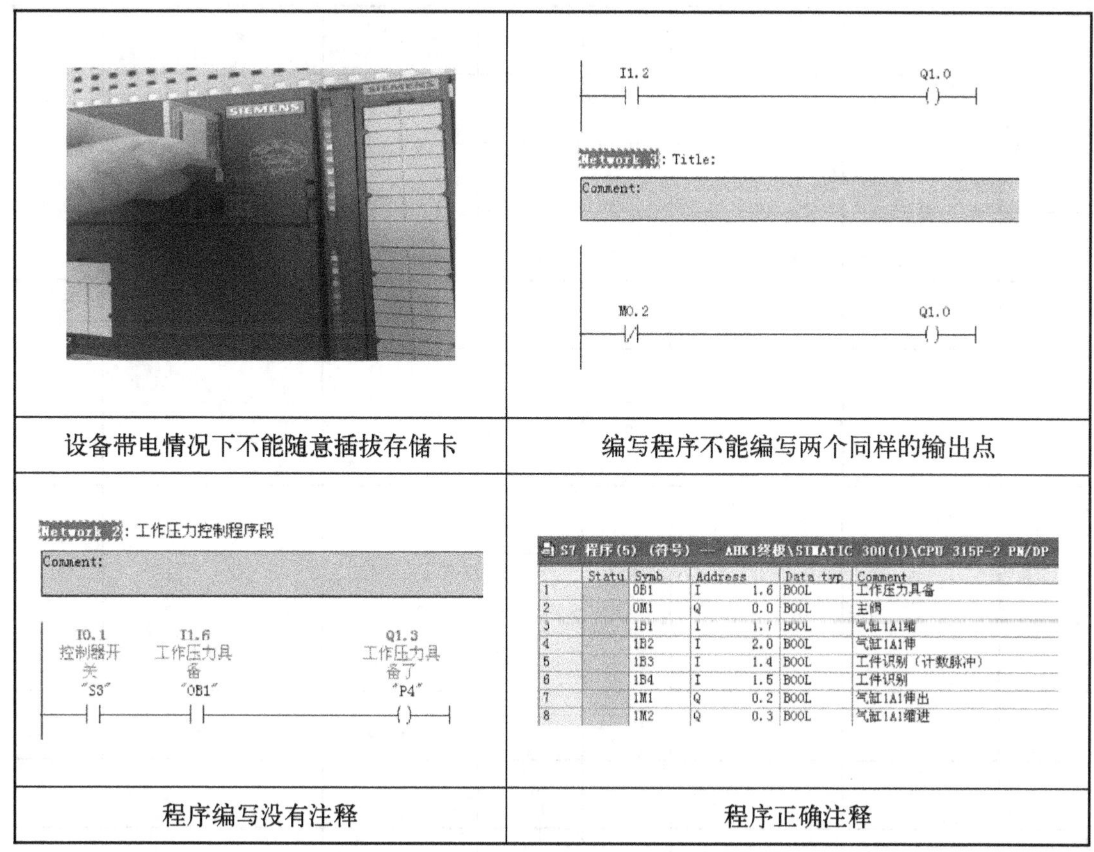

设备带电情况下不能随意插拔存储卡

编写程序不能编写两个同样的输出点

程序编写没有注释

程序正确注释

（4）5S 管理工作：整理实验台并填写使用记录，值日生做好值日。

2．现场作业记录

（1）根据电气图纸写出电机驱动分拣系统的 I/O 分配表，并对实际的接线进行 I/O 测试。实际接线与电气图纸一致并且测试无误，在下表的“测试结果”栏中打“√”。

输入信号				输出信号			
输入地址	元件名称	作用	测试结果	输出地址	元件名称	作用	测试结果

（2）PLC 程序记录。

(3) 问题与解决：记录小组工作中出现的程序调试问题，并记录问题的原因和分析的过程。

4) 现场工作完成情况记录：按决策的计划实施。注重操作规范、工作效率，遵守工作纪律，按时完成任务。小组观察员及监督员要记录小组在计划实施中出现的各种现象。

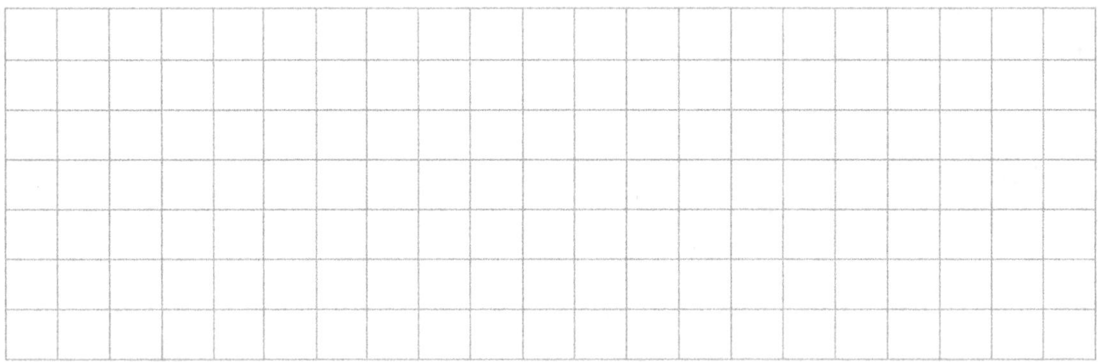

四、检查与交付

程序调试完毕后对功能进行自查，完成后交给培训教师评分，必要时做相关讲解或演示说明。

检查序号	检查功能点	正常与否	问题记录
1		是□　否□	
2		是□　否□	
3		是□　否□	
4		是□　否□	
5		是□　否□	
6		是□　否□	
7		是□　否□	
8		是□　否□	

五、评价

1. 小组成果分享和总结

将小组成果向同学展示，总结工作中的收获、遇到的问题和改进措施。

2. 项目任务工作评价

评分等级：0 ~ 10 分

评分等级要求：（根据 AHK 机电一体化工考证要求规定）

10 分	特别符合要求
9 分	完全符合要求
8 分、7 分	基本符合要求
6 分、5 分	有缺陷，但还符合要求
4 分、3 分	不符合要求，有较大缺陷
2 分、1 分、0 分	完全不符合要求

（1）工作质量评价。

序号	评价内容	权重系数	评分（0 ~ 10 分）	总分	备注
1	I/O 点测试准确无误	3.0			
2	PLC 程序格式符合编程要求，注释清晰	2.0			
3	PLC 程序符合控制要求	5.0			
合计（满分 100 分）					

（2）工作过程评价。

信息阶段

序号	评价项目	评价手段	0 ~ 10分	权重系数	总分
1	分析工作订单	学生工作页		2.5	
2	资料收集	学生工作页		2.5	
3	技术上与组织上的衔接	谈话 \ 观察		2.5	
4	方案的评估与确定	谈话 \ 观察 \ 资料		2.5	
阶段得分（0 ~ 100分）					

计划阶段

序号	评价项目	评价手段	0 ~ 10分	权重系数	总分
1	分任务的确定	学生工作页		2.5	
2	工作计划的制订	学生工作页		3.0	
3	编写计划资料	学生工作页		2.5	
4	方案的评估与确定	谈话 \ 观察 \ 资料		2.0	
阶段得分（0 ~ 100分）					

实施阶段

序号	评价项目	评价手段	0 ~ 10分	权重系数	总分
1	工作任务的完成情况、工作效率	工作过程记录		3.0	
2	功能的完整性	学生工作页 \ 观察		2.5	
3	产品质量和技术标准	根据工作质量评价表的评估		2.0	
4	解决问题的能力	谈话 \ 观察		2.5	
阶段得分（0 ~ 100分）					

检查阶段

序号	评价项目	评价手段	0 ~ 10分	权重系数	总分
1	验收 / 测量记录	学生工作页 \ 观察		3.0	
2	工作结果的记录和学生的自我评估	学生工作页 \ 观察		2.0	
3	相关重要资料完整移交	资料		2.0	
4	产品移交并作说明演示	谈话 \ 观察		3.0	
阶段得分（0 ~ 100分）					

（3）计算成绩。

序号	评价项目	阶段得分 （0 ~ 100 分）	权重系数	总分
1	信息		0.2	
2	计划		0.2	
3	实施		0.3	
4	检查		0.3	
			实际工作任务得分（0 ~ 100 分）	

培训教师签字（日期）：____________

总结与提高

一、自我总结

（1）总结自己的不足之处，并记录别人给自己提的意见，以便于下次工作的顺利开展。

（2）描述本次工作的内容。

二、思考与练习题

由于生产实践的需要我们对电机驱动分拣系统自动操作功能进行了修改，增加了一个金属传感器对工件进行金属检测分拣，思考你的程序该如何修改。

自动操作功能流程修改如下：

自动循环工作过程：-1A1 缩进，等待 1s，-1A1 伸出，金属传感器检测一个金属工件，计数器减 1。识别到了 3 个金属工件，循环停止；缺工件或工件不对（不是金属工件），设备停止不动，等待 -1B3 上有信号。要让设备继续往下运行，必须将设备设定到“起动循环”。

项目 4 皮带传送分拣系统的安装与调试

任务 1　皮带传送分拣系统机械安装与调试

任务描述

仔细阅读皮带传送分拣系统的结构图（见图 1），说明其结构组成及功能，并小组讨论制订机械安装工艺流程，按照机电一体化技术标准进行安装与调试。皮带传送分拣系统的硬件结构如图 2 所示。

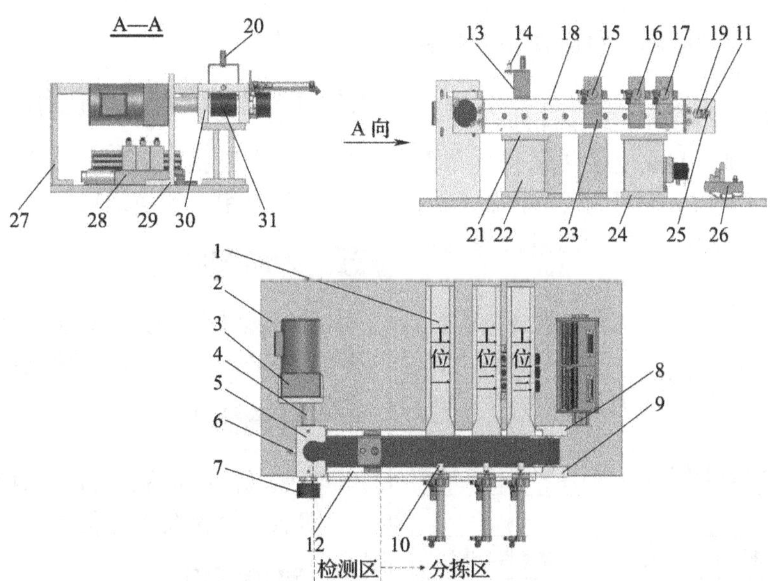

图 1　皮带传送分拣系统结构图

1—料槽　2—模块底板　3—交流电动机　4—联轴器　5—导正块　6—进料光纤传感器　7—旋转编码器　8—支撑铝板 1　9—推料头　10—支撑铝板 2　11—调节螺栓　12—从动轴侧端板　13—传感器安装支架　14—光纤传感器 1　15—推杆 1　16—推杆 2　17—推杆 3　18—导轨　19—从动轴　20—电感式传感器　21—支撑顶板　22—支撑中间板　23—气缸安装件　24—支撑底板　25—弹簧　26—接线排　27—料槽尾安装件　28—电磁阀组　29—交流电动机安装板　30—主动轴侧端板　31—平皮带

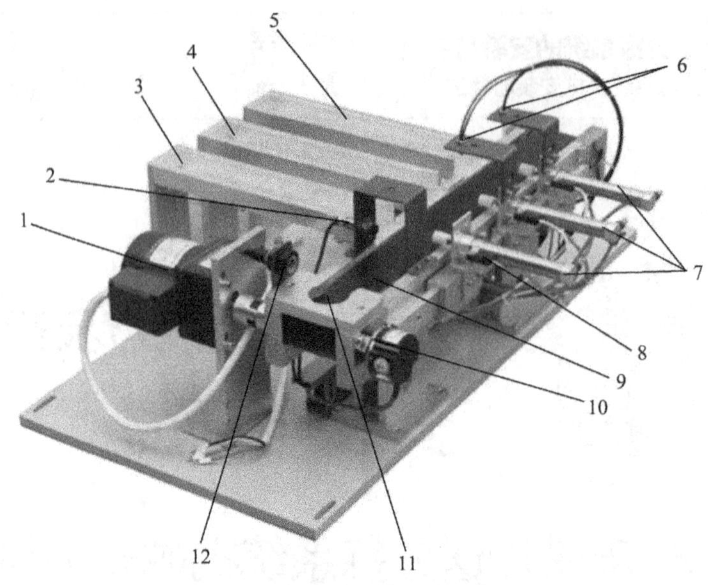

图 2　皮带传送分拣系统硬件结构图

1—三相异步电动机　2—金属传感器　3—分拣槽　4—分拣槽　5—分拣槽　6—光纤传感器　7—推料气缸　8—磁性开关　9—传送带　10—光电旋转编码器　11—分拣入料口　12—光电传感器

任务提示

一、工作方法

- 读图后回答引导问题，可以使用的材料有教材、手册等
- 以小组讨论的形式完成工作计划
- 按照工作计划，完成皮带传送分拣系统机械安装与调试。对于预料外的问题，请尽量先自行解决，如无法解决再与培训教师进行讨论
- 与培训教师讨论，进行工作总结

二、工作流程及内容

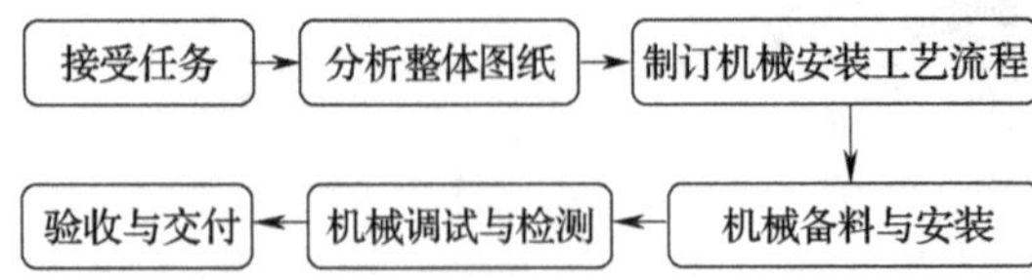

- 信息收集（1 学时）
- 计划与决策（2 学时）
- 机械安装与检查（5 学时）
- 评价与总结（2 学时）

三、知识储备

- 传送带

四、注意事项与工作提示

- 穿实训鞋服，必要时戴防护眼镜
- 工具使用中和使用后要整齐摆放

五、劳动安全

- 严格遵守车间安全标志的指示
- 工件必须去毛刺，避免划伤

六、环境保护

- 参照《简明机械手册》的相关内容
- 切屑应放置在指定位置

七、可用材料

- 图纸
- 《简明机械手册》

工作过程

一、信息

（1）仔细阅读皮带传送分拣系统结构图，明确其系统结构，了解其用途，并用清晰明了的语言表述。

（2）分拣站中有几个传感器？分别起什么作用？

（3）该单元中包含了哪些气缸？用到了哪些换向阀？

（4）查阅资料，了解传送带的各种类型，并写出几种常见的传送带的用途。

重要提示：在进行机械安装之前，必须牢记安全作业标准。

二、计划与决策

1．制订工作计划

小组讨论制订工作计划，明确工作内容和工作的注意事项。工作计划表见下表。

工作计划				
工作台号：			工件号：	
序号	工作步骤	设备、工具、辅具、场地	注意事项	工作时间／小时
1				
2				
3				
4				
5				

续表

序号	工作步骤	设备、工具、辅具、场地	注意事项	工作时间 / 小时
6				
7				
8				

2．确定皮带传送分拣系统机械安装的工艺流程

根据安装图纸，小组讨论，制订机械安装工艺流程。皮带传送分拣系统机械安装的工艺流程表见下表。

序号	安装主要部件	注意事项	备注

3. 准备工具、材料

工具的检查是一项非常重要的工作，不仅要熟悉工具的名称、规格、用途，还要学会工具的保养。请按照下表检查工具，若无问题请打“✓”，若有破损请及时告知培训教师。

序号	名称	规格	图示	检查情况
1	L 形内六角扳手			
2	扳手			
3	角尺			
4	直尺			

4. 小组工作：决策结果是否考虑到以下检查点

序号	检查点	小组自评	
1	安装工序是否按照安装规范进行	是○	否○
2	使用的工具是否满足安装规范的要求	是○	否○
3	安装零件、材料是否满足安装规范的要求	是○	否○
4	环保条件是否满足安装规范的要求	是○	否○
5	是否明确安全作业要求	是○	否○
6	小组分工是否合理	是○	否○
7	劳动保护是否达要求	是○	否○

如有其他问题，请小组长与培训教师沟通，再带领小组成员做好安装的准备工作，如材料领取、安装工作台的准备等。

三、实施

1. 注意事项与工作提示

（1）请按照计划执行，不要超时。

（2）请注意小组合作、沟通。主动与同学、培训教师进行关于评分分歧、工作过程中存在的问题、技术上的问题及理论知识等方面的专业讨论。

（3）请按照标准操作，避免不规范的安装。

2. 小组工作

按计划实施安装。注重规范安装、工作效率，遵守工作纪律，按时完成任务。小组观察员及监督员要记录小组在计划实施中出现的各类现象。同时培训教师也将记录小组的工作情况，如 5S 管理执行情况及学员的工作态度、工作质量等。

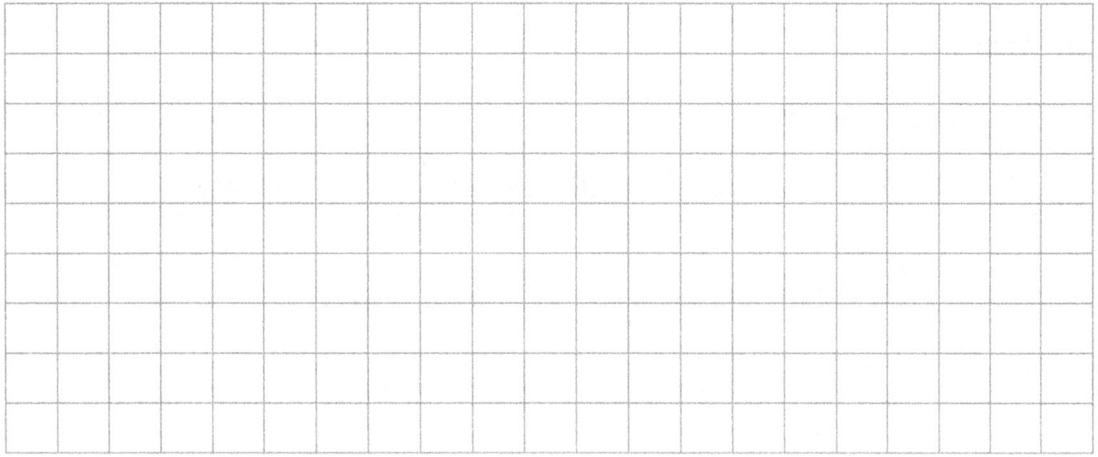

3. 问题与解决

记录小组工作中出现的问题，并记录问题的原因和分析的过程。

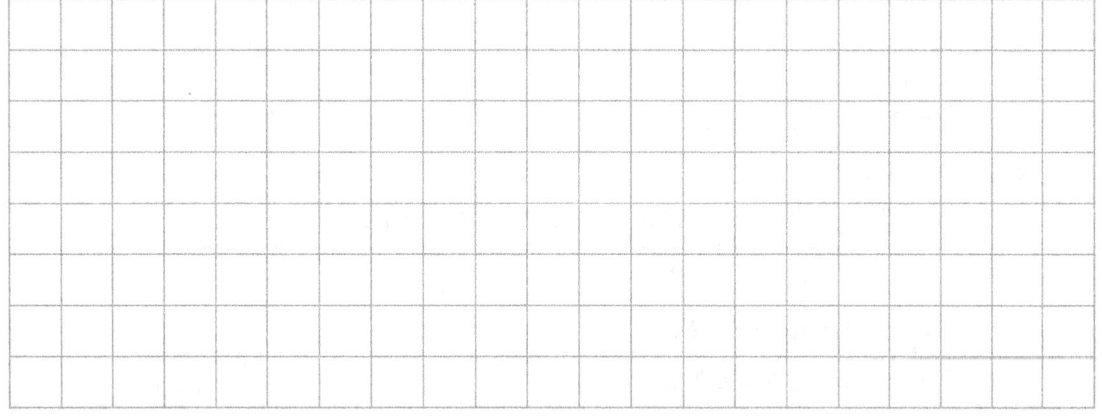

四、检查与交付

安装完毕后请按照下表进行自查，完成后交给培训教师评分，必要时做相关讲解或演示说明。

请目测检查各检查点是否有问题存在，并记录检查结果，若无问题则交付验收。

检查序号	检查点	正常与否	问题记录
1	图纸完整、齐备	是□　否□	
2	按总装图所示安装	是□　否□	
3	所有零部件安装牢固	是□　否□	
4	零部件没有损坏	是□　否□	
5	所有零部件去毛刺	是□　否□	
6	气缸工作轻松自如	是□　否□	
7	重要零部件做标识	是□　否□	

五、评价

1. 小组成果分享和总结

将小组成果向同学展示，总结工作中的收获、遇到的问题和改进措施。

2. 项目任务工作评价

评分等级：0 ~ 10 分

评分等级要求：(根据 AHK 机电一体化工考证要求规定)

10 分	特别符合要求
9 分	完全符合要求
8 分、7 分	基本符合要求

续表

6 分、5 分	有缺陷，但还符合要求
4 分、3 分	不符合要求，有较大缺陷
2 分、1 分、0 分	完全不符合要求

（1）工作质量评价。

序号	评价内容	权重系数	评分（0 ~ 10 分）	总分	备注
1	机械组合按装配图纸安装，安装牢固	1.0			
2	固定板的尺寸精确度	2.0			
3	带传动符合专业要求（2×）	3.0			
4	带轮的平行度（2×）	2.0			
5	电机联轴节平直度（2×）	1.0			
6	分拣槽平行度（2×）	1.0			
合计（满分 100 分）					

（2）工作过程评价。

信息阶段

序号	评价项目	评价手段	0 ~ 10 分	权重系数	总分
1	分析工作订单	学生工作页		2.5	
2	资料收集	学生工作页		2.5	
3	技术上与组织上的衔接	谈话 \ 观察		2.5	
4	方案的评估与确定	谈话 \ 观察 \ 资料		2.5	
阶段得分（0 ~ 100 分）					

计划阶段

序号	评价项目	评价手段	0 ~ 10 分	权重系数	总分
1	分任务的确定	学生工作页		2.5	
2	工作计划的制订	学生工作页		3.0	
3	编写计划资料	学生工作页		2.5	
4	方案的评估与确定	谈话 \ 观察 \ 资料		2.0	
阶段得分（0 ~ 100 分）					

实施阶段

序号	评价项目	评价手段	0 ~ 10 分	权重系数	总分
1	工作任务的完成情况、工作效率	工作过程记录		3.0	
2	功能的完整性	学生工作页 \ 观察		2.5	
3	产品质量和技术标准	根据工作质量评价表进行评估		2.0	
4	解决问题的能力	谈话 \ 观察		2.5	
阶段得分（0 ~ 100 分）					

检查阶段

序号	评价项目	评价手段	0 ~ 10 分	权重系数	总分
1	验收 / 测量记录	学生工作页 \ 观察		3.0	
2	工作结果的记录和学生的自我评估	学生工作页 \ 观察		2.0	
3	相关重要资料完整移交	资料		2.0	
4	产品移交并作说明演示	谈话 \ 观察		3.0	
阶段得分（0 ~ 100 分）					

（3）计算成绩。

序号	评价项目	阶段得分（0 ~ 100 分）	权重系数	总分
1	信息		0.2	
2	计划		0.2	
3	实施		0.3	
4	检查		0.3	
			实际工作任务得分（0 ~ 100 分）	

培训教师签字（日期）：____________

总结与提高

一、自我总结

（1）总结自己的不足之处，并记录别人给自己提的意见，以便于下次工作的顺利开展。

（2）描述本次工作的内容。

二、思考与提高

根据皮带传送分拣系统机械安装与调试的实践体会，参考相关文献编制装配工艺规程。

项目 4　皮带传送分拣系统的安装与调试 任务 2　皮带传送分拣系统电气安装与调试	姓名：	班级：
	日期：	页码：

任务 2　皮带传送分拣系统电气安装与调试

任务描述

小组讨论分析皮带传送分拣系统的电气接线图，包括如图 1 所示分拣系统气动回路图和图 2 所示分拣系统电气原理图，并制订电气安装计划，按照 GB 标准进行安装与调试。

序号	任务内容	任务要求
1	分析电气原理图	读懂电气原理图
2	信息采集	完成工作页的问题
3	制订工作计划	小组讨论并制订合理工作计划
4	元件安装及电气接线	小组接线，分工合作
5	线路检测	对照图纸使用万用表进行线路检测
6	工具、设备、现场 5S 管理和 TPM 管理	要求学生每次课后按规定对工具、设备进行 5S 管理，对现场进行 TPM 管理

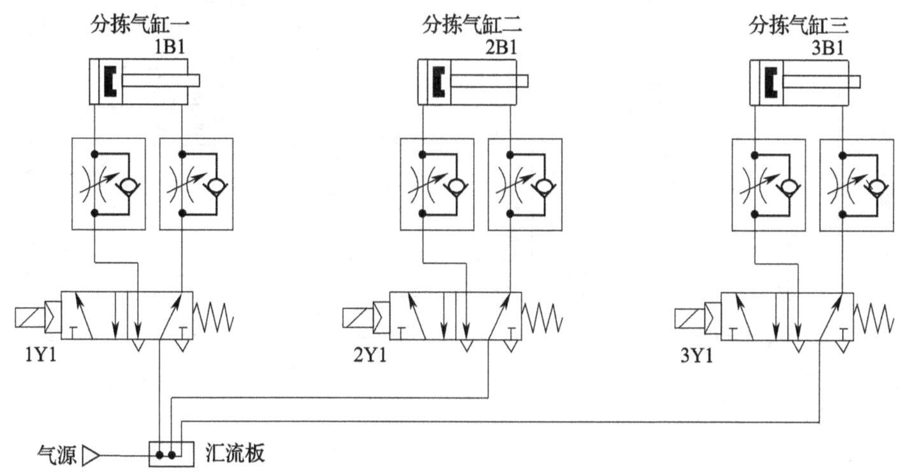

图 1　分拣系统气动回路图

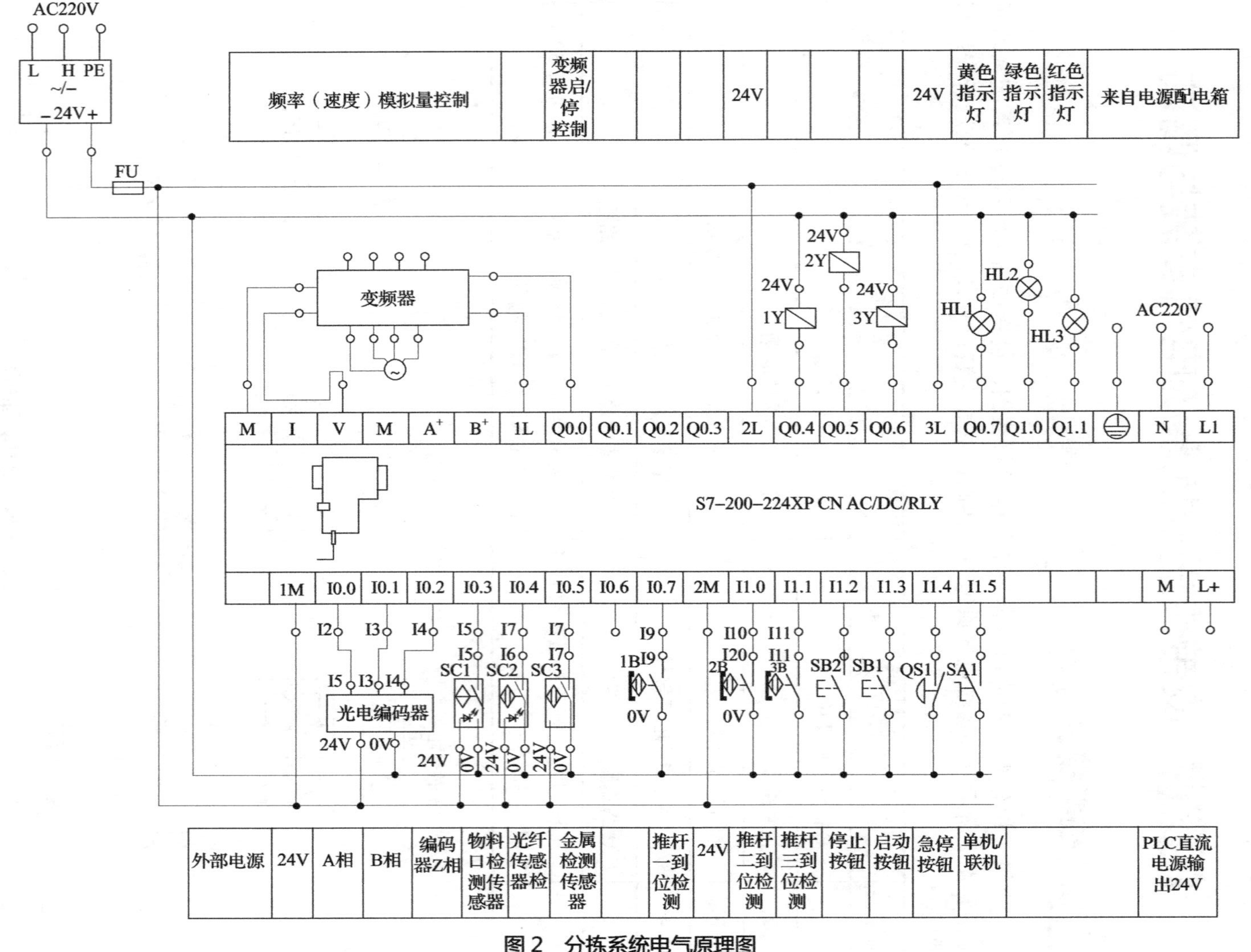

图 2　分拣系统电气原理图

任务提示

一、工作方法

- 读图后回答引导问题，可以使用的材料有教材、手册等
- 以小组讨论的形式完成工作计划
- 按照工作计划，完成皮带传送分拣系统的电气安装与调试。对于预料外的问题，请尽量先自行解决，如无法解决再与培训教师进行讨论
- 与培训教师讨论，进行工作总结

二、工作流程及内容

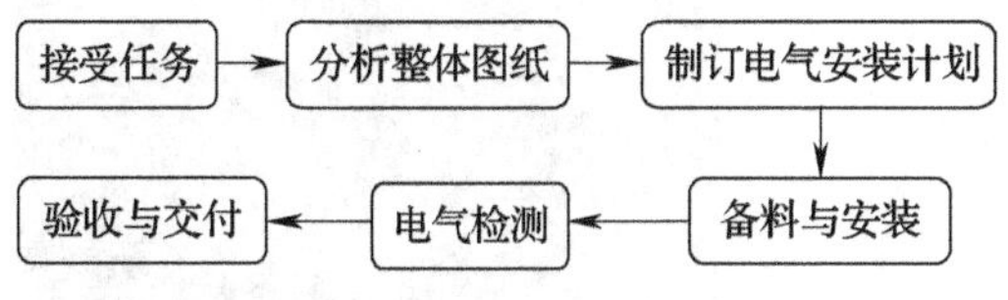

- 信息收集（4 学时）
- 计划与决策（2 学时）
- 电气安装与检查（8 学时）
- 评价与总结（2 学时）

三、知识储备

- 光纤传感器的应用
- 金属传感器的工作原理与应用
- 旋转编码器的工作原理及应用
- 变频器的使用方法
- 西门子 S7-200PLC I/O 模块的接线方法

四、注意事项与工作提示

- 穿实训鞋服，必要时戴防护眼镜
- 工具使用中和使用后要整齐摆放

五、劳动安全

- 严格遵守车间安全标志的指示
- 按照电工安装规范操作，避免触电

六、环境保护

- 废旧导线应放置在指定位置
- 未使用完的冷压端子等耗材应归还原处，并分类放置

七、可用材料

- 图纸
- 《机电一体化图表手册》

工作过程

一、信息

（1）结合工作站的结构，说明下图所示光电传感器的作用及类型，并查阅资料了解其在工业中的应用。

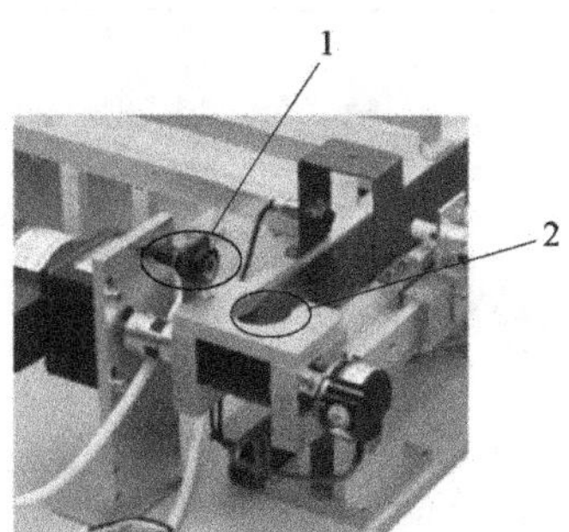

1—光电传感器　2—分拣站入料口

（2）下图所示是光电开关在自动化生产线中的应用，说明图中两种光电开关的名称及作用。

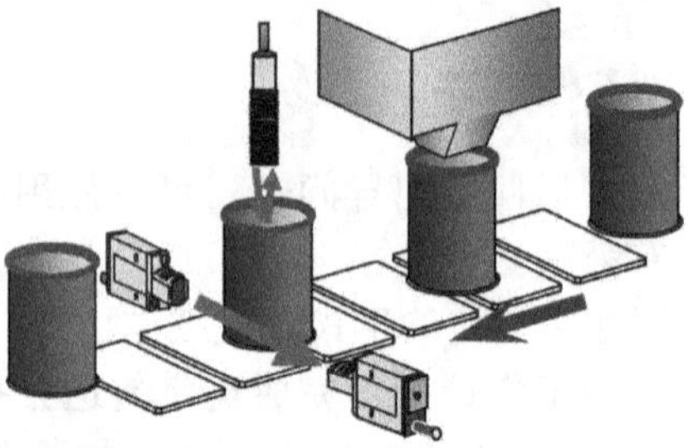

（3）下图所示安装实物图中的光纤传感器 1 和 2 分别起什么作用？请查阅资料说明光纤放大器中的信号灯和旋钮的用途。

2 1

（4）查阅下图所示安装实物图中光电旋转编码器的说明书，说明其在分拣系统中的作用并画出电气接线。

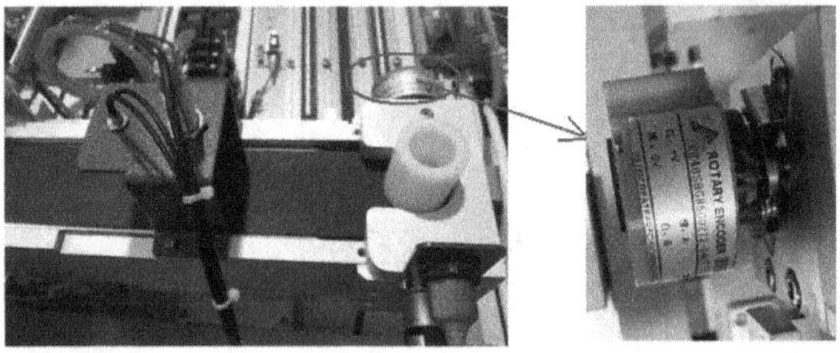

(5) 为了确定工件移动的位移量，首先要弄清楚脉冲当量的概念。脉冲当量，即每个脉冲对应的位移量。本项目采用通用型光电旋转编码器，选用型号为________________，工作电源为__________，NPN 型集电极开路输出，分辨率为__________线。实际应用中为了提高分辨率，在软件设计上采用 4 倍频方法，这样编码器旋转一周输出__________个脉冲。分拣装置主动轴的直径为 43 mm，请计算该编码器的脉冲当量，即每个脉冲对应的位移量。

(6) 根据图示的三个推料气缸的位置，计算三个推料位置对应的脉冲数。

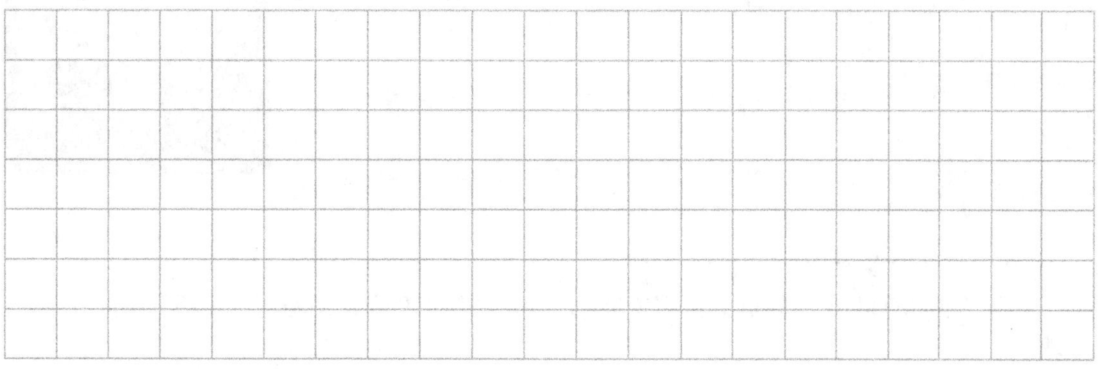

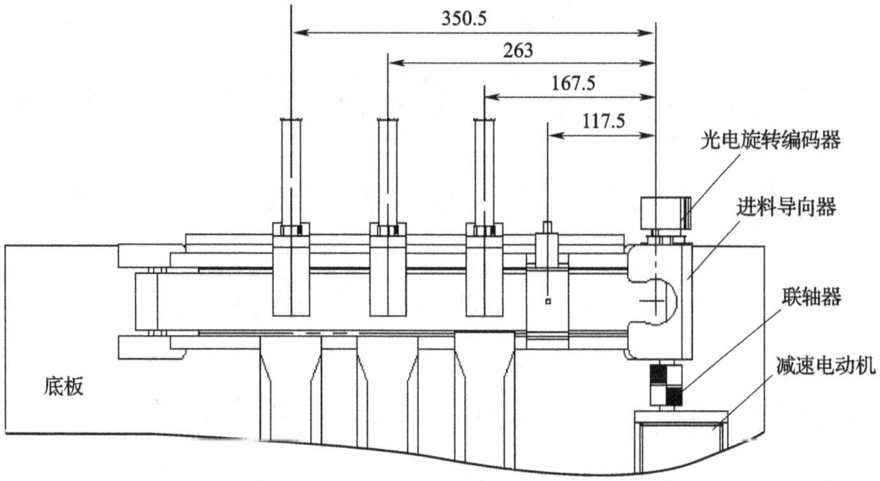

（7）对照下图，查阅 MM420 变频器的使用说明书，阐述 BOP 操作面板各个按钮的作用。

（8）查阅 MM420 变频器的使用说明书，阐述用 BOP 操作面板更改参数设置的方法与步骤。

（9）查阅 MM420 变频器的使用说明书，阐述 MM420 变频器的用户访问参数组的等级。

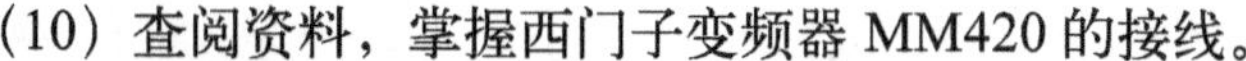

（10）查阅资料，掌握西门子变频器 MM420 的接线。

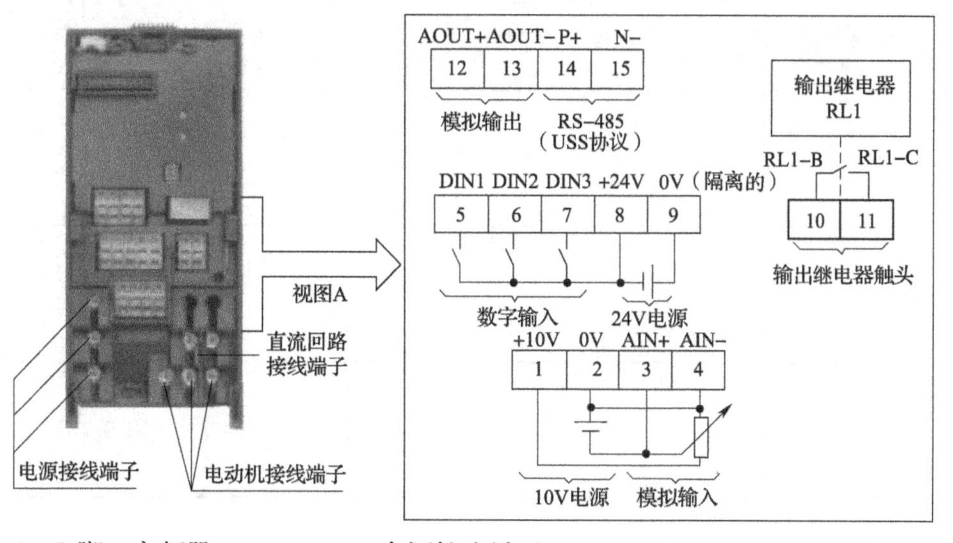

- 1、2 脚：变频器＿＿＿＿＿＿电源输出端子。
- 3、4 脚：＿＿＿＿＿信号输入端子，其中 3 脚为＿＿＿＿＿极，4 脚为＿＿＿＿＿极。
- 5、6、7 脚：＿＿＿＿＿＿输入端子，可通过＿＿＿＿设置其具体的功能。
- 8、9 脚：变频器＿＿＿＿＿＿电源输出端子，其中 8 脚为正极，9 脚为负极。

二、计划与决策

1. 制订工作计划

小组讨论制订工作计划，明确工作内容和工作的注意事项。工作计划表见下表。

工作计划				
工作台号：			工件号：	
序号	工作步骤	设备、工具、辅具、场地	注意事项	工作时间 / 小时
1				
2				
3				

续表

序号	工作步骤	设备、工具、辅具、场地	注意事项	工作时间/小时
4				
5				
6				

2. 准备工具、材料

(1) 工具的检查是一项非常重要的工作，不仅要熟悉工具的名称、规格、用途，还要学会工具的保养。请按照下表检查工具，若无问题请打“√”，若有破损请及时告知培训教师。

序号	名称	规格	图示	检查情况
1	剥线钳		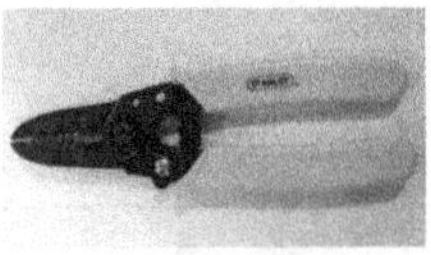	
2	针形端子压线钳		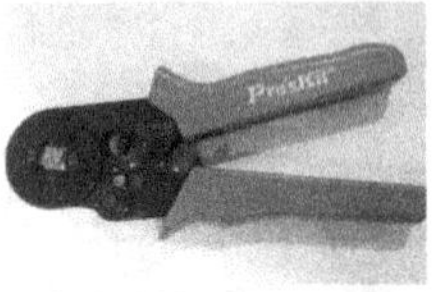	
3	斜口钳			
4	十字螺丝刀		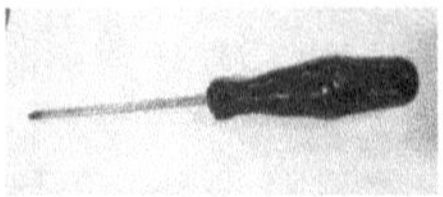	
5	一字螺丝刀		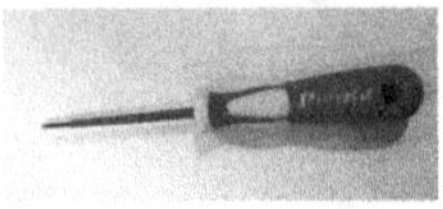	

续表

序号	名称	规格	图示	检查情况
6	万用表			

你是否清楚常用电工工具的使用规范？若不清楚，请扫描二维码观看讲解视频。

（2）根据电气安装图纸，完成其备料清单，并做出预算。

电气元件清单表

序号	名称	型号	数量	单价 / 元	小计 / 元	作用
总计 / 元						

耗材清单表

序号	名称	型号 / 规格	数量	单价 / 元	小计 / 元
总计 / 元					

3. 小组工作：决策结果是否考虑到以下检查点

序号	检查点	小组自评	
1	安装工序是否按照安装规范进行	是○	否○
2	各元件是否正常	是○	否○
3	使用的工具是否满足安装规范的要求	是○	否○
4	耗材是否满足安装规范的要求	是○	否○
5	环保条件是否满足安装规范的要求	是○	否○
6	是否明确安全作业要求	是○	否○
7	小组分工是否合理	是○	否○
8	劳动保护是否达要求	是○	否○

如有其他问题，请小组长与培训教师沟通，再带领小组成员做好安装的准备工作，如材料领取、安装工作台的准备等。

三、实施

1. 注意事项与工作提示

（1）请按照计划执行，不要超时。

（2）请注意小组合作、沟通。主动与同学、老师进行关于评分分歧、工作过程中存在的问题、技术上的问题及理论知识等方面的专业讨论。

（3）请按照标准操作，避免不规范的安装。

（4）气路安装注意事项如下：

- 一个电磁阀的两根气管连接至一个气缸的两个端口。不能一个电磁阀交叉连接至两个气缸，或两个电磁阀连接至一个气缸。
- 接入气管时，气管插入节流阀的气孔后确保不能拉出，而且应保证不漏气。
- 拔出气管时，先要用左手按下节流阀气孔上的伸缩件，右手用小力轻轻拔出，切不可直接用力强行拔出，否则会损坏节流阀内部的锁扣环。
- 连接气路时，最好用两种不同颜色的气管来连接进、出气管，以方便识别。
- 气管的连接要做到走线整齐、美观，尼龙绑扎距离保持在 4 ～ 5cm 为宜。

2. 小组工作

按计划实施安装。注重规范安装、工作效率，遵守工作纪律，按时完成任务。小组观察员及监督员要记录小组在计划实施中出现的各种现象。

3．问题与解决

记录小组工作中出现的问题，并记录问题的原因和分析的过程。

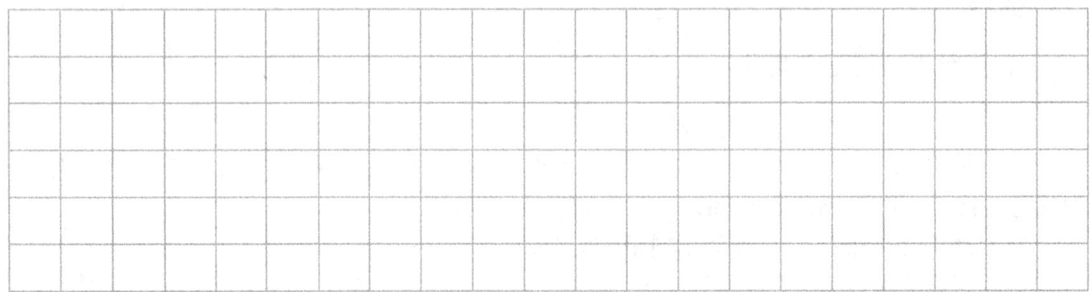

四、检查与交付

安装完毕后请按照下表进行自查，并交给培训教师评分，必要时做相关讲解或演示说明。

1．气路检查

请目测检查各检查点是否有问题存在，并记录检查结果，若无问题则交付验收。

检查序号	检查点	正常与否	问题记录
1	按装配图所示安装	是□　否□	
2	所有元器件安装牢固	是□　否□	
3	气动管线按专业要求布设	是□　否□	
4	元器件没有损坏	是□　否□	

2．电路检查

请目测检查各检查点是否有问题存在，并记录检查结果，若无问题则交付验收。

检查序号	检查点	正常与否	问题记录
1	设备（元件）按专业要求装配	是□　否□	
2	接地保护线连接符合专业要求	是□　否□	
3	端子固定牢固（抽检）	是□　否□	
4	按电路图布线	是□　否□	
5	电线没有损坏	是□　否□	
6	导线截面积选择符合专业要求	是□　否□	
7	电线颜色选择符合专业要求	是□　否□	
8	传感器和执行元件选择符合专业要求	是□　否□	
9	器件选择符合专业要求	是□　否□	
10	器件没有损坏	是□　否□	

3．测量电压与相位

在对机电系统进行调试之前需要进行一些测量，请记录测量结果。建议在上电测量前检查一遍接线。

检查序号	测量	测点	测量值
1	电源电压		
2	24 V 控制电压		
3	PLC 电源电压		

五、评价

1. 小组成果分享和总结

将小组成果向同学展示，总结工作中的收获、遇到的问题和改进措施。

2. 项目任务工作评价

评分等级：0 ~ 10 分
评分等级要求：（根据 AHK 机电一体化工考证要求规定）

10 分	特别符合要求
9 分	完全符合要求
8 分、7 分	基本符合要求
6 分、5 分	有缺陷，但还符合要求
4 分、3 分	不符合要求，有较大缺陷
2 分、1 分、0 分	完全不符合要求

(1) 工作质量评价。

序号	评价内容	权重系数	评分(0 ~ 10 分)	总分	备注
1	电气元件布置、线路按照图纸安装	2.0			
2	各导线安装牢固，并正确安装冷压端子	2.0			
3	导线颜色按照 VDE 标准选取	1.0			
4	扎带按安装规范绑扎	1.0			
5	气路正确安装无漏气	2.0			
6	电路上电后正常	2.0			
合计（满分 100 分）					

(2) 工作过程评价。

信息阶段

序号	评价项目	评价手段	0 ~ 10 分	权重系数	总分
1	分析工作订单	学生工作页		2.5	
2	资料收集	学生工作页		2.5	
3	技术上与组织上的衔接	谈话 \ 观察		2.5	
4	方案的评估与确定	谈话 \ 观察 \ 资料		2.5	
阶段得分（0 ~ 100 分）					

计划阶段

序号	评价项目	评价手段	0 ~ 10 分	权重系数	总分
1	分任务的确定	学生工作页		2.5	
2	工作计划的制订	学生工作页		3.0	
3	编写计划资料	学生工作页		2.5	
4	方案的评估与确定	谈话 \ 观察 \ 资料		2.0	
阶段得分（0 ~ 100 分）					

实施阶段

序号	评价项目	评价手段	0 ~ 10 分	权重系数	总分
1	工作任务的完成情况、工作效率	工作过程记录		3.0	
2	功能的完整性	学生工作页 \ 观察		2.5	
3	产品质量和技术标准	根据工作质量评价表的评估		2.0	
4	解决问题的能力	谈话 \ 观察		2.5	
阶段得分（0 ~ 100 分）					

检查阶段

序号	评价项目	评价手段	0 ~ 10 分	权重系数	总分
1	验收 / 测量记录	学生工作页 \ 观察		3.0	
2	工作结果的记录和学生的自我评估	学生工作页 \ 观察		2.0	
3	相关重要资料完整移交	资料		2.0	
4	产品移交并作说明演示	谈话 \ 观察		3.0	
阶段得分（0 ~ 100 分）					

（3）计算成绩。

序号	评价项目	阶段得分（0 ~ 100 分）	权重系数	总分
1	信息		0.2	
2	计划		0.2	
3	实施		0.3	
4	检查		0.3	
			实际工作任务得分（0 ~ 100 分）	

培训教师签字（日期）：__________

总结与提高

一、自我总结

(1) 总结自己的不足之处，并记录别人给自己提的意见，以便于下次工作的顺利开展。

(2) 描述本次工作的内容。

二、思考与提高

根据下图所示的分拣系统气动原理图回答问题。

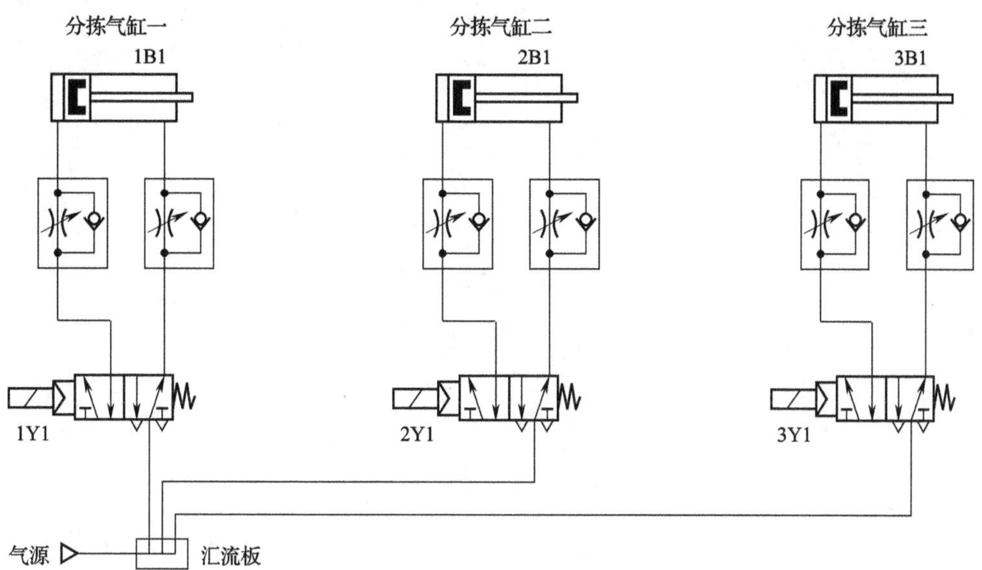

（1）气缸长度为 200 mm，要求以 0.04 m/s 的速度伸出，请计算伸出时间 t（s）。

（2）三个气缸的速度控制方式分别是什么？请写出配备此装置在实际工作中的优点。

（3）三个电磁换向阀的名称分别是什么？阐述其工作原理。

项目 4　皮带传送分拣系统的安装与调试 任务 3　皮带传送分拣系统 PLC 程序编写与调试	姓名：	班级：
	日期：	页码：

任务 3　皮带传送分拣系统 PLC 程序编写与调试

任务描述

读懂功能说明，根据控制功能流程图，下载与调试 PLC 梯形图程序实现功能。若出现错误，小组讨论并解决问题，进行检修。请按照标准进行安装与调试。

序号	任务内容	任务要求
1	分析工作任务	读懂功能说明
2	信息采集	完成工作页的问题
3	实施记录	小组分工合作完成 I/O 测试，控制功能流程图及 PLC 程序编写
4	自查与验收	按照功能检查表检查功能，完成调试
5	工具、设备、现场 5S 管理和 TPM 管理	要求学生每次课后按规定对工具、设备进行 5S 管理，对现场进行 TPM 管理

功能说明如下。

1. 初态检查

设备上电和气源接通后，若分拣站的三个气缸均处于缩回位置，则“正常工作”指示灯 HL1（橙色灯）常亮，表示设备已准备好；否则，该指示灯以 1 Hz 频率闪烁。

2. 起动运行

若设备已准备好，按下起动按钮，系统起动，“设备运行”指示灯 HL2（绿色灯）常亮。当在分拣站入料口人工放下已装配的工件时，变频器即起动，三相异步电动机以 30 Hz 频率驱动传送带把工件带入分拣区。

如果工件为金属工件，则该工件到达 1 号滑槽中间，传送带停止，工件被推到 1 号槽中；如果工件为白色工件，则该工件到达 2 号滑槽中间，传送带停止，工件被推到 2 号槽中；如果工件为黑色工件，则该工件到达 3 号滑槽中间，传送带停止，工件被推到 3 号槽中。工件被推出滑槽后，该工作站的一个工作周期结束。仅当工件被推出滑槽后，才能再次向传送带下料。

3. 正常停止

如果在运行期间按下停止按钮，该工作站在本工作周期结束后才停止运行。

顺序控制程序流程图如图 1 所示。

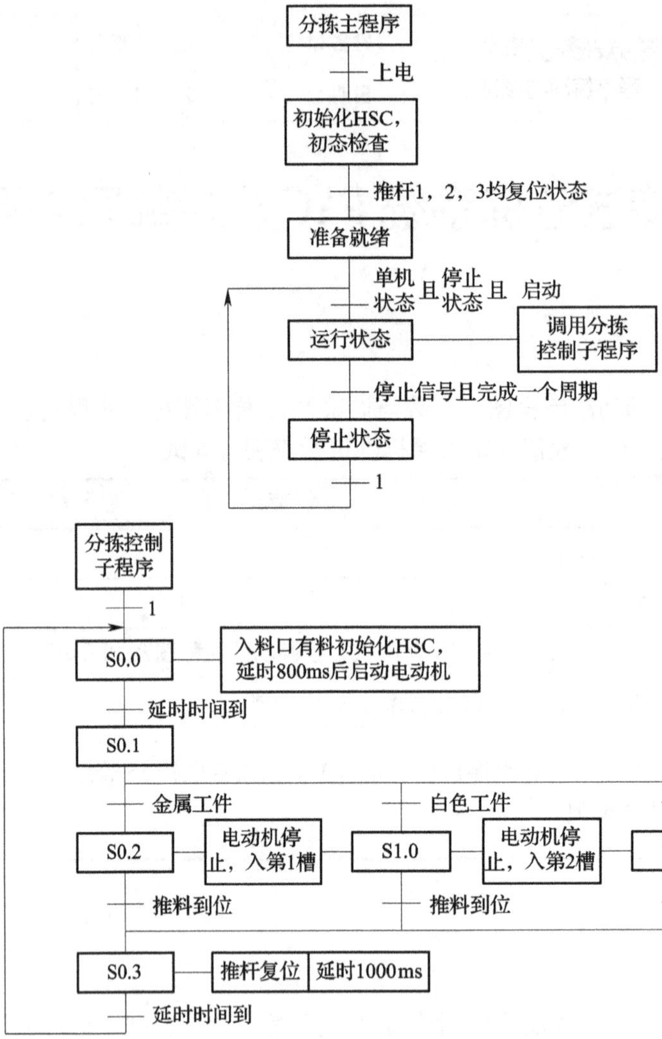

分拣主程序
上电
初始化HSC，初态检查
推杆1，2，3均复位状态
准备就绪
单机状态 且 停止状态 且 启动
运行状态
调用分拣控制子程序
停止信号且完成一个周期
停止状态
1

分拣控制子程序
1
S0.0
入料口有料初始化HSC，延时800ms后启动电动机
延时时间到
S0.1
金属工件
白色工件
黑色工件
S0.2
电动机停止，入第1槽
S1.0
电动机停止，入第2槽
S2.0
电动机停止，入第3槽
推料到位
推料到位
推料到位
S0.3
推杆复位
延时1000ms
延时时间到

图 1　顺序控制程序流程图

任务提示

一、工作方法

- 信息收集，回答引导问题，可以查阅本书的“知识库”，也可通过网络等工具了解相关知识
- 以小组讨论的形式完成工作计划
- 按照工作计划，完成皮带传送分拣系统的 PLC 程序编写与调试。对于碰到的问题，请尽量先自行解决，如无法解决再与培训教师进行讨论
- 与培训教师讨论，进行工作总结。

二、工作流程及内容

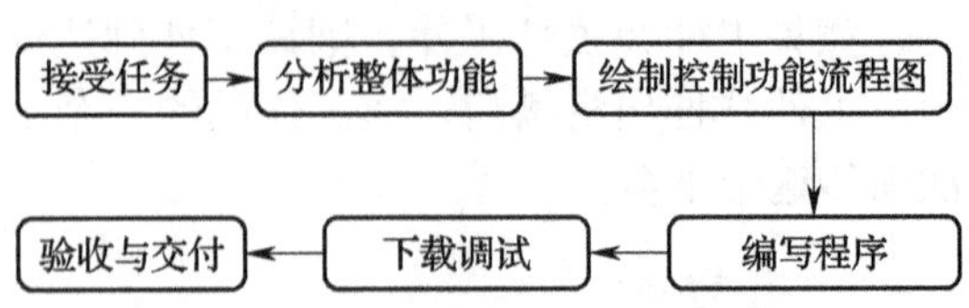

- 信息收集（4 学时）
- 计划与决策（2 学时）

- PLC 程序编写与调试（12 学时）
- 评价与总结（2 学时）

三、知识储备

- MM420 变频器的参数设置
- S7-200PLC 的项目设计流程
- 西门子 S7-200 高速计数器指令应用

四、注意事项与工作提示

- 穿实训鞋服，必要时戴防护眼镜
- 工具使用中和使用后要整齐摆放

五、劳动安全

- 严格遵守车间安全标志的指示
- 按照电工安装规范操作，避免触电

六、环境保护

- 废旧导线应放置在指定位置

七、可用材料

- 西门子 S7-200PLC 编程手册
- 《机电一体化图表手册》

工作过程

一、信息

（1）查阅资料，写出西门子 S7-200PLC 中传送指令的格式，并写出其使用规则。

（2）查阅资料，写出西门子 S7-200PLC 中比较指令的格式，并写出其使用规则。

（3）查阅资料，写出西门子 S7-200PLC 中运算指令的格式，并写出其使用规则。

（4）查阅资料，了解西门子 S7-200PLC 中高速计算器的使用规则，说明其有哪些状态位需要设置。

（5）编写一个高速计数程序，将 I0.0 的输入模式设置为高速计数，为 A 相计数，B 相高电平为加计数。由内部信号起动和复位。当计数值为 100 时将停止计数，并将 Q0.0 置位。存放计数器当前值，从 V100.0 开始。

二、计划与决策

1．制订工作计划

小组讨论制订工作计划，明确工作内容和工作的注意事项。工作计划表见下表。

<table>
<tr><th colspan="5">工作计划</th></tr>
<tr><td colspan="3">工作台号：</td><td colspan="2">工件号：</td></tr>
<tr><td>序号</td><td>工作步骤</td><td>设备、工具、辅具、场地</td><td>注意事项</td><td>工作时间 / 小时</td></tr>
<tr><td>1</td><td></td><td></td><td></td><td></td></tr>
<tr><td>2</td><td></td><td></td><td></td><td></td></tr>
<tr><td>3</td><td></td><td></td><td></td><td></td></tr>
<tr><td>4</td><td></td><td></td><td></td><td></td></tr>
<tr><td>5</td><td></td><td></td><td></td><td></td></tr>
<tr><td>6</td><td></td><td></td><td></td><td></td></tr>
</table>

2. 准备工具、材料

请按照下表检查配件，若无问题请打“√”，若有破损请及时告知培训教师。

序号	名称	品牌 / 型号	图示	检查情况
1	下载线			
2	万用表		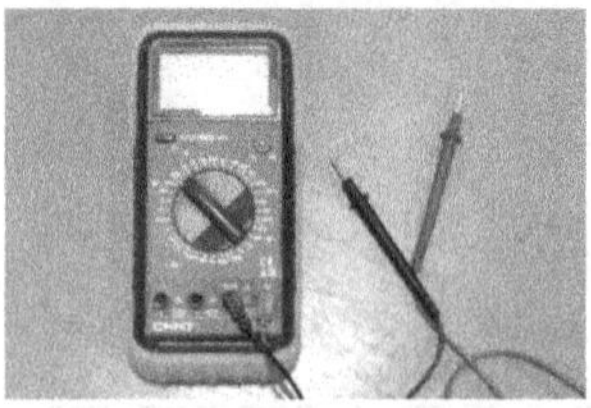	

3．小组工作：决策结果是否考虑到以下检查点

序号	检查点	小组自评	
1	PLC 是否正常	是○	否○
2	配件是否满足要求	是○	否○
3	环保条件是否满足要求	是○	否○
4	是否明确安全作业要求	是○	否○
5	小组分工是否合理	是○	否○
6	劳动保护是否达要求	是○	否○

如有其他问题，请小组长与培训教师沟通，再带领小组成员做好安装的准备工作，如材料领取、安装工作台的准备等。

三、实施

1．注意事项与工作提示

（1）请按照计划执行，不要超时。主要实施内容有：小组讨论工作站的 I/O 分配表与控制功能流程图；个人完成 I/O 分配表并测试 I/O 点，绘制控制功能流程图，编写 PLC 程序。小组合作完成工作站程序的下载与调试。

（2）请注意小组合作、沟通。主动与同学、培训教师进行关于评分分歧、工作过程中存在的问题、技术上的问题及理论知识等方面的专业讨论。

（3）请按照标准操作，注意 S7-200PLC 程序编写标准，避免不规范的程序编写。

（4）5S 管理工作：整理实验台并填写使用记录，值日生做好值日。

2. 现场作业记录

（1）根据电气图纸写出皮带传送分拣系统的 I/O 分配表，并对实际的接线进行 I/O 测试。若实际接线与电气图纸一致并且测试无误，在“测试结果”栏中打“√”。

输入信号				输出信号			
输入地址	元件名称	作用	测试结果	输出地址	元件名称	作用	测试结果

（2）PLC 程序记录。

（3）问题与解决：记录小组工作中出现的程序调试问题，并记录问题的原因和分析的过程。

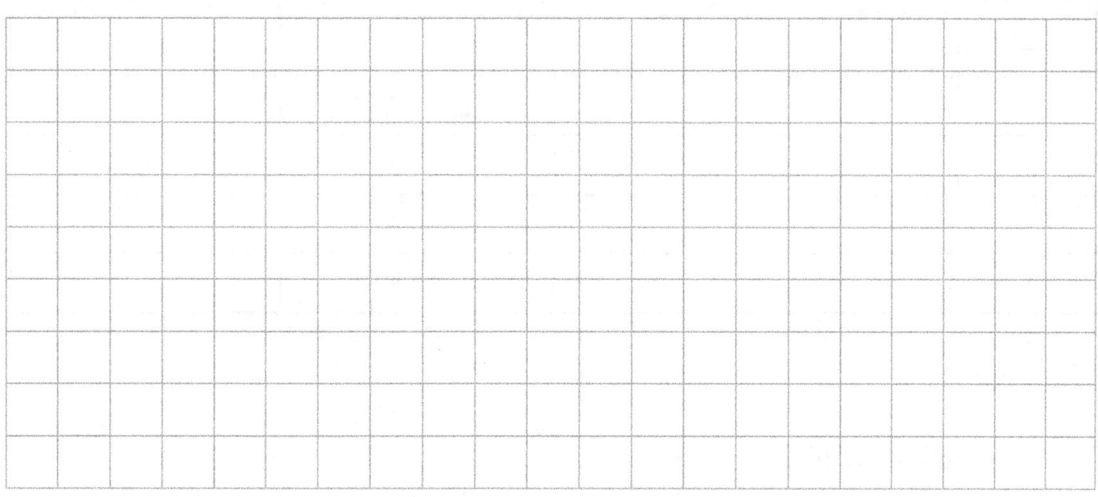

（4）现场工作完成情况记录：按计划实施。注重操作规范、工作效率，遵守工作纪律，按时完成任务。小组观察员及监督员要记录小组在计划实施中出现的各种现象。

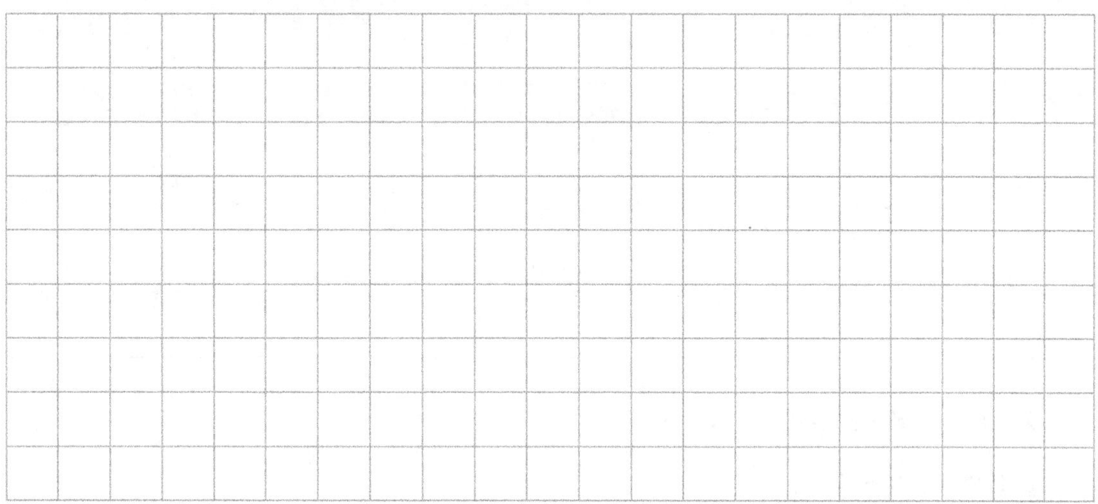

四、检查与交付

程序调试完毕后对功能进行自查，并交给培训教师评分，必要时做相关讲解或演示说明。

检查序号	检查功能点	正常与否	问题记录
1		是□　否□	
2		是□　否□	
3		是□　否□	

续表

检查序号	检查功能点	正常与否	问题记录
4		是□ 否□	
5		是□ 否□	
6		是□ 否□	
7		是□ 否□	
8		是□ 否□	

五、评价

1. 小组成果分享和总结

将小组成果向同学展示，总结工作中的收获、遇到的问题和改进措施。

2. 项目任务工作评价

评分等级：0 ~ 10 分

评分等级要求：(根据 AHK 机电一体化工考证要求规定)

10 分	特别符合要求
9 分	完全符合要求
8 分、7 分	基本符合要求
6 分、5 分	有缺陷，但还符合要求
4 分、3 分	不符合要求，有较大缺陷
2 分、1 分、0 分	完全不符合要求

（1）工作质量评价。

序号	评价内容	权重系数	评分（0 ~ 10 分）	总分	备注
1	I/O 点测试准确无误	3.0			
2	PLC 程序格式符合编程要求，注释清晰	2.0			
3	PLC 程序符合控制要求	5.0			
合计（满分 100 分）					

（2）工作过程评价。

信息阶段

序号	评价项目	评价手段	0 ~ 10 分	权重系数	总分
1	分析工作订单	学生工作页		2.5	
2	资料收集	学生工作页		2.5	
3	技术上与组织上的衔接	谈话 \ 观察		2.5	
4	方案的评估与确定	谈话 \ 观察 \ 资料		2.5	
阶段得分（0 ~ 100 分）					

计划阶段

序号	评价项目	评价手段	0 ~ 10 分	权重系数	总分
1	分任务的确定	学生工作页		2.5	
2	工作计划的制订	学生工作页		3.0	
3	编写计划资料	学生工作页		2.5	
4	方案的评估与确定	谈话 \ 观察 \ 资料		2.0	
阶段得分（0 ~ 100 分）					

实施阶段

序号	评价项目	评价手段	0 ~ 10 分	权重系数	总分
1	工作任务的完成情况、工作效率	工作过程记录		3.0	
2	功能的完整性	学生工作页 \ 观察		2.5	
3	产品质量和技术标准	根据工作质量评价表的评估		2.0	
4	解决问题的能力	谈话 \ 观察		2.5	
阶段得分（0 ~ 100 分）					

检查阶段

序号	评价项目	评价手段	0 ~ 10 分	权重系数	总分
1	验收 / 测量记录	学生工作页 \ 观察		3.0	
2	工作结果的记录和学生的自我评估	学生工作页 \ 观察		2.0	
3	相关重要资料完整移交	资料		2.0	
4	产品移交并作说明演示	谈话 \ 观察		3.0	
阶段得分（0 ~ 100 分）					

（3）计算成绩。

序号	评价项目	阶段得分（0 ~ 100 分）	权重系数	总分
1	信息		0.2	
2	计划		0.2	
3	实施		0.3	
4	检查		0.3	
			实际工作任务得分（0 ~ 100 分）	

培训教师签字（日期）：____________

总结与提高

一、自我总结

（1）总结自己的不足之处，并记录别人给自己提的意见，以便于下次工作的顺利开展。

（2）描述本次工作的内容。

二、思考与提高

由于生产实践中需要对皮带传送分拣系统的传送带速度进行控制，请思考你的变频器控制程序该如何编写。